外交学院中央高校基本科研业务费专项资金资助

迟到的东南亚

查雯 著

Belated Southeast Asia

中国社会科学出版社

图书在版编目（CIP）数据

迟到的东南亚／查雯著 . —北京：中国社会科学出版社，2022.4
（2024.12 重印）
　ISBN 978 – 7 – 5203 – 9506 – 9

　Ⅰ.①迟⋯　Ⅱ.①查⋯　Ⅲ.①政治—研究—东南亚②国际关系—研究—东南亚　Ⅳ.①D733②D833.02

中国版本图书馆 CIP 数据核字（2021）第 277197 号

出 版 人	赵剑英
责任编辑	侯聪睿
责任校对	季　静
责任印制	张雪娇

出　　版	中国社会科学出版社
社　　址	北京鼓楼西大街甲 158 号
邮　　编	100720
网　　址	http://www.cspw.cn
发 行 部	010 – 84083685
门 市 部	010 – 84029450
经　　销	新华书店及其他书店

印刷装订	北京君升印刷有限公司
版　　次	2022 年 4 月第 1 版
印　　次	2024 年 12 月第 4 次印刷

开　　本	710 × 1000　1/16
印　　张	17.25
字　　数	213 千字
定　　价	66.00 元

凡购买中国社会科学出版社图书，如有质量问题请与本社营销中心联系调换
电话：010 – 84083683
版权所有　侵权必究

序

因为攻读博士学位，我曾经在新加坡生活了四年，这里也成了我游历其他东南亚国家的"大本营"。四年不是很长，但还是让我对新加坡和整个东南亚产生了很深的感情和浓厚的兴趣，喜欢这里郁郁葱葱的景色、独特的文化，当然还有各种香辛美食，以及精美的服饰。

在东南亚的旅居经历，也给我带来了很多思考和问题：

体会了新加坡的清洁和优美，我很想追问，这座花园城市究竟是如何诞生的？这里也曾经有过污水横流的过往，新加坡政府如何成功地让国民改掉了随地吐痰、乱扔垃圾的"老习惯"？

在菲律宾的很多地方，我都看到过为第二次世界大战时期日本军人修建的纪念碑。我很好奇，为什么侵略者可以被这样堂而皇之地纪念？

在泰国街头，到处都可以看到国王和其他皇室成员的画像，不仅有鲜花簇拥，还会受到很多民众的跪拜。这在君主立宪制国家中，并不多见。我想知道，泰王为何享有如此崇高的地位？

对我们而言，东南亚就像一个既熟悉又陌生的邻居——虽然来往密切，但对他的来龙去脉，我们却知之甚少。2017 年一首魔性的《咖喱咖喱》火爆了互联网："咖喱、肉骨茶、印尼九层塔；沙巴、芭堤雅、阳光热辣辣……"这些关键词都让我们觉得无比亲切。但是，大多数人对东南亚的理解，正如这首歌一样浅尝辄止。

不仅是在个人层面，在国家层面同样如此。除了作为最热门的旅游目的地，东南亚还是中国周边最具经济活力的地区，也是与中国交往最密切的地区。2020 年，东盟首次超过欧盟，成为中国的第一大贸易伙伴。尽管如此，我们对这一地区的研究，却远不及我们对西方的研究那样广泛和深入。之所以会出现这样的现象，和近代西方国家抢占了国际政治中的主导地位，有着密切的关系。东南亚被纳入殖民体系后，不仅区域内的联系被割断了，同时整个地区也被置于从属地位。如今，殖民体系早已瓦解，但人们依然习惯将东南亚国家视为大国的"追随者"。以国际关系学科为例，主流理论多以大国为重，对于中小国家的关注相对有限。即便是针对东南亚国家开展的研究，所采取的视角也多是大国博弈如何影响了东南亚，而非真正立足于东南亚国家本身。正是这样的思维定式，冲淡了很多人对东南亚的兴趣，忽略了它作为一个独立的研究对象所具有的价值。事实上，过往的经验已经说明，东南亚国家的内政和外交均有着很强的内在逻辑，这些国家绝非完全随着大国的脚步而起舞。

本书之所以有了《迟到的东南亚》这个题目，一则是因为，今天我们所看到的东南亚国家，多数形成较晚，在第二次世界大战以后，才陆续登上国际政治的舞台。不仅如此，在下文中你还会看到，就连"东南亚"这个概念，也是在第二次世界大战后期，才开始被世界所熟悉和使用的。二则，"迟到的东南亚"这个提法，还有一层"提醒"的用意。相对于中国与东南亚的密切联系而言，我们对这个地区所开展的系统、全面的研究，实在是太少了。

当然，本书对东南亚历史和政治的讨论，绝对称不上系统和全面。但是，我希望它可以引起更多读者对东南亚的兴趣，同时起到"抛砖引玉"的作用。本书的每个章节均以一个或几个相关的问题为切入点，以对答案的探索为脉络，将琐碎的信息串联起来，并且夹杂了很多个人化的观点，以及对于"伪答案"的批判。如果你和我一样，喜欢对一些小问题刨根问底，那么这本书或许可以在一定程度上满足你的好奇心。

本书的前五章从几个纵贯全地区的问题入手，将东南亚政治的一个个"横截面"呈现在读者面前，对"东南亚"这一地理概念的形成、东南亚国家政治的特征、东南亚的地区合作等问题进行了探讨；接下来的几章从微观问题入手，牵出东南亚国家政治斗争的主线。每一章节的篇幅均在1万字左右，独立成篇，你既可以按顺序阅读，也可以挑选自己感兴趣的章节阅读。

本书的大部分内容是我在美国访学期间完成的。2019年我赴康奈尔大学政府系访学。康奈尔大学是美国东南亚研究的重镇，馆藏丰富，也给我的写作提供了极佳的条件。我经常拉着小行李箱，往返于住所和图书馆之间。伊萨卡的冬天非常寒冷，大雪过膝，2020年年初又恰逢新冠肺炎疫情暴发，所有的学术活动和旅行计划都因此泡汤。虽然疫情让本来应该很丰富的访学生活失色不少，但我却因此有了大量的写作时间，在访学期间完成了书稿的撰写。有学者说过，好奇心和愤怒是研究的动力。于我来讲，好奇心和无聊的"宅家生活"才是写作的最大驱动力。

本书的插画绘于写作过程之中，给枯燥的研究工作带来了不少乐趣。一些插画是我旅行到过的地方，也有我在博物馆里看到的雕塑、图案。希望这些插画可以让你体会到少许东南亚的"风味"。

最后，我要感谢母亲对我毫无保留的支持，她是我的第一个、也是最忠实的读者。此外最需要感谢的就是我的学生们，特别是王露、吕蕙伊、管宝埥、鲁彦昊杰，他们给我提供了很多启发性的建议。王露同学和本书编辑侯聪睿在出版过程中也给我提供了极大的支持，在此表示感谢。本书可能存在的纰漏，由本人负责。

2021 年 6 月 1 日

目　　录

1. 何以"东南亚"？……………………………………（1）
2. 在东南亚，日本如何逃避了历史问题？……………（21）
3. 权力游戏中的东南亚女性……………………………（42）
4. 挥不动的军事指挥棒…………………………………（61）
5. 东盟是个"清谈馆"吗？……………………………（80）
6. "空调之国"新加坡…………………………………（100）
7. 马来西亚为何要把新加坡"踢"出联邦？…………（121）
8. 泰国王权何以如此强大？……………………………（140）
9. 缅甸译名背后的政治斗争……………………………（162）
10. 菲律宾对外政策为何总在变？………………………（181）
11. 越南是如何实现国家统一的？………………………（200）
12. 老挝，在夹缝中求生存………………………………（225）
13. 何以为家？柬埔寨的水上渔村………………………（247）

1

何以"东南亚"?

鸡蛋花
Z.W.

《东南亚政治导论》是我在学校开设的一门课程，课程的主要目的是让大学二、三年级的学生对东南亚国家政治以及国家间关系有一个初步的了解。每个学期的第一节课，我都会向学生抛出这样一个问题："东南亚指的是哪里？"学生们会断断续续地数出这样10个国家：新加坡、泰国、马来西亚、印度尼西亚、菲律宾、柬埔寨、越南、老挝、缅甸、文莱——其中，知名的旅游目的地往往会最先被提及。而一些有国际关系或外交学背景的学生，可能会更加自信地回答，东南亚指的就是"东盟十国"（东盟，东南亚国家联盟的简称）。当然，还有人会补充性地提到作为东盟候选成员国的东帝汶。

今天，当我们提到东南亚时，绝大多数人都习惯将东南亚这个区域等同于11个主权国家。摊开一张东南亚地图，你很快就会发现，地图可能仅会展示印度、巴布亚新几内亚、澳大利亚以及中国的部分领土。这无疑是在告诉我们，那些国家并不属于东南亚这个地区。也正是通过这种方式，东南亚地区在东西南北四个方向上的边界，被清晰无误地勾勒出来。

然而，有趣的是，在东南亚国家中，除泰国从未经历过西方国家的殖民统治以外，其他国家都是在第二次世界大战结束以后才获得独立的，其中最"年轻"的东帝汶在2002年才获得独立。同样，东盟这个区域性合作组织也直到1967年才成立，当时仅有印尼、马来西亚、菲律宾、新加坡和泰国5个成员国。1984年文莱成为东盟的第六个成员国，直到20世纪90年代后期，越南、老挝、缅甸和柬埔寨才先后加入东盟，东盟的成员国扩展到今天的10个。从这个意义上来说，无论是通过国家还是通过区域合作组织来界定"东南亚"，都不会是历史上一以贯之的做法。那么，"东南亚"的这个概念到底从何而来？我们对于东南亚区域边界的界定又经历了怎样的变化？这正是本章想要回答的问题。

◇迟到的"东南亚"

"东南亚"（Southeast Asia）是一个相对新近的概念。中国人习惯将这一地区称为"南洋"，意思就是"南方的水域"。相似的，欧洲人也以自己为中心，将这一区域称为"外印度"（Further India）。但是，对于这一区域的具体范围和边界，无论是在中国还是在欧洲，都缺少普遍性的共识。欧洲的学者们甚至没有将"印度以东、中国以南"的这片地理意义上的地区，视为一个"具有内在联系的区域"。正如约翰·李吉在《剑桥东南亚史》开篇就写道的，第二次世界大战前的几乎所有历史学家都有一个普遍倾向，即把注意力集中在东南亚的各个组成部分，而没有将这一区域视为一个能被作为整体来研究的对象。[1] 事实上，直到第二次世界大战时期，在"东南亚"的这一术语的拼写上，英语世界还就"如何大写""是否使用连字符"等问题存在着广泛的分歧。"South East Asia""South-East Asia""Southeastern Asia"等诸多拼写方式散见于各种学术作品及政府文件中。[2]

什么原因导致了"东南亚"的迟到？这个地区被殖民的历史可能是最主要的原因之一。如果我们仔细审视世界上的各主要"区域"，

---

[1] ［澳］J. D. 李吉：《东南亚史的撰写》，载［新西兰］尼古拉斯·塔林主编，贺圣达等译，《剑桥东南亚史》第一卷，云南人民出版社2003年版，第3—4页。

[2] D. G. E. Hall, *A History of South-East Asia*, London: Macmillan, 1955, p. 3; Donald K. Emmerson, "'Southeast Asia': What's in a Name?", *Journal of Southeast Asian Studies* 15, No. 1, 1984, footnote 6.

不难发现,"区域"的产生除了受到地理临近性、文化相似性这样的"客观"因素影响之外,其背后还有着尤为突出的"人为"因素。例如,频繁的贸易活动与密切的人员往来,就是区域产生的重要条件之一。从这个意义上讲,区域的形成以及区域边界的不断变化,反映的是"人类不断变化的实践"。[1]

在前殖民时代,东南亚的不同王国间也曾保持着密切的贸易联系和人员往来。然而,16世纪初开始,欧洲殖民者纷至沓来——1511年葡萄牙人击败马六甲苏丹,十年后,西班牙麦哲伦航队在菲律宾的宿务登陆。以此为开端,一个个欧洲人的贸易据点开始出现在地图上,东南亚逐渐成为欧洲人全球贸易的一个重要环节。到了19世纪后期,东南亚国家中除暹罗(泰国旧称)因地处英法两国殖民地的缓冲地带、并割让了大片领土而勉强保存了主权之外,其他国家都被置于欧洲人的殖民统治之下。

正是宗主国对殖民地的攫取和掌控,打断了东南亚区域形成的进程。[2] 国内工业革命的发生与深化,让欧洲殖民者逐渐意识到,要想实现更大规模的财富积累、更高的经济效率,商业贸易是远远不够的,他们必须更加深入地参与到殖民地的生产与消费中。欧洲人全新的殖民方式从根本上改变了殖民地的经济结构,每一处殖民地的经济功能都要根据宗主国的需要来设定。在英国人的"设计"下,在不到二十年的时间里,缅甸稻米种植和出口量增长了近十倍,马来半岛也涌现出不计其数的橡胶种植园。单一的生产和出口结构导致了殖民地

---

[1] Peter Katzenstein, *A World of Regions: Asia and Europe in the American Imperium*, NY: Cornell University Press, 2005, p.12.

[2] [澳]安东尼·瑞德:《东南亚的贸易时代:1450—1680》,商务印书馆2013年版。

对宗主国严重的经济依附,地区内原有的分工与贸易联系不复存在。

与此同时,殖民者之间也存在着广泛的对立与竞争。对于来自各宗主国的总督来说,他们的任务在于更好地让殖民地为帝国的经济与政治利益服务,他们并没有动力推动区域内联系的深化。比如,没有任何记录显示,在菲律宾的美国人曾尝试与马来亚(马来西亚旧称)的英国人或是印度支那的法国人建立任何外交关系网络。[1]

殖民地间的相互隔绝还塑造着整个世界,尤其是知识阶层,对于东南亚的认知。在殖民主义盛行的年代,人们不再将马来亚与爪哇视为同属一个地区的两个政治单元,相反,在绝大多数情况下,它们会被分别标注为"英属马来亚"与"荷属爪哇"。有趣的是,正是因为德国和奥地利在东南亚没有任何殖民地,这两个国家的学者反而有了更超前的眼光,最早开始将东南亚看作一个整体,并开创了欧洲"东南亚区域研究"的先河。[2]

◇ "东南亚"的诞生

作为一个迟到的概念,"东南亚"的最终诞生与第二次世界大战的爆发有着密不可分的关系。1938年9月,英法两国在绥靖政策的指导下,签署了慕尼黑协定,将苏台德地区割让给纳粹德国,这一举动也让日本进一步确认了英法的软弱。协定签署的次月,日本就开始

---

[1] Amitav Acharya, *The Making of Southeast Asia: International Relations of A Region*, Singapore: Oxford University Press, 2012, p. 81.

[2] Donald K. Emmerson, "'Southeast Asia': What's in a Name?", *Journal of Southeast Asian Studies* 15, No.1, 1984, p. 5.

了南进行动，先后占领了中国的广州和海南，并进一步将目光投向了东南亚。如果从1941年7月日军占领法属印度支那算起，在不到一年的时间里，日本就从老牌帝国的手里夺取了后者经营了数十年甚至数百年的殖民地，将东南亚地区纳入了其所谓的"大东亚共荣圈"。[1]

从一定意义上讲，日本对东南亚的占领，打破了欧洲殖民者统治下该地区的隔绝。日本甚至可以被称为"有史以来第一支将统治范围扩张到整个东南亚的政治力量"。在占领的早期，一些东南亚的民族主义者受到日本的迷惑，成为"大东亚共荣圈"的拥趸。1943年11月，大东亚国家大会在东京召开，菲律宾总统何塞·劳雷尔、缅甸总理巴莫，以及泰国总理代表旺·怀他耶功出席了会议。此前，从未有多位东南亚领导人同时出席过国际会议。[2] 也正是受到日本的启发，一些东南亚领导人开始有了关于区域主义的思考。[3] 然而，日本的权力巅峰也是其衰败的开始，1942年6月日本在中途岛战役中的失败成为太平洋战争的转折点。1943年8月，英美在魁北克召开会议，作为会议的一项成果，英美决定设立"东南亚司令部"，推进在缅甸、马来亚、印度支那的对日作战。司令部由蒙巴顿任最高统帅，史迪威任副统帅。

"东南亚司令部"的设立，被许多东南亚史学专家视作一个标志性的事件。尽管"东南亚司令部"的主管战区与今天我们理解中的东

---

[1] ［英］D. G. E. 霍尔：《东南亚史》下册，商务印书馆1982年版，第920—923页。

[2] Amitav Acharya, *The Making of Southeast Asia: International Relations of A Region*, Singapore: Oxford University Press, 2012, p. 83.

[3] Amitav Acharya, *The Making of Southeast Asia: International Relations of A Region*, Singapore: Oxford University Press, 2012, p. 111.

南亚仍有很大区别——没有覆盖菲律宾,却包括了斯里兰卡、马尔代夫以及今天印度的部分领土。① 但正是该司令部的出现,让"东南亚"这个名词出现在世界政治版图上,并走进公众的视野。可以说,第二次世界大战的爆发,前所未有地让整个世界(特别是西方世界)将注意力投向了东南亚。正如历史学家霍尔写道的:

> 第二次世界大战前,东南亚是西方大多数人不了解的地方,它在印度和中国的对比之下完全失去了光辉。用印度以远地区或印度支那等术语去形容东南亚广大地区,而且用印度尼西亚或东印度群岛去称呼它的岛屿世界,这不但模糊了它的形象,而且也低估了它的重要意义。但现在,一下子情况完全变了……战后的世界已开始意识到东南亚了,这在过去是从来没有过的。②

在霍尔看来,战争让西方人突然意识到,自己以及整个国家的切身利益原来与东南亚有着如此密切的联系:荷兰国民储蓄的很大一部分都投资到了印度尼西亚;印度支那的存在维系了法国在世界上的政治地位;而很多英国人的亲人曾在殖民政府工作,因为日军的突袭而成为俘虏,并最终死于日军的苦役。

这样的变化也带来了政治与决策阶层的变化,并推动了知识阶层的转向。1945 年,美国国务院首次设立了东南亚事务局。相应的,学界也越来越多地将东南亚作为一个整体来看待,伦敦大学东方与非洲研究学院以及耶鲁大学分别于 1946 年和 1947 年开设了东南亚研究

---

① Donald K. Emmerson, "'Southeast Asia': What's in a Name?", *Journal of Southeast Asian Studies* 15, No. 1, 1984, p. 8.

② [英] D. G. E. 霍尔:《东南亚史》下册,商务印书馆 1982 年版,第 936 页。

分支。[①] 1955年，史学界也出版了第一本有关东南亚地区历史的专著——英国学者霍尔的《东南亚史》。[②]

◇ 持续分裂的现实

日本投降后，英、法、荷等老牌殖民国家纷纷重返东南亚。然而，当他们回到自己的旧日王国时，却发现这里早已变了天地。东南亚各国的民族主义组织在日据期间获得了极大的壮大，很多组织都拥有了自己的武装力量。在占领的后期，江河日下的日本当局为了获取当地民众的支持以便更好地阻击盟军的反扑，给予了东南亚国家名义上的独立，这也在一定程度上唤醒了东南亚人民追求独立建国的政治意识。在老牌帝国中，除了英国以较为开明的态度，通过协商与谈判为自己的殖民统治画上了句号，荷兰和法国都遭遇了新建立的民族主义政权的激烈抵抗，并陷入旷日持久的殖民地战争。

而此时的美国已经跃升为整个国际体系内的超级大国，它更多地将欧洲国家主导的殖民体系视为战后秩序构建的绊脚石。我们不难理解，对于美国而言，殖民地对欧洲宗主国的经济依附，无疑将妨碍美国建立新的自由贸易体系。更重要的是，在美国看来，如何遏制共产主义在东南亚的蔓延，才是当务之急，而欧洲殖民者与东南亚民族主义者之间的战争，只会为苏联提供向东南亚"渗透"的机会。正是在这样的考量下，美国才不断向荷兰施压，迫使后者同印尼共和国政府

[①] Donald K. Emmerson, "'Southeast Asia': What's in a Name?", *Journal of Southeast Asian Studies* 15, No. 1, 1984, p. 8.

[②] D. G. E. Hall, *A History of South-East Asia*, London: Macmillan, 1955.

达成协议，印尼最终获得了独立。

然而，东南亚的区域一体化进程并没有随着殖民体系的终结而开启。尽管第二次世界大战让"东南亚"这个术语越来越为人们所熟知，但此时的东南亚并未成为一个真正意义上的"区域"。相反，冷战的爆发延续了地区内不同国家间的隔绝。

1949 年，中国国内战争的结束，让"多米诺骨牌理论"在美国甚嚣尘上。为了防止下一块"多米诺骨牌"倒向社会主义阵营，美国开始将遏制战略扩展至东南亚。与此同时，法国逐渐在印度支那战场上处于劣势地位，如何填补法国撤出后印度支那出现的"权力真空"，成为美国政策界最为关注的问题。1954 年 7 月，法国在国内政府倒台与战场失利的双重压力下，最终签署了日内瓦会议《最后宣言》。两个月后，在时任美国国务卿杜勒斯的推动下，美国联合英国、法国、澳大利亚和新西兰这几个西方传统盟友，以及菲律宾、泰国和巴基斯坦，在马尼拉召开会议，并签署了《东南亚集体防务条约》和条约议定书等文件，东南亚条约组织（SEATO）就此成立。[①]

虽然被冠以"东南亚"之称，但条约的签订对于东南亚区域边界的确定以及区域的整合，却并没有过多助益。事实上，东南亚条约组织的成立进一步分化了东南亚国家。如果以我们今天对"东南亚"的定义作为标准，在东南亚条约组织的正式成员中，仅有菲律宾和泰国这两个"地道"的区域内国家。就地理范畴来看，条约虽然明确将柬埔寨、老挝和越南划入了保护范围，[②] 但却没有提及区域内其他已经

---

① 喻常森：《冷战时期美国对东南亚区域合作的政策选择——从东约（SEATO）到东盟（ASEAN）》，《东南亚研究》2014 年第 5 期，第 52 页。

② "Protocol to the Manila Pact", The Avalon Project: Documents in Law, History and Diplomacy, 1954, https://avalon.law.yale.edu/20th_century/usmu004.asp.

获得独立的国家,相反只是泛泛地使用了"东南亚的一般地区""西南太平洋的一般地区"等模糊的表述。①

在大国频繁干预的背景下,东南亚国家也做出了截然不同的外交选择。一边是泰国与菲律宾,它们将共产主义视为最主要的威胁,选择加入东南亚条约组织,借助美国的军事力量,保障国家与政权的安全。另一边则是越南民主共和国(北越),在拥抱共产主义意识形态的同时,主张通过武力革命的方式彻底清除西方国家在地区内的残余势力。而采取中间立场的则有印度尼西亚、缅甸和柬埔寨,这三个国家后来成为不结盟运动的成员。作为东南亚最大的国家,印尼一直主张奉行独立自主的外交政策,反对与任何大国缔结军事同盟。事实上,印尼政府从一开始就拒绝了杜勒斯关于建立东南亚条约组织的提议。② 印尼还在1955年亚非会议的召开和不结盟运动的发起过程中,发挥了重要的领导作用。

一言以蔽之,今天已经被我们熟识且广泛使用的"东南亚",实际上是一个新近的概念,同时也是一个外来的概念。在被创造出来后的很长一段时间里,"东南亚"仅仅是一个外部强加给这个地区的名称。正如有学者指出的,"东南亚"这个术语更多地是在向强大的西方命名者致敬,反映的是他们的认识,而不是那些被命名的、居住在这里的人民。③ 直至冷战结束前,外部力量始终对区域一体化的走向发挥着决定性作用。更准确地讲,大国间的博弈持续分化着东南亚,

---

① "Southeast Asia Collective Defense Treaty (Manila Pact)", The Avalon Project: Documents in Law, History and Diplomacy, 1954, https://avalon.law.yale.edu/20th_century/usmu003.asp#art4.

② 黄文磊:《地缘政治下的强势遏制:杜勒斯与东南亚条约组织(1954—1959)》,浙江师范大学,硕士论文,2015年,第21页。

③ Donald K. Emmerson, "'Southeast Asia': What's in a Name?", *Journal of Southeast Asian Studies* 15, No.1, 1984, pp. 3–4.

造成了区域内部的隔绝甚至是对立。

在谈及前殖民时期的东南亚时，著名学者王赓武写道，当时居住在这里的人民并没有意识到他们之间存在任何文化上的共性，他们也没有任何的"地区归属感"。① 其实，同样的话也可以用来描述20世纪50年代的东南亚。尽管"东南亚"这个名称已经被创造出来，但真正意义上的"区域"是否已经形成？这仍是一个很大的问题。"区域"是否存在，最终还是取决于居住在这里的人民，取决于他们是否认为自己属于同一个区域。

◇区域：想象的共同体

在继续探寻东南亚形成的过程之前，我们有必要探讨一下"区域"的本质。究竟什么是"区域"？今天，我们不仅经常使用"东南亚"这个术语，也常常将东南亚作为一个整体来进行研究，那么，究竟是哪些因素构成了东南亚这个区域存在的基础？

通常来讲，地理上的临近性是构成"区域"的必要条件之一。然而，就地理来看，因为海洋和密林的分割，东南亚并不具备"区域"形成的优越条件。部分东南亚海洋国家的版图甚至可以用支离破碎来形容——现代印尼的领土就是由13466个岛屿组成的，菲律宾的岛屿也多达7641个。② 东南亚大陆国家的地理则呈北高南低的态势，山地

---

① Wang Gungwu, "Introduction" in David Marr and Anthony Crothers Milner eds., *Southeast Asia in the 9th to 14th Centuries*, Singapore: Institute of Southeast Asia Studies, 1986, xviii.

② 参见 Central Intelligence Agency, The World Factbook, https://www.cia.gov/library/publications/the-world-factbook/。

少数民族常年与低地主体民族相互隔绝，中南半岛历史上的古王国也多建立在平原地带，其权力范围很少延伸到北部山区。事实上，几乎所有的东南亚国家，在历史上都未存在过任何统治范围与现代国家领土一致的古王国，更不存在任何政治力量曾统治过整个区域。显然，仅从地理临近性的角度出发理解区域的本质，是不能让人信服的。地理临近性的观点更无法解释，为什么与印尼接壤的巴布亚新几内亚会被划分为大洋洲国家。

除了地理因素，民族的联系也会增强人们的地区归属感，促进"区域"的产生。但是，历史上的东南亚地处种族和民族迁徙的十字路口，有"人种和民族博物馆"的别称。根据"约书亚人口数据项目"（Joshua Project Peoples Data）的统计，已知的、居住在东南亚的族群就超过1800个。① 即便采用最宽泛的分类法，我们也会发现，依据民族划分的区域边界与我们今天看到的东南亚并不完全吻合。比如，有民族学学者就认为，就民族的相似性而言，东南亚应该包括印度的部分地区（如安达曼群岛、尼科巴群岛、阿萨姆）以及中国南部（如云南、海南），而印度尼西亚在新几内亚岛西部的领土则应该划入大洋洲，因为那里居住的主要是美拉尼西亚人。②

那么，我们究竟应该如何理解东南亚作为一个区域存在的基础呢？一些学者主张从文化共性的角度出发回答这个问题。例如，法国学者赛代斯就指出，从公元1世纪到13世纪，东南亚经历了漫长的印度文明的洗礼，涌现出一批印度化王国。③ 如今，无论是在越南的

---

① Joshua Project, https://joshuaproject.net/.

② Donald K. Emmerson, "'Southeast Asia': What's in a Name?", *Journal of Southeast Asian Studies* 15, No. 1, 1984, p. 11.

③ [法] G. 赛代斯：《东南亚的印度化国家》，商务印书馆2018年版，第1页。

美山圣地、印度尼西亚的婆罗浮屠，还是在柬埔寨的吴哥窟，我们仍能看到印度文明留下的印记。但是，印度文明扩散的范围也与当今东南亚的区域边界有着明显的出入。一方面，缅甸、老挝和泰国北部的高地地区，以及整个菲律宾并没有受到印度文明的影响，而越南（至少是越南的北部）则更多地接受了儒家文明。然而，今天没有人会质疑菲律宾与越南的东南亚国家的身份。另一方面，与泰国、缅甸等东南亚国家一样，锡兰（斯里兰卡旧称）也深受印度文明的影响，事实上，直到第二次世界大战时期，仍有不少人将锡兰视为东南亚国家，盟军的东南亚司令部就曾将总部设在该国。但如今，斯里兰卡则被视为南亚国家，而且这一地区身份甚至已经变得确凿无误了。由此可见，我们对于区域边界的理解并不是一成不变的，它的变化甚至可能是相当迅速的。正因如此，历史上文明传播形成的相对固定的边界，似乎并不能很好地解释我们观念上的变化。

从地理、民族、文化出发来界定"区域"，只会产生更多疑问。我们究竟应该如何理解区域？在这一点上，建构主义的理论给我们提供了一个有益的视角。本尼迪克特·安德森曾将民族称为"想象的共同体"，这是因为即便对最小的民族而言，其成员也不可能见过彼此，或者听到过彼此的声音，但在每个成员的思想中却存在着一种团体的意象。在安德森看来，只有原生的村落是以面对面接触为主的，任何大于村落的共同体都是"想象的"。[1] 事实上，不仅民族是想象的，区域更是如此。

可以说，当今我们对于东南亚边界的认知，并不符合任何客观条件所限定的范围。在很大程度上，"区域"是主观的，存在于我们的

---

[1] Benedict Anderson, *Imagined Communities: Reflections on the Orgin and Spread of Nationalism*, London: New Left Books, 1983, p.6.

观念里，是"想象的共同体"。正如东南亚问题专家、建构主义学者阿米塔·阿查亚所指出的，"想象"就意味着，"无论是从（区域的）外部看还是从内部看，没有了'区域的观念'，地理上的接近与功能上的互动都不足以构成一个区域"。[1]

所谓"想象"并不是说"区域"是虚假的，或是被凭空创造出来的。无论是东南亚古国间的贸易历史，还是这一地区共同受到的印度文明与中华文明的影响，或是一些国家间存在的宗教与族群间的联系，都构成了"区域想象"的基础。缺少了这种基础，想象将无以为据。然而，"想象"同时也意味着，一切客观因素都是可以被选取的、甚至是被重新阐述与塑造的。与此同时，作为一种观念，关于区域的想象也是持续变化的。就像阿查亚指出的："区域的一致性和身份认知都不是既有的，而是区域领导人与人民的有意识的社会化的结果。"[2] 而在东南亚的经验中，东南亚各国的领导人又在区域的想象和建构中，发挥了异乎寻常的主导的作用。

◇ 作为政治单元的东南亚

在东南亚区域的形成过程中，政治的需要永远是被放在第一位的。政治家在地区的整合中，更是发挥了毋庸置疑的领导作用。今天我们已经习惯了用 11 个主权国家来定义东南亚，这种通过国家的领

---

[1] Amitav Acharya, *The Making of Southeast Asia: International Relations of A Region*, Singapore: Oxford University Press, 2012, p. 23.

[2] Amitav Acharya, *The Making of Southeast Asia: International Relations of A Region*, Singapore: Oxford University Press, 2012, p. 23.

土边界来划定区域边界的做法本身就说明，东南亚是一个政治的单元，而非人种的或文化的单元。1969年，当印尼最终从荷兰人手中收复了新几内亚岛西部的领土时，东南亚区域的边界也因此向东拓展了，而所谓的"人种与文化的一致性"显然已经无法为这一新的边界辩护了。

更重要的是，东南亚区域的最终形成也是各个国家追求民族独立和国家自主的结果。正是在寻求民族解放的过程中，早期的东南亚领导人萌生了区域主义的想法——他们希望借助区域主义的力量，加快殖民体系的瓦解。早在1945年9月，胡志明就曾提出建立一个由越南、柬埔寨、老挝、泰国、马来亚、缅甸、印度、印度尼西亚和菲律宾组成的"泛亚共同体"。[①]

由政治家发起的区域合作也使东南亚的边界变得更加清晰。1967年8月，泰国、印尼、马来西亚、菲律宾、新加坡五国外长在曼谷举行会议，随着《曼谷宣言》的发表，东南亚国家联盟正式成立。从短期来看，东盟的成立似乎深化了邻近国家间已经存在的裂痕——尽管东盟尽力淡化其政治和军事色彩，并特别突出成员国在国内安全和经济领域的合作，但东盟仍被普遍视为一个亲西方的、反共的阵营，它的成立也遭到了越南的强烈反对，柬埔寨和缅甸亦拒绝了该组织发出的邀请。

尽管如此，如果我们能以更长远的目光来看，我们将发现东盟的成立对于东南亚区域的形成有着深刻的意义，它将在冷战后成为东南亚区域合作发展的重要基石。不同于东南亚条约组织，东盟具有纯正的东南亚血统——它是一个来自地区内部的合作倡议，而不再是在某

[①] Amitav Acharya, *The Making of Southeast Asia: International Relations of A Region*, Singapore: Oxford University Press, 2012, p. 108.

个地区外大国主导下建立的合作机制。更重要的是，它还在冷战的大背景下，克服了一系列内部危机，成功地存活下来。从20世纪80年代中期开始，东盟实现了进一步的扩容，东南亚国家间的分裂也随着冷战的终结而逐渐弥合。文莱取得了国家独立，越南放弃了建立"印度支那联邦"的野心，缅甸也调整了孤立主义的外交政策……随着新成员国的加入，东南亚终于以"一个"区域的形象登上了世界政治舞台。从此以后，"东盟成员国"的身份逐渐成为划定区域边界的重要标准。

东盟在东南亚区域形成中的重要性，还体现在它为区域身份认同的产生做出了重要贡献。东盟长期以来所提倡的一系列规范，不断强化了东南亚国家领导人的区域归属感。这些规范不仅包括不使用武力、区域自治、互不干涉内政等一般性原则，还有许多更具特色的做法，比如东盟国家更加偏爱非正式的、基于协商与共识的决策制定过程，这与西方国家所喜爱的制度化的、少数服从多数的决策制定方式形成鲜明的对比。在众多东南亚领导人看来，正是这些规范，让东南亚成为一个独特的、有别于西欧和北美等区域的政治单元。[1] 换言之，这些规范为区域共同体的"想象"提供了更加丰富和具体的素材。领导人对于区域的认知，也通过新闻报道等多种渠道传递给民众，并在很大程度上塑造了东南亚各国人民对于区域的理解与想象。

当我们审视今天的东盟或东南亚时，我们很容易以"目的论"的观点来理解二者的发展，[2] 并认为东盟的成功是必然的，它终将会把东南亚国家引领到合作的道路上来，东南亚作为一个名副其实的"区域"

---

[1] Amitav Acharya and Jillian Moo-Young, "Constructing Security and Identity in Southeast Asia", *The Brown Journal of World Affairs* 12, No. 2, Winter/Spring 2006, p. 63.

[2] 所谓的"目的论"指的是从事物的功能出发来解释其产生的原因。

也一定会形成。然而，事实绝非如此。在东盟成立之初，很少有人预见了它今日的成功。事实上，东盟诞生前，由东南亚国家发起的两次区域合作——"东南亚联盟"（ASA）以及"马菲印联盟"（MAPHIL-INDO）——都遗憾地以失败告终。东盟也是在成立 8 年后，才第一次召开了领导人峰会，而在其成立的前 25 年时间里，东盟仅召开过 4 次这样的峰会。[1] 就成立的目的而言，东盟也具有明显的"内向性"——与其说东盟的创立是为了促进区域一体化，不如说它是为了进一步巩固成员国政府的合法性。东盟成立时，其五个成员国无一例外都面临着武装叛乱、族群矛盾与冲突等国内问题，成员国之间也存在着包括领土纠纷在内的各种矛盾。东盟的成立意味着成员国政府做出承诺，不再从事针对彼此的渗透与颠覆活动。正是因为有了这样的承诺，东盟国家才可以专注于国内经济的发展与秩序的构建。

综上所述，政治在东南亚区域的形成中发挥了举足轻重的作用：现代国家的形成和领土的勘定，使东南亚有了更加清晰的边界；大国政治——尤其是冷战的爆发与结束——直接影响了区域一体化的进程；东盟框架下的国家互动与规范扩散也成为成员国区域身份认同的重要来源。与此同时，政治博弈与利益也是迅速变化的，这也决定了，东南亚区域的形成实际上也充满着不确定性。1967 年，锡兰拒绝了东南亚国家发出的加入东盟的邀请，否则，我们今天可能会看到一个更加广阔的"东南亚"。

---

[1] Amitav Acharya, *Constructing a Security Community in Southeast Asia: ASEAN and the Problem of Regional Order*, London and New York: Routledge, 2001, p.57.

◇ 小结

最后，我们有必要重新审视这一章要回答的问题：东南亚从何而来？正如我们已经看到的，作为术语的"东南亚"是一个新近的概念，直至第二次世界大战期间，这个名称才开始被广泛使用。而作为一个真正意义上的区域，东南亚则来得更迟。这是因为，一个真正的区域需要的不仅仅是一个名字，更需要人们——尤其是生活在这里的人们——具有关于区域的"想象"。而长期以来，东南亚地理的破碎、民族与文化的多样性以及殖民者的割据，都阻碍了区域想象的产生。最终，政治家的需要以及他们对于区域的"想象"，从根本上塑造了东南亚。可以说，"东南亚"是一个政治的概念，这个区域则是一个政治的单元。这也意味着，从政治的角度审视和研究这个区域，也许将带给我们更多有益的收获。

参考文献

中文文献

黄文磊：《地缘政治下的强势遏制：杜勒斯与东南亚条约组织（1954—1959）》，浙江师范大学，硕士论文，2015年。

喻常森：《冷战时期美国对东南亚区域合作的政策选择——从东约（SEATO）到东盟（ASEAN）》，《东南亚研究》2014年第5期。

[澳] J. D. 李吉：《东南亚史的撰写》，《剑桥东南亚史》第一卷，（新西兰）尼古拉斯·塔林主编，贺圣达等译，云南人民出版社2003年版。

[澳] 安东尼·瑞德：《东南亚的贸易时代：1450—1680》，商务印书馆2013年版。

[法] G. 赛代斯：《东南亚的印度化国家》，商务印书馆2018年版。

[英] D. G. E. 霍尔：《东南亚史》下册，商务印书馆1982年版。

英文文献

Acharya, Amitav, and Jillian Moo-Young, "Constructing Security and Identity in Southeast Asia", *The Brown Journal of World Affairs*, No. 2, Winter/Spring 2006.

Acharya, Amitav, *Constructing a Security Community in Southeast Asia: Asean and the Problem of Regional Order*, London and New York:

Routledge, 2001.

Acharya, Amitav, *The Making of Southeast Asia: International Relations of a Region*, Singapore: Oxford University Press, 2012.

Anderson, Benedict, *Imagined Communities: Reflections on the Orgin and Spread of Nationalism*, London: New Left Books, 1983.

Emmerson, Donald K., "'Southeast Asia': What's in a Name?", *Journal of Southeast Asian Studies*, Vol. 15, No. 1, 1984.

Gungwu, Wang, "Introduction" in *Southeast Asia in the 9th to 14th Centuries*, edited by David Marr and Anthony Crothers Milner, Singapore: Institute of Southeast Asia Studies, 1986.

Hall, D. G. E., *A History of South-East Asia*, London: Macmillan, 1955.

Katzenstein, Peter, *A World of Regions: Asia and Europe in the American Imperium*, Ithaca, NY: Cornell University Press, 2005.

"Protocol to the Manila Pact", The Avalon Project: Documents in Law, History and Diplomacy, 1954, https://avalon.law.yale.edu/20th_century/usmu004.asp.

"Southeast Asia Collective Defense Treaty (Manila Pact)", The Avalon Project: Documents in Law, History and Diplomacy, 1954, https://avalon.law.yale.edu/20th_century/usmu003.asp#art4.

2

在东南亚，日本如何逃避了历史问题？

如果有机会去菲律宾，或许你可以留意一下城市里的纪念碑，其中不少与第二次世界大战有关。这些纪念碑大多造型朴素，经常出现在公园或者街心花园里。菲律宾曾在第二次世界大战时期被日本占领过，同时也是太平洋战争的主要战场之一。在菲律宾被歼灭的日军有将近52万人，考虑到太平洋战争持续时间比较短，菲律宾战场的惨烈程度可想而知。给守土卫国的英雄修建纪念碑并不是什么稀奇的事，但仔细阅读纪念碑的文字说明，你可能就会惊讶地发现，有些纪念碑原来并不是在纪念菲律宾的抗日英雄，反而是在为阵亡的日本士兵哀悼。

从20世纪80年代初开始，日本右翼就连续对历史教科书发起攻势，要求删除教科书中有关"731部队"和"随军慰安妇"的相关内容，将"侵略"改为"进出"等。1985年，中曾根康弘又公然参拜供奉有甲级战犯亡灵的靖国神社，成为第一个以公职身份参拜靖国神社的在任首相。这一系列事件，引发了中韩两国政府和民众的强烈抗议。然而，对于中韩两国要求日本正视历史问题的呼声，作为加害者的日本不仅没有做出积极的回应，反而在伤害受害者感情的道路上越走越远。由于日本屡屡试图回避、甚至篡改自己的侵略历史，历史问题已经成为中日、韩日关系中一座翻不过去的山。近年来，受慰安妇赔偿等问题的影响，韩日关系更是持续恶化，有美国学者提出，两国已经"处于冷战之中"，需要实施"第二轮关系正常化"。①

然而，与东北亚国家间政治形成鲜明对比的是，对待历史问题的错误态度，并没有妨碍日本与东南亚国家开展合作。日本不仅成了东

---

① 晋林波：《日韩"冷战"的原因与影响》，《国际问题研究》2015年第6期，第50页。

南亚国家最重要的贸易伙伴和投资来源国,在地区的军事安全问题上,日本也被东南亚国家视为"值得信赖"的合作对象。同样在第二次世界大战期间经历过日军占领的东南亚人民,并没有在日本的教科书问题和参拜问题上表达过特别强烈的情感。相反,很多人都对日本持积极看法。皮尤研究中心 2014 年的一项民意调查就显示,在泰国、菲律宾、马来西亚和印度尼西亚,对日本持正面看法的被调查者分别达到了 81%、80%、75% 和 77%。[1]

◇ 选择性迫害

在东南亚,日本如何"成功"地逃避了历史问题?或者说,为什么在历史问题上,东南亚国家轻易地放过了日本?考虑到日本军队在占领期间的残暴政策,这个问题显得更加吊诡。在完成占领后,日军对马来亚和新加坡的华人展开了有组织、有计划的屠杀,也就是臭名昭著的"肃清行动"。根据不同历史学家的调查与估计,新加坡 10%—20% 的华人男性遭到屠杀,具体数字在 17000—50000 人之间。[2] 在菲律宾,日本占领军的统治也同样残酷,马尼拉街头曾贴满"警告",称如有人企图伤害日本士兵和平民,司令部将枪毙 10 名菲律宾人作为报复。在一段里程仅有 60 公里的战俘押解途中,曾有 1 万名菲律宾战俘和一千余名美国战俘因日军虐待而死,"死亡行军"

---

[1] Pew Research Center, "How Asians View Each Other", https://www.pewglobal.org/2014/07/14/chapter-4-how-asians-view-each-other/.

[2] Geoffrey C. Gunn, "Remembering the Southeast Asian Chinese Massacres of 1941 – 1945", *Journal of Contemporary Asia*, Vol. 37, No. 3, 2007, pp. 274, 83.

因此得名。① 与此同时，日本在殖民地推行的战时强迫种植制度，也曾给东南亚国家造成严重的食物短缺。

然而，需要看到的是，日军在占领区所执行的政策虽然残暴，但却具有极强的针对性，其屠杀的目标往往是华人。很多"肃清运动"的见证者都回忆说，遭到日军围捕、拘押并最终处决的遇难者中没有马来人。这种"分而治之"的政策还体现在更多方面。在菲律宾，日本占领当局极力煽动菲律宾人的反华情绪，称华人应从利润丰厚的零售业退出，让位于菲律宾人，并将华人的财产划为"敌产"予以没收。② 在马来亚，日本让很多马来人担任行政部门内的高级职务，而在以前这些职务只能由英国人来担任。不仅如此，占领当局还为马来人学校提供了各种支持政策，并招募马来人担任警员，维护地方秩序。③ 还有一点同样值得强调，在日本占领期间，东南亚的华人华侨是抗击日本侵略者的重要力量。尤其是在马来西亚和菲律宾，由当地华人组成的游击队配合盟军作战，发挥了重要的作用。此外，东南亚国家的华侨还积极为中国国内的抗日战争捐钱捐物，由 3000 余名华侨青年组成的"南洋华侨机工"往返于风险极高的滇缅公路，承担了向西南大后方转运国外援助物资的重任。

战时的不同经历，塑造了不同族群的历史记忆。作为少数族群，华人的悲惨遭遇和英勇行动，并没有在战后国家历史的书写中获得充分的重视和体现。相反，出于外交、经济或者国内政治的种种考量，一些东南亚的领导人在实现国家独立后，往往会选择忽视国内（尤其

---

① 金应熙：《菲律宾史》，河南大学出版社 1990 年版，第 575—576 页。
② 黄滋生、何思兵：《菲律宾华侨史》，广东高等教育出版社 2009 年版，第 531 页。
③ [澳] 芭芭拉·沃森·安达娅、伦纳德·安达娅：《马来西亚史》，黄秋迪译，中国大百科全书出版社 2010 年版，第 306 页。

是华人群体）要求追究日本战争责任的呼声。马来西亚前总理马哈蒂尔就曾在1994年出访日本时，对时任日本首相的村山富士说："日本总要为过去的战争道歉，这很奇怪。如果我们总要让日本承担过去的责任，那西方宗主国要承担什么样的责任呢？毕竟它们对东南亚殖民统治了那么久，并且执行了非人的政策和剥削。"①

◇ 侵略者敲响的解放前奏

马哈蒂尔的此番言论曾引起东南亚华人的不满，但却具有一定的代表性。尽管日据时期被认为是黑暗的，但很多东南亚精英仍主张以更加"冷静"的态度看待这段历史经历，这与东南亚国家长期以来被殖民的历史有关——除泰国以外，东南亚国家都经历过英国、法国、荷兰、美国等西方国家的殖民。一种比较普遍的观点是，日本对东南亚的占领加速了西方殖民体系的瓦解。

日本人给西方殖民体系带来的冲击，首先体现在殖民地人民的心理变化上。太平洋战争爆发初期，驻守东南亚殖民地的西方军队在日军的进攻下显得不堪一击。1942年年初，山下奉文率领第25军进攻马来半岛，仅用70天就击败了驻守英军，完成了对马来亚和新加坡的占领，并因此获得了"马来亚猛虎"的绰号。在回忆录中，新加坡国父李光耀用很长的篇幅记录了日本人占领新加坡的情形，以及自己第一次遭遇日本兵时所受的虐待。同时，他也以最直率的方式写出了东南亚人心理上的变化："白人被证明像亚洲人一样恐惧和不知所措，或

---

① Ken'ichi Goto, *Tensions of Empire: Japan and Southeast Asia in the Colonial and Postcolonial World*, Ohio: Ohio University Press & Singapore University Press, 2003, p. 228.

许更甚。亚洲人需要他们的领导,但是他们却让亚洲人失望了","英国人曾经建立起这样的神话,即他们具有内在的优越性,这样的神话如此令人信服,以至于亚洲人认为挑战英国人是无望的。但现在,亚洲种族已经胆敢挑战他们,并且粉碎了这一神话。"[1] 不仅如此,日本在军事上的胜利,在更深的层次上影响了东南亚民族主义者对于武力使用的看法,通过武力取得民族独立成为一条可行、甚至是必然的道路。曾参加并领导过印尼独立战争(1945—1949年)的前陆军参谋长阿卜杜拉·哈里斯·纳苏蒂安(Abdul Haris Nasution)就认为,是日本人将印尼人组织起来,给他们注入了战斗和抗争的精神。[2]

不仅是在心理层面,日本人带来的还有物质上的支持。以印度尼西亚为例,民族主义者在日据时期获得了更大的政治活动空间,大量曾被荷兰殖民政府囚禁、流放的印尼民族主义运动领导人得到释放,其中就包括印尼的开国总统苏加诺和副总统哈塔。同时,日本占领当局还支持大众民族主义组织的发展,并大规模征召印尼青年,为其提供军事训练,组建了包括"保卫祖国志愿军"(Volunteer Army for the Defense of the Fatherland, Peta)在内的多支非正规部队。

必须指出的是,日本侵略者的这些政策是策略性的、服务于日本国家利益的。从日本占领当局的角度看,随着太平洋战局的急转直下,扶植当地军事力量的任务迫在眉睫——这些军事力量可以帮助日军在盟军登陆之时开展持久的游击战。[3] 但这些政策也在客观上壮大

---

[1] Lee Kuan Yew, *The Singapore Story: Memoirs of Lee Kuan Yew*, Singapore: Times Editions Pte Ltd, 1998, p. 53.

[2] Goto, *Tensions of Empire: Japan and Southeast Asia in the Colonial and Postcolonial World*, p. 227.

[3] [澳]史蒂文·德拉克雷:《印度尼西亚史》,郭子林译,商务印书馆2014年版,第70—71页。

了东南亚民族主义运动的力量。对于印尼的民族主义者来说，这是获取军事技术及装备的绝佳机会，很多接受过日军训练的军官后来成了印尼军队的骨干力量。日本投降后，当荷兰人再次回到印尼企图恢复殖民统治时，他们发现自己所面对的是前所未见的、全副武装的抵抗力量，"二次殖民"变得那么不合时宜且不切实际。

不单是印尼，事实上，东南亚国家很多老一代领导人曾经有过与日本人合作的经历。在谈及日据时期的菲律宾时，澳大利亚历史学家米尔顿·奥斯本这样写道："菲律宾精英与日本人的合作或者勾结已经到了相当规模，以至于在经历了种种艰难困苦之后，人们已经忘记了哪位政治家在战争期间站在哪边。"[1] 在印尼，民族主义运动的领导团体则完美地演示了所谓的"对冲"或"两面下注"：以苏加诺和哈达为代表的一部分人，以同日本人合作作为谋取独立的手段；而以沙里尔和沙利佛丁为代表的另一部分人，则转入地下抵抗运动，同时仍与苏加诺等同志保持着联系。[2]

在与日军合作过的东南亚领导人中，缅甸国父昂山将军的经历可能是最具有戏剧性的。1941年4月，昂山曾怀揣缅甸共产党介绍信，计划前往延安面见共产国际代表，并寻求军事支持，实现缅甸独立。但在厦门停留时，昂山被日本间谍接触、游说，后又在日本间谍机构"南机关"的安排下，前往当时已被日军占领的海南接受军事训练。和昂山一同接受训练的还有一批平均年龄为24岁的缅甸青年，他们都是缅甸民族主义运动的骨干，后来成为缅甸独立军的核心领导，也被认为是现代缅甸的开国元勋，有"三十志士"之称。1942年年初，在缅甸独立军的协助下，日军完成了对缅甸的占领，也正是在这一过

---

[1] ［澳］米尔顿·奥斯本：《东南亚史》，郭继光译，商务印书馆2012年版。
[2] ［英］D. G. E. 霍尔：《东南亚史》，商务印书馆1982年版，下册，第927页。

程中，缅甸独立军的队伍迅速扩大，并从日军手中获得了大量的武器装备。1945年3月，日本败局已定，昂山等缅甸领导人亦不满足于日本人给予的名义上的独立，遂宣布倒戈加入盟军阵营。但即便如此，部分缅甸领导人仍对日本怀有个人情感，认为日缅之间存在所谓的"特殊友谊"。1962年通过政变上台的缅甸最高领导人奈温，就曾作为"三十志士"之一接受日本的军事训练，并长期同原"南机关"成员保持个人友谊。直至20世纪80年代末，奈温还曾非正式接见原"南机关"成员，后者也成为日本最主要的亲缅游说团体，其中一些人甚至还获得了奈温政府颁发的最高荣誉"昂山之旗"勋章。①

◇ 灵活求存

昂山在寻求国家独立道路上展开的"奇幻冒险"，以及他与日本人的合作和恰逢其时的倒戈，无疑充满了"机会主义"色彩。中国观众多半会给昂山的行为做出这样的定性——"被狭隘的民族利益一叶障目，而没有坚守世界人民反法西斯的大业"。而当时，包括丘吉尔和驻缅总督多尔曼·史密斯爵士在内的诸多英国官员，则更加直接地将昂山等人视为彻头彻尾的叛徒。当英军重返缅甸时，若不是蒙巴顿将军出于稳定东南亚战区整体局势的需要而力排众议，昂山等人很可能会被作为战犯而遭到逮捕和审判。② 即便如此，站在东南亚独立运

---

① Donald M. Seekins, "Japan's Aid Relations with Military Regimes in Burma, 1962 - 1991: The Kokunaika Process", *Asian Survey*, Vol. 32, No. 2, 1992, p. 254.
② 姜帆:《蒙巴顿对战后初期缅甸政局的影响》,《南洋问题研究》2013年第2期，第78—88页。

动领导人的立场来看，无论是在众多老牌西方殖民者之间周旋，还是对日本虚与委蛇，其最终目的只有一个——建立一个全新的国家，这才是他们所追求的最高正义原则。

战后的最初几年，东南亚国家与日本的关系基本处于停滞状态，前者忙于争取国家独立，后者则将全部精力投入到国内经济、社会与政治制度的重建上。20世纪50年代初，对日媾和重新提上日程。然而在战争赔偿的问题上，日本政府始终以"国内经济情况不佳，没有支付能力"为由，拖延赔偿谈判。鉴于此，东南亚国家或拒绝参加1951年在美国主导下召开的旧金山和会，或没有批准《旧金山和约》。

然而，国际局势的变化很快给日本的东南亚政策带来了新的压力。随着朝鲜战争的结束，美国的战时特需订单随之减少，日本经济受到严重影响，仅外汇贮备就在7个月的时间里减少了3/4，[①] 日本政府急需为国内经济发展找到新的市场。与此同时，美国正在对新中国执行"禁运政策"，日本显然不能再像战前一样，将中国大陆作为最主要的原材料来源地和出口市场。正是在这样的背景下，日本政府再次将目光投向东南亚，并开始积极解决战争赔款的问题，因为这将是一切合作得以开展的前提。

学者何忆南在其专著《寻求和解》中对比了第二次世界大战以来的中日关系与德波关系，并试图解释为什么德国与波兰可以走出战争给双边关系带来的创伤，从而实现真正意义上"深层次的和解"，相反，这样的"和解"却没有出现在中日之间。[②] 在何忆南看来，相近

[①] Patrick Strefford, "How Japan's Post-War Relationship with Burma Was Shaped by Aid," *Asian Affairs*, Vol. 41, No. 1, 2010.

[②] Yinan He, *The Search for Reconciliation: Sino-Japanese and German-Polish Relations since World War II*, Cambridge: Cambridge University Press, 2009.

的历史叙事是两国实现和解的关键所在。相反，对历史的不同阐述和解读，以及新的民族神话再造，无疑将增加两国精英与民众的互不信任，并持续破坏双边关系的健康发展。而要在侵略者和受害者之间建立起相近的历史叙事，不仅需要前者对后者进行认真的补偿——如反复的道歉与原谅、经济补偿、真相讲述、对战争罪行的调查与审判等，还需要双方开展共同历史研究。不难看出，和解并不能通过两国官员的谈判实现，相反，它将是一个缓慢的治愈过程。

然而，东南亚国家与日本却并没有在历史认知的问题上缠斗，相反"和解"在很大程度上被简化为了物质赔偿，"赔多少""怎么赔"成了谈判的焦点。从1954年开始，日本政府在短短几年时间里，相继和东南亚各国就战争赔款问题达成了协议：根据各国战时遭受的不同损失，日本承诺提供少则几千万、多则数亿美元的赔款，同时辅以经济援助或优惠贷款。根据这些双边协议，所有赔偿承诺将在5—20年的期限内执行完毕。[①]

这样的快速处理方式当然与冷战的大背景有着密切联系，菲—日、韩—日这样的交战方已经在美国领导的联盟体系下成为间接的盟友。如何遏制社会主义阵营才是美国心中的头等要务，而历史问题就像横亘在交通大干道上的事故车辆一样，必须即刻移除。与此同时，东南亚国家所面临的内忧外患也将它们推向了日本。建国后，东南亚的新生国家仍面临着国内武装叛乱、族群关系紧张、经济基础薄弱等诸多问题。如何在国际政治的丛林世界中生存下去？这是每个国家必须解决的根本问题。单薄的家底决定了，东南亚国家必须在最短的时间内、以最实惠的方式，就历史问题和日本达成和解，从而为日后的

---

① 周杰：《战后初期日本对东南亚"赔偿外交"的策略变化分析》，《浙江师范大学学报》（社会科学版）2007年第5期，第70—74页。

合作铺平道路。

率先与日本达成协议的是政治最为动荡的缅甸。独立后不久缅甸就陷入国内武装叛乱的漩涡之中,反叛组织甚至一路打到了仰光近郊。与此同时,世界大米市场价格下跌,作为稻米出口国的缅甸,政府财政收入也不断下滑,国内经济举步维艰。正是在这种情况下,缅甸政府和日本展开了战争赔款谈判。因为双方均迫切地需要与对方开展更广泛的经济合作,并倾向于尽快解决历史问题,所以谈判进展得十分顺畅。负责谈判的日本官员称缅甸官员"非常理性",并没有就赔偿提出不切实际的数额。

不仅如此,最终达成的日缅赔偿协议还包括了关于日本在缅投资的条款,规定日本可以在缅甸建立合资企业,并承诺保护日本投资者,确保其投资不会被缅甸政府没收。这种以赔偿促进贸易和投资的做法,也为此后日本在东南亚开展的赔偿外交开创了先例。正如当时的日本首相吉田茂所说的,"缅甸人将之看为赔偿,我们则将其看为投资。通过我们的投资,缅甸将得到发展,而缅甸也将变成我们的市场,从而为我们的投资带来回报"[1]。就此,日本长期保持了对缅甸的经济影响力,在奈温执政时期,缅甸从全世界接受的官方开发援助中,有2/3来自日本。[2]

即便是在华人受迫害最严重的新加坡,李光耀政府也因为实际的政治和经济需要,有意压制了国内的反日情绪。1962年年初,新加坡发现了多个"大肃清"遗留的万人冢,要求日本人偿还"血债"

---

[1] 本段内容参考了 Patrick Strefford, "How Japan's Post-War Relationship with Burma Was Shaped by Aid", *Asian Affairs*, Vol. 41, No. 1, 2010。

[2] Donald M. Seekins, "Japan's Aid Relations with Military Regimes in Burma, 1962 – 1991: The Kokunaika Process", *Asian Survey*, Vol. 32, No. 2, 1992, p. 250.

的呼声再起，新加坡的华人团体普遍认为战后审判并没有全面清算日本的战争责任，并组织了大规模的示威游行以及抵制日货运动。[①] 在国内压力下，李光耀于1962年5月访问日本，向当时的日本首相池田勇人正式提出了战争赔偿问题。1965年8月，新加坡被迫从马来西亚独立，成了一个连淡水都需要进口的孤岛国家。在这样的背景下，新加坡于1966年与日本就赔偿问题达成协议，日本承诺以援助和赔偿挂钩的形式，向新加坡提供2500万美元的赠款和2500万美元的特别贷款，就此两国在官方层面上解决了所谓的"血债"问题。在自传《从第三世界到第一世界：新加坡的故事》中，李光耀简短地回忆了这段经历，他写道："他们（池田与其他日本官员）想避免赔偿成为一个先例，以造成其他地方受害者诉求的泛滥……我则想要建立良好的关系，以鼓励他们的工业家到新加坡投资。"[②] 可见，在生存与发展举步维艰的困境下，情感最终要向利益让步。

◇◇ "风中之竹"

东南亚国家灵活求存的特质在泰国身上得到淋漓尽致的体现。泰国外交素有"风中之竹"之称，意思是其外交政策就像竹子一样，虽然随风摇摆却深深植根于土中，可以适应各种外部环境并确保国家的生存。当欧洲殖民者将东南亚尽收囊中时，暹罗——尽管被迫向法国

---

① Keng Kwok Wai, "Justice Done? Criminal and Moral Responsibility Issues in the Chinese Massacres Trial Singapore, 1947", Yale University, 2001, p. 19.
② Kuan Yew Lee, *From Third World to First: The Singapore Story: 1965–2000*, New York: Harper Collins Publishers, 2000, p. 503.

和英国殖民者割让了部分领土——却是唯一保持了独立的国家。

　　随着第二次世界大战的爆发和法国的战败，泰国看到了收复失地的机会。1941年年初，当时的披汶·颂堪政府与日本达成秘密协议，日本承诺支持泰国对法国提出的领土主张，作为回报，泰国将允许日军经由其领土进攻英属马来亚。在这样的协议下，泰国向法属印度支那进军，并最终在日本的支持下收复了湄公河以西的两片领土。更加不可思议的是，就在日军偷袭珍珠港和入侵东南亚的紧要关头，披汶却玩起了失踪。因为没有接到领导人的明确指令，泰国部队与入侵日军发生了小规模的交火。等披汶再次出现在公众视野中时，他很快给予了日军使用泰国领土的权利。其失踪期间双方部队的交火，反而使披汶可以宣称自己已经尽力捍卫了泰国的中立立场，对日合作是因为泰国无力抵抗日军的强力攻势。事实上，所谓的抗日过程仅持续了五个半小时，共有170名泰国士兵阵亡。1942年年初，披汶正式宣布对日结盟，并对英美宣战。作为对其支持的回报，日本又于1943年将英属缅甸和英属马来亚的两片领土交还给了泰国。①

　　第二次世界大战结束后，与日本签署有同盟条约的泰国并没有受到战败国的对待，这在很大程度上得益于披汶政府内部的分裂。披汶的亲日政策首先遭到了泰国驻美大使社尼·巴莫的反对，在披汶政府对美宣战后，社尼拒绝向美国递交宣战书，并联合泰国大使馆官员及当时泰国赴美、赴英的留学生，发起了"自由泰人运动"。在泰国国内，曾在披汶政府内担任财政部长的文官派系代表比里·帕侬荣，早在太平洋战争爆发前，就对披汶依仗军队力量、决策作风专制有所不

---

　　① 本段内容参考了 E. Bruce Reynolds, *Thailand's Secret War: OSS, SOE, and the Free Thai Underground During World War II*, Cambridge: Cambridge University Press, 2004, pp. 8, 12。

满。泰国对日结盟后,披汶解除了比里财政部长的职务,让其担任尊贵但缺少实权的国王摄政官。此后,比里联合其他一些对披汶不满的高层官员,成立了秘密组织,并暗中联络盟军,争取来自美国、英国以及蒋介石政府的军事援助。

随着太平洋战场战局的扭转,泰国的外交政策也如风中之竹一般摇摆起来。1944 年 7 月,东条英机下台。几天后,披汶因为其向议会提交的迁都计划未获批准,而辞去了总理和陆军司令的职务。比里在议会内的盟友最终选举宽·阿派旺出任总理,新一届泰国政府也开始在暗中为盟军提供更多的支持。泰国就这样在战争结束之前,巧妙地通过领导人更迭,成功与披汶的亲日立场划清了界限。1945 年 8 月 16 日,比里在议会发表声明,宣布披汶政府的对日条约及对盟军的宣战无效。与此同时,比里也和远在美国的社尼取得联系,邀请社尼即刻回国出任总理,并组建以"自由泰人运动"成员为主的新政府。[1]

一系列国内政治的调整帮助泰国获得了盟军的"宽大处理"。对于泰国民众而言,究竟谁是战争中正义的一方,这个问题似乎并不太重要,如何能在大国争斗中保全国家利益,这才是最重要的评判原则。1945 年 9 月,披汶被列为甲级战犯而遭到逮捕。然而,泰国民意与舆论却倒向披汶,多数人认为,披汶在战时"尽最大努力保护了泰国的国家利益"。几个月后,迫于泰国社会舆论的压力,最高法院终止了对披汶的起诉。披汶这个对日合作者,甚至还在冷战期间再一次出任了泰国总理。

---

[1] E. Bruce Reynolds, *Thailand's Secret War: OSS, SOE, and the Free Thai Underground During World War II*, Cambridge: Cambridge University Press, 2004, p. 376.

◇◇ 从"经济掠夺者"到"模仿对象"

我们不能指责东南亚国家的领导人或人民，说他们是健忘的、甚至是缺乏是非观念的。相反，孱弱的国力决定了，东南亚国家必须以更加务实的态度，在大国争斗中为自己选择最有利的阵营。同时，生存与发展的危机也决定了，经济理性必然压制情感诉求，东南亚国家需要低调地处理日本的历史问题，避免历史问题成为对日经济合作中的负担。正如李光耀所说的："只要我们活着，我们这一代以及上一代就不会忘记日本人的占领。我们可以原谅但不会忘记……我们的政策是，不让过去不愉快的经历妨碍我们，日本对我们工业发展的参与将帮助我们实现更快的增长。"[①]

从20世纪50年代中期开始，日本政府开始以战争赔偿作为跳板，加大与东南亚国家的经济合作。作为赔偿的一部分，日本承诺向东南亚国家提供援助及优惠贷款，但无论是援助还是贷款，多与日本产品绑定，成为日本政府促进出口的重要手段。与此同时，日本政府也清楚地认识到，出于战时的被占领经历，东南亚国家仍对日本可能在地区事务中发挥的作用充满怀疑。因此，这一时期日本的东南亚外交更多地体现出"经济优先，政治低调"的特征，在最大程度上减少了与东南亚国家的政治合作。同时，日本也与1967年成立的东南亚国家联盟（简称"东盟"）保持了较为疏远的关系。如果仅从经济指标来看，这一时期日本的东南亚外交无疑是成功的。到20世纪70年

---

① Bhubhindar Singh, "ASEAN's Perceptions of Japan: Change and Continuity", *Asian Survey*, Vol. 42, No. 2, March/April 2002, p. 282.

代初，东盟国家的对日贸易占其贸易总额的比重已经达到1/4，日本也超过美国，成为东南亚最大的投资来源国。

然而，日本这种"闷头发财"的做法很快引起了东南亚国家和社会的不满。1974年1月，日本首相田中角荣出访东盟五国，令田中角荣吃惊的是，迎接他的并没有鲜花和掌声，相反，雅加达、曼谷以及马来西亚多地相继爆发了大规模的反日游行。雅加达的暴动尤其严重，造成了十数人死亡，上百辆汽车被烧毁，约有五万家商铺遭到破坏和劫掠。然而，回顾整个事件，示威者固然有对日本的强烈不满，但暴动更像是印尼人在以反日为借口，宣泄其对苏哈托政府以及自身经济境遇的愤怒。示威者不仅要求减少对日本的经济依赖，同时还呼吁政府降低物价、遏制腐败。与此同时，很多示威者认为，日本人在印尼投资创办的合资企业多选择华人作为合作伙伴，这种做法进一步强化了华人的经济优势地位，加大了印尼的经济不平等。作为报复，在暴动中被劫掠的商铺多为华人资产，而巡逻军警则对暴徒视而不见，默许劫掠的发生。[1]

正如文章开篇所说的，在东北亚，日本发动的侵略战争构成了中韩两国人民的集体创伤性记忆，并持续影响着中日、韩日关系的走向。相反，贸易、投资等经济议题则一直是日本与东南亚国家双边关系的主题。国家间因不同历史叙事所造成的集体记忆冲突，难以在短时间内得到调和，但经济利益的矛盾则可能随着政策的调整，以及其他结构性因素的变化而得到缓解。

东南亚国家在20世纪70年代中期掀起的这一波反日浪潮，给日本政治精英乃至整个日本社会都带来了极大的震撼。以1974年为转

---

[1] Richard Halloran, "Violent Crowds in Jakarta Protest the Visit by Tanaka", The New York Times, 16 January 1974.

折点，日本的东南亚外交政策出现明显的变化。在加大对东南亚经济援助的同时，日本开始更加积极地参与东南亚的政治事务，也更加重视与东盟的多边合作。正是在这一时期，日本在东南亚的形象也开始出现变化。

另一方面，进入20世纪70年代后期，日本"经济奇迹"越来越多地引起国际社会的关注，东南亚国家也纷纷推出向日本学习的经济发展政策，希望借鉴日本的技术和管理方式，加速自身的工业化进程。马来西亚总理马哈蒂尔在1982年提出了"向东看"（Look East）政策，号召马来西亚改变以西方国家为模板的传统思维，更多地借鉴日本的发展经验，学习日本人敬业、遵守纪律的精神，这也开启了马来西亚青年赴日本的留学潮。几乎是在同一时期，新加坡也发起了"学习日本"（Learn from Japan）运动，主要领导人在公共演讲中毫无保留地称赞日本模式。在1980年新加坡国庆演讲中，李光耀就将日本称为"一个人口仅占世界总人口3%，土地面积仅占世界0.3%，GNP却占世界10%的国家"。[1]

当然，对于东南亚的领导人而言，之所以将日本树立成学习范本，不仅仅是因为日本在经济发展上取得的成功，更是因为日本模式相对"安全"——在吸收西方的先进技术的同时，日本成功地"过滤"掉了很多西方价值体系中的要素，很好地保存了自身文化。[2] 集体主义、个人奉献、对权威和纪律的服从，这都是东南亚国家领导人

---

[1] Leng Leng Thang and S. K. Gan, "Deconstructing 'Japanisation': Reflections from the 'Learn from Japan' Campaign in Singapore", *New Zealand Journal of Asian Studies*, Vol. 5, No. 1, 2003, p. 91.

[2] Leng Leng Thang and S. K. Gan, "Deconstructing 'Japanisation': Reflections from the 'Learn from Japan' Campaign in Singapore", *New Zealand Journal of Asian Studies*, Vol. 5, No. 1, 2003, p. 93.

所喜闻乐见的。相反，西方国家则在推广经济发展模式的同时，在其中夹带了过多诸如自由、民主、个人主义在内的价值观"私货"。就此，"日本模式"和"日本精神"开始以更加积极、正面的形象出现在公众视野中，日本被视为东亚经济发展"雁阵模型"中当之无愧的"头雁"。根据1995—1998年在东南亚开展的一项民意调查，在反日情绪曾经十分普遍的菲律宾和印尼，分别有55%和85%的受访者表示，"日本是值得信任的伙伴"。至此，日本彻底摆脱了"侵略者"和"东南亚经济掠夺者"的形象。[①]

◇◇小结

正如我们看到的，出于各种现实利益的考量，老一代东南亚政治精英有意压制了国内的反日情绪。本着经济理性的基本原则，日本的历史问题被简化为战争赔偿问题。1977年，随着日本政府宣布所有战争赔偿执行完毕，所谓的"血债"就这样得到了强制性的解决，至于两个民族或国家在历史认知上的差异，似乎并不是一个十分要紧的问题。在很多领导人看来，未来的合作才是当务之急。但是，东南亚国家这种"务实"的态度，却极大地减小了日本在历史问题上所面临的国际压力。在没有深刻反省的前提下，日本轻而易举就实现了与东南亚国家"和解"，这样的经历无疑助长了其错误的历史观，使日本右翼看到了逃脱历史罪责的可能。

时间推移，当老一代东南亚人逐渐逝去，随他们而去的还有战争

[①] Sueo Sudo, *The International Relations of Japan and Southeast Asia: Forging a New Regionalism*, New York: Routledge, 2002, p.54.

带来的历史创伤。20世纪90年代初，爱国主义教育运动在中国大陆大范围开展起来，1995年民政部批准了第一批100处爱国主义教育基地，战争记忆就这样在一次次参观活动中、在历史课本中、在影视作品里，不断向新一代传递。而对于东南亚的年轻一代而言，发生在祖辈之间的战争则显得遥远又陌生，作为美国的盟友以及一个拥有和平宪法的国家，日本似乎并不构成什么切实的威胁，倒像是一个不错的邻居。

参考文献

中文文献

黄滋生、何思兵:《菲律宾华侨史》,广东高等教育出版社2009年版。

姜帆:《蒙巴顿对战后初期缅甸政局的影响》,《南洋问题研究》2013年第2期。

金应熙:《菲律宾史》,河南大学出版社1990年版。

晋林波:《日韩"冷战"的原因与影响》,《国际问题研究》2015年第6期。

周杰:《战后初期日本对东南亚"赔偿外交"的策略变化分析》,《浙江师范大学学报》(社会科学版)2007年第5期。

[澳]芭芭拉·沃森·安达娅、伦纳德·安达娅:《马来西亚史》,黄秋迪译,商务印书馆2010年版。

[澳]米尔顿·奥斯本:《东南亚史》,郭继光译,商务印书馆2012年版。

[澳]史蒂文·德拉克雷:《印度尼西亚史》,郭子林译,商务印书馆2014年版。

[英]D.G.E.霍尔:《东南亚史》,商务印书馆1982年版,下册。

英文文献

Goto, Ken'ichi, *Tensions of Empire: Japan and Southeast Asia in the Colonial and Postcolonial World*, Ohio: Ohio University Press & Singapore

University Press, 2003.

Gunn, Geoffrey C. , "Remembering the Southeast Asian Chinese Massacres of 1941 – 1945", *Journal of Contemporary Asia* 37, No. 3, 2007.

He, Yinan, *The Search for Reconciliation: Sino-Japanese and German-Polish Relations since World War II*, Cambridge: Cambridge University Press, 2009.

Lee, Kuan Yew, *From Third World to First: The Singapore Story: 1965 – 2000*, New York: Harper Collins Publishers, 2000.

Reynolds, E. Bruce, *Thailand's Secret War: OSS, SOE, and the Free Thai Underground During World War II*, Cambridge: Cambridge University Press, 2004.

Seekins, Donald M. , "Japan's Aid Relations with Military Regimes in Burma, 1962 – 1991: The Kokunaika Process", *Asian Survey* 32, No. 2, 1992.

Singh, Bhubhindar, "ASEAN's Perceptions of Japan: Change and Continuity", *Asian Survey* 42, No. 2, March/April 2002.

Strefford, Patrick, "How Japan's Post-War Relationship with Burma Was Shaped by Aid", *Asian Affairs* 41, No. 1, 2010.

Sudo, Sueo, *The International Relations of Japan and Southeast Asia: Forging a New Regionalism*, New York: Routledge, 2002.

Thang, Leng Leng, and S. K. Gan, "Deconstructing 'Japanisation': Reflections from the 'Learn from Japan' Campaign in Singapore", *New Zealand Journal of Asian Studies* 5, No. 1, 2003.

Wai, Keng Kwok, "Justice Done? Criminal and Moral Responsibility Issues in the Chinese Massacres Trial Singapore, 1947", Yale University, 2001.

Yew, Lee Kuan, *The Singapore Story: Memoirs of Lee Kuan Yew*, Singapore: Times Editions Pte Ltd, 1998.

3

权力游戏中的东南亚女性

和以往不同，2016年的美国大选曾备受全球民众关注。造成大面积围观的一个重要原因就是，很多人都好奇，美国选民会不会再次创造历史，继第一位黑人总统诞生之后，进而选出一位女性总统。然而，随着希拉里·克林顿的落败，这样的预期最终并没有变为现实。

如果我们仅以"女性是否出任过国家最高领导人"作为衡量某个国家两性平等的标准，那么东南亚国家似乎走在了美国的前面。早在1986年，东南亚国家就产生了第一位女性最高领导人——菲律宾总统科拉松·阿基诺。事实上，到今天为止，已经有数位女性走上了东南亚国家的权力顶峰。除阿基诺夫人以外，还有菲律宾总统格洛丽亚·马卡帕加尔·阿罗约、印尼总统梅加瓦蒂·苏加诺、泰国总理英拉·西那瓦，以及缅甸国务资政昂山素季。即便是在整个世界范围内，东南亚国家这种女性最高领导人频出的现象也是十分独特的。有统计显示，在1960—2009年，全球近200个国家中共有52个国家的71名女性担任过国家一级的领导人。[①] 而东南亚11国5人的比率显然超过了世界平均水平。

更重要的是，世界其他地区的很多女性领导人并不享有实权，她们往往仅行使代理或过渡性职能，一些人甚至是作为各政治派别"妥协的产物"而被推上该职位的。她们之所以被选中，往往是因为人们对女性所持有的固有看法，认为女性更容易合作，可以在真正的执政者身边发挥"辅助"作用。而在那些有稳定执政基础的女性领导人中，则有超过60%的人担任的是总理，而非总统。[②] 正如有学者指出

[①] Farida Jalalzai and Mona Lena Krook, "Beyond Hillary and Benazir: Women's Political Leadership Worldwide," *International Political Science Review*, Vol. 31, No. 1, 2010, p. 7.

[②] Farida Jalalzai and Mona Lena Krook, "Beyond Hillary and Benazir: Women's Political Leadership Worldwide," *International Political Science Review*, Vol. 31, No. 1, 2010, p. 12.

的，女总统稀缺的主要原因在于，总统制下的总统往往由全国选举产生，有固定的任期和独立于立法机构的合法性，从而得以行使更大的权力；而议会制下的总理则通常由政党推选，并需要与其他政治精英分享权力，因此更有可能"被"辞职。在两性尚不能实现完全平等的情况下，相对于女总统，具有有限权力的女总理更容易被社会接受，或者被一些人"忍受"。①

然而，在这一点上，东南亚似乎又构成了一个特例。一个简单的事实就是，菲律宾及印尼同为总统制国家。尽管阿罗约是在2001年其前任埃斯特拉达因腐败问题被迫下台后，才以副总统身份接任总统一职的，但在2004年的大选中，阿罗约再次获得选举胜利，从而将其任期延长至2010年。在缅甸，昂山素季虽然受到宪法的限制而无法直接出任总统，但也没有人会质疑其最高领导人的地位。

那么，女性领导人是如何在东南亚国家的权力游戏中脱颖而出的呢？这正是本章想要探讨的问题。但是，在回答这个问题之前，我们有必要先审视一下东南亚女性参与政治活动的整体情况。这是因为，一旦我们绕过开头提到的几位最高领导人，而将目光投向普通的、更广大范围内的女性，我们很快就会发现，长期以来，很多东南亚国家的女性对政治的参与并不算活跃，大多数国家甚至低于世界平均水平。也正是在这样的社会背景下，女性最高领导人的接连出现，才变得更加突兀和令人费解。

---

① Farida Jalalzai, "Women Rule: Shattering the Executive Glass Ceiling", *Politics & Gender*, No. 4, 2008, p. 210.

◇◇ 吊诡的落差

我们可以暂且以"议会中女性政治家的比例"为一个标准，来评估东南亚女性的政治参与情况。根据国家议会联盟（Inter-Parliamentary Union）2018 年公布的数据，全球女性议员在议会中的平均比例为 24.1%，在女性政治参与最为活跃的北欧国家，这一比例甚至达到了 42.3%。而与之形成鲜明对照的是，亚洲国家的女性议员比例则要明显低于世界平均水平，仅为 19.7%。在东南亚地区的主要国家中，女性参政的情况也不乐观：在 193 个国家的排名中，泰国位列第 182 名，其议会中的女性议员比例仅为 5.3%，排名靠后的还有文莱（第 167 名）、缅甸（第 161 名）、马来西亚（第 138 名）以及印度尼西亚（第 104 名）。经济较为发达的新加坡排名第 77 位。东南亚的两个社会主义国家——越南与老挝则通过相关政策促进女性的参政议政，其排名相对靠前，分别位于第 63 位和第 57 位。反倒是在 2002 年才获得独立的东帝汶，女性对政治的参与最为活跃，其议会中的女性议员占比达到了 33.8%，排名第 34 位。[①]

上文的这一串数字正说明，在东南亚国家，女性最高领导人产生的背后，似乎并不存在牢固的社会和群众基础。换言之，虽然有个别攀上国家权力巅峰的女性领导人，但这并不意味着东南亚女性的政治及各方面权利都得到很好的维护。如果我们得以走出国会，进入东南亚国家的草根阶层，我们就会对这样的落差有更加深刻的认识。在就

[①] Inter-Parliamentary Union, Women in National Parliaments, 2018, http://archive.ipu.org/wmn-e/arc/world011218.htm.

业等问题上，普通女性仍受到很大限制，不得不在家庭内部从事没有薪水的劳动。根据麦肯锡全球研究所的一份报告，尽管亚太地区的两性人口大体平衡，但女性对地区 GDP 总额的贡献仅为 36%。作为东南亚第一人口大国的印尼，尽管该国曾出现过女总统，但女性整体对该国 GDP 的贡献仅为 29%。据麦肯锡全球研究所的保守估计，假如将亚太地区女性家庭劳动所创造的价值转换为经济数字，将达 3.8 万亿美元，相当于这一地区 GDP 的 15%。[1] 可以想象，不公平的社会（尤其是就业）环境，在极大程度上抑制了女性潜能的实现。

东南亚国家这种女性最高领导人频出，但普通女性权益却不能得到很好保障的现象，构成了一个矛盾体的两面，同时也是与一般直觉相抵触的。我们更倾向于认为，在广大女性权益获得基本保障、两性平等程度高的国家，人们更容易接受女性掌权，少数精英女性的权力上升通道才会更加平坦与顺畅；与此同时，女性领导人也将利用自己的权力，进一步推动维护女性权利的法案或政策出台、促进女性对于政治的参与。借用统计学的术语，女性最高领导人产生的可能性与一国两性平等的水平原本就应该是呈正相关关系的。然而，东南亚的事实却与我们这种来自于直觉的猜测完全相反。

实际上，不仅是在东南亚，很多发展中国家都存在着这种矛盾的现象，即普通女性的基本权利得不到保障，但国家的最高领导人却由女性出任。斯里兰卡的西丽玛沃·班达拉奈克曾于 1960—1965 年、1970—1977 年，以及 1994—2000 年，三次出任斯里兰卡总理，她也是世界上第一位由选举而非继承产生的女性国家首脑。类似的例子还有两度出任印度总理的英迪拉·甘地、四度出任孟加拉国总理的谢赫

---

[1] Jonathan Woetzel et al., *The Power of Parity: Advancing Women's Equality in Asia Pacific*, Mckinsey Global Institute, April 2018.

·哈西娜，以及两度出任巴基斯坦总理的贝娜齐尔·布托……①不仅仅是这些个案，有学者对1996—2006年间132个国家的领导人进行分析，结果竟然发现，男女越不平等的国家，女性出任国家领导人的可能性反而越高。②究竟是什么原因导致这一吊诡的现象？我们又该如何理解女领导人掌权但女性权益却不能得到很好保障的现象呢？

◇宗教、国家与女性地位的变迁

我们需要从两个问题出发来回答以上问题，第一个问题就是，哪些因素抑制了普通女性权益的改进？另一个问题则是，哪些因素造就了那些站在权力巅峰上的女性领导人？这一节将主要考虑第一个问题。

如果将历史上女性的社会地位做一个跨区域的横向比较，我们会惊讶地发现，东南亚曾经是两性平等方面的"优等生"。回溯至15世纪，与东亚和南亚相比，东南亚的女性所面对的社会环境要明显优越得多。因为东南亚地广人稀、劳动力不足的特征，很多地方都像珍惜男婴一样珍惜女婴，女性也是很多家庭的主要收入来源，③在经济与政治活动中，女性都扮演了重要的角色。尤其是在贸易和投资过程中，女性的参与程度让很多早期的欧洲和中国商人感到吃惊，他们经

---

① Linda K. Richter, "Exploring Theories of Female Leadership in South and Southeast Asia", *Pacific Affairs*, Vol. 63, No. 4, 1990-1991.

② Farida Jalalzai, "Women Rule: Shattering the Executive Glass Ceiling", *Politics & Gender*, No. 4, 2008, p. 210.

③ Barbara Watson Andaya, *The Flaming Womb*, Honolulu: University of Hawai'i Press, 2006, pp. 227-228.

常发现，自己的谈判对象是女性。一些女性甚至会乘船出海，从事海上贸易。在爪哇，人人都知道这里的男人们不管钱。①

除此以外，女性还发挥了更重要的外交作用——她们经常因为自身温和、礼貌的特质而被君主遣为使臣，负责冲突调停、媾和的事务。在15—17世纪，东南亚很多以贸易立国的王国都是由女王执政的。② 不仅如此，在本土宗教的影响下，东南亚女性还因担任祭司、擅长巫术而受到尊敬。正如澳大利亚历史学家安东尼·瑞德指出的，"女性在世袭、仪式、贸易和农业生产中的主导作用"，是东南亚地区的一个重要的社会文化特质，这也"使得东南亚作为一个整体呈现出与其毗邻的泱泱大国（中国和印度）不同的特征"。③ 换言之，女性所享有的独特地位，甚至成了界定东南亚地区的一个特性。

东南亚女性的社会地位出现变化，在一定程度上是由外来宗教的传播与现代国家的出现所导致的。无论是佛教还是儒家文化都推崇男性的优势地位，但在接受这些早期的外来文化影响时，东南亚地区仍在很大程度上保持了自己的社会文化特质。然而，从15世纪初开始，东南亚经历了一场宗教革命，见证了伊斯兰教和天主教的传播。新宗教对女性的行为准则做出了新的要求，它们的到来也对东南亚的女性产生了更加明显的影响，在很大程度上重新塑造了作为女性的意义。在男人们选择皈依伊斯兰教的同时，很多东南亚的贵族女性在抵制伊

---

① ［澳］安东尼·瑞德：《东南亚的贸易时代：1450—1680》第一卷，商务印书馆2013年版，第232—234页。

② ［澳］安东尼·瑞德：《东南亚的贸易时代：1450—1680》第一卷，商务印书馆2013年版，第235—242页。

③ ［澳］安东尼·瑞德：《东南亚的贸易时代：1450—1680》第一卷，商务印书馆2013年版，第13页。

斯兰教的运动中发挥了领导作用。① 到18世纪，伊斯兰教已经在东南亚的很多地方（尤其是沿海地带）扎根，随之而来的是更加强势的父权制。② 无论是在婚姻中、在宗教活动中，还是在政治中，东南亚的女性都逐渐处于被边缘化的境地。至少，大约从1700年开始，东南亚的穆斯林地区就很少有女性君主执政了。③

与此同时，通过对海上贸易的控制，东南亚的君主获得了更多的关税收入，并从欧洲人手中购入大量新式武器。从17世纪开始，东南亚国家就出现了明显的中央集权化倾向，地方贵族的权力遭到削弱。④ 这种新的国家形式，与15世纪以前东南亚所盛行的印度教—佛教国家有着明显的不同，后者往往以庙宇为中心，组织形式松散，君主的权威由统治的中心向外辐射，对首都以外的大部分地区往往仅行使象征性的控制。更重要的是，这些旧式国家也缺乏明确的领土边界，在一个由多个国家构成的区域中，往往存在相互重叠的势力范围，某些小王国可能同时向不同的政治中心效忠。换言之，旧秩序的权力等级结构都相对模糊。⑤

17世纪出现的新式国家则具备了某些现代国家的特征，这意味

---

① ［澳］安东尼·瑞德：《东南亚的贸易时代：1450—1680》第二卷，商务印书馆2013年版，第227页。

② Barbara Watson Andaya, *The Flaming Womb*, Honolulu: University of Hawai'i Press, 2006, p. 93.

③ ［澳］安东尼·瑞德：《东南亚的贸易时代：1450—1680》第二卷，商务印书馆2013年版，第240页。

④ ［澳］安东尼·瑞德：《东南亚的贸易时代：1450—1680》第二卷，商务印书馆2013年版，第351—360页。

⑤ Amitav Acharya, *The Making of Southeast Asia: International Relations of A Region*, Singapore: Oxford University Press, 2012, pp. 59 – 70. 关于地区秩序，可参见吕振刚《曼陀罗体系：古代东南亚的地区秩序研究》，《太平洋学报》2017年第8期，第27—39页。

着，国家对于社会的控制进一步加强，国家逐渐发展出更加复杂的管理职能。如果你生活在那个年代，你可能会对这样的变化感到非常不满。因为你不得不直接面对政府的税收要求，以及更加繁重的劳役与兵役。欧洲殖民者的到来，以及他们对当地生产的直接参与，进一步加剧了这种状况。与东南亚本地的君主相比，欧洲人在征缴税收和劳动力方面更加经验丰富且有效率。

国家形式的巨大变化也不可避免地影响到东南亚女性的生活与地位。国家对于劳动力与兵力的调动与控制，更加明显地体现在男性身上，女性则被置于从属地位上，她们仅能为"国家工程"做些辅助性的工作，因此她们的"价值"也开始下降。[①] 现代国家的另一个特征就是，具有清晰的等级结构。而作为构成国家的基本单元，"家庭"（household）内部也必然存在着相应的权力关系。中国古代政治思想中的"三纲五常"——君为臣纲、父为子纲、夫为妻纲，就体现了父权制从国家到家庭层面的"全面贯彻"。随着国家力量的强化，这一时期东南亚国家的父权制也呈现出逐渐强化的趋势。[②] 政治被越来越多地视为男性的领域，需要由具有理性和强硬的男性来从事，女性则更应留在家庭里。"君主统治国家"与"丈夫统治妻子"这样的比喻越来越多地为人们所使用，欧洲殖民者也是这套话语的提倡者。英国殖民官员甚至用"丈夫—妻子"来形容自己与马来王公的关系，以强调自己的优势地位："就像一个明智的男人对待妻子一样，我在琐事

[①] Barbara Watson Andaya, *The Flaming Womb*, Honolulu: University of Hawai'i Press, 2006, pp. 134-135.

[②] 范若兰：《东南亚女性的政治参与》，社会科学文献出版社2015年版，第13、369页。

上非常殷勤，但在重要的事情上则不可被动摇。"①

当代，现代国家对女性地位发挥了更加直接的影响。第二次世界大战结束后，东南亚国家相继独立，国内政治的动荡不安导致大批威权主义政权的出现。威权主义政权强调社会秩序与服从，并从整体上限制民众的政治参与，而女性所受到的负面影响则更为明显。新加坡独立后的十余年间，议会中没有一位女议员。不仅如此，东南亚国家还出现了不少军人政权。由于军队将领以男性为主，由军人把持的高级职位也就此与女性无缘。在苏哈托统治下的印尼，1966 年的 27 名部长中，有 12 位是军人。1980 年印尼的 27 名省长中的 19 名由军人出任。在缅甸，军人政权内部的权力格局几经变迁，然而无论是 1962 年奈温政变后成立的缅甸联邦革命委员会，还是 1988 年成立的国家恢复法律与秩序委员会，或是 1997 年军人政权改组后形成的国家和平与发展委员会，其成员均为男性军官。与此同时，女性主义运动也在很大程度上受到了政府的限制。②

◇ 在政治暴力中诞生的女性领导人

那么，在女性整体政治参与水平不高的情况下，女性最高领导人又是如何产生的呢？如果对几位女性领导的从政经历进行一定的分析，不难发现，这些女性往往是因某位男性亲属，才与政治结缘。阿

---

① Barbara Watson Andaya, *The Flaming Womb*, Honolulu: University of Hawai'i Press, 2006, p. 148.

② 本段内容参考了范若兰：《东南亚女性的政治参与》，社会科学文献出版社 2015 年版，第 302—304 页。

罗约的父亲迪奥斯达多·马卡帕加尔曾担任菲律宾第 9 任总统，梅加瓦蒂是印尼第一任总统苏加诺的长女，昂山素季的父亲昂山将军则被缅甸人民尊为国父。其实，不仅是在东南亚，包括英迪拉·甘地、贝娜齐尔·布托等在内的很多女性领导人都是因为继承了父亲的政治资本，才得以进入政坛。很多女性领导的全名中都带有父亲的姓氏或者名字，在选举制度不健全、信息传播不畅的很多欠发达国家，一个著名的姓氏或者熟悉的名字，就足以为候选人吸引大量的选票。同样的，类似的政治资本也可能继承自丈夫与兄长。从这个角度来说，女性领导人的出现并不是对父权制的挑战，相反，在很大程度上，是在父权制基础上依附发展的结果。

另一个值得关注的现象是，女性领导人的产生时常与刺杀、政变等政治暴力事件有着紧密的联系，同时还经常伴随着大规模的群众运动。正如有学者指出的，通过谈判取得的政治转型（transition through transaction）往往将女性排除在外。相反，女性领导的政治转型则更加"轰轰烈烈"——她们经常站在群众运动的前线，通过民众的起义推翻独裁者。[1]

在这一点上，昂山素季和阿基诺夫人的经历都十分具有代表性。昂山将军在昂山素季仅两岁的时候就遇刺身亡。1988 年，缅甸爆发了大规模的民众示威，也正是在这次的群众运动中，昂山素季在社会各界的呼吁下走上了政治舞台，并奠定了自己在整个缅甸民主运动中的领导地位。阿基诺夫人的丈夫贝尼尼奥·阿基诺则是菲律宾反对党领袖，受到政府逮捕后流亡美国，并继续从事反对菲律宾马科斯政府的活动。1983 年 8 月 21 日，贝尼尼奥·阿基诺结束流亡生活返回菲

---

[1] Mark R. Thompson, "Female Leadership of Democratic Transition in Asia", *Pacific Affairs*, Vol. 75, No. 4, 2002 – 2003, p. 536.

律宾，在刚走下飞机时就被人从背后开枪打死，整个过程被随行记者拍摄下来。在刺杀事件发生几个小时后，菲律宾就爆发了大规模的示威游行。此后，阿基诺夫人被推举为反对党领袖，参加了1986年年初举行的总统大选。由于选举存在严重的舞弊，菲律宾人民再次走向街头，在这场"人民力量革命"的冲击下，马科斯政权最终倒台。

在印尼，梅加瓦蒂也曾在反对苏哈托的社会运动中发挥领导作用，而她的父亲则是在30年前苏哈托发动的一场政变中被迫下台的。在泰国，2006年的政变提前结束了总理他信的任期，而五年后由其妹妹英拉带领的为泰党再次赢得大选。与之相仿的是，马来西亚的旺·阿兹莎也是因为丈夫无法再继续其政治事业，才步入政坛的。1998年，旺·阿兹莎的丈夫、时任马来西亚副总理的安瓦尔被马哈蒂尔革职，随后因渎职等多项罪名入狱。此后，旺·阿兹莎在马来西亚社会反对政府专政的"烈火莫熄"运动中发挥了领导作用，并于1999年成立了国民公正党。在此后的近20年时间中，旺·阿兹莎多次在大选中赢得国会议席。在2018年5月举行的马来西亚大选中，由旺·阿兹莎担任主席的反对党联盟——希望联盟最终击败了执政60多年的国民阵线，旺·阿兹莎也顺理成章地出任马来西亚副总理。[1]

从某种意义上来说，正是政治暴力和威权政府的打压，塑造了昂山、阿基诺这样的殉道者。在掌权期间，这些男性领导人的执政并非尽善尽美，昂山和苏加诺就都有在第二次世界大战时期与日本侵略者合作的不太光彩的历史，但他们的"殉道"将他们"从一个可能会犯错误的政治家变成了道德的符号"，或者是民主与民生的象征，他

---

[1] 范若兰：《旺·阿兹莎，教母还是政治领袖？》，《世界知识》2018年第12期，第24—25页。

们也因此享有民众近乎没有保留的崇敬与拥护。①

这样一笔宝贵的政治遗产必然要有人来继承。但随之而来的一个问题是，谁有权利继承这样的遗产？为什么总是他们的女性亲属被推到台前呢？应该说，这个结果是多方面因素导致的。首先，这些女性领导人均来自精英阶层，受过良好的教育，具备基本的领导素质。此外，在一些案例中，前领导人的男性亲属往往出于各种原因，不愿卷入政治。例如，昂山素季的哥哥昂山乌就缺少对政治的兴趣，早年便加入美国国籍。除此之外，女性领导人之所以能成为民主运动的领导，并成功推动国家政权的更迭，其中一个主要原因还在于，她们更能维持反对阵营内部的团结。在一场民主运动中，反对阵营内部往往存在着错综复杂的路线之争与利益斗争，而作为"遗孀""遗孤"的女性领导人则容易给人以柔弱、缺乏政治经验的印象，这反而可以有效安抚反对派内部的各种势力及其代表人物。②

在这些具体原因以外，我们还应该看到一个更为重要的背景性因素，那就是一些东南亚国家政党制度的欠发达。因为这在很大程度上解释了，为什么要由"殉道者"的家庭成员——而非他的"同志们"——来完成他未尽的革命事业。

其实，早在20世纪60年代，以萨缪尔·亨廷顿为代表的政治学家就开始关注政党在维持一个国家政治秩序方面的作用。在亨廷顿看来，随着现代化进程的加剧，不同社会力量的政治参与愿望也变得更加强烈，在这样的背景下，正是政党这种政治制度使得这些社会力量

---

① Mark R. Thompson, "Female Leadership of Democratic Transition in Asia", *Pacific Affairs*, Vol. 75, No. 4, 2002 - 2003, p. 542.

② Mark R. Thompson, "Female Leadership of Democratic Transition in Asia", *Pacific Affairs*, Vol. 75, No. 4, 2002 - 2003, p. 545.

可以通过合法的、制度化的渠道表达自己的诉求。相反，在政党制度不发达的国家，各种社会力量只能采取自身所掌握的、更为直接的手段参与政治，于是我们就会看到"学生示威、工人罢工、有钱人行贿、军人政变"这样的政治秩序溃败的局面。[1]

不仅如此，一个成熟的政党其自身就是高度制度化的组织，这意味着它有成体系的规章制度，政党内部的代际更迭也因此变得有章可循。一旦老一代领导人退休或者去世，政党内部的权力交接将平稳地进行，政党使命的履行不会受到明显影响。反观政治转型初期的东南亚国家，因为威权政体的长期压制，反对派阵营无法在短时间内建立有效的组织。临时形成的政党既缺乏明确的意识形态基础，而且，这些政党往往是围绕个别所谓的"魅力型领导人"组成的。一旦该领导人无法履行相应的职能，反对派力量就会团结到他的替代者身边。魅力型领导人的直系亲属将成为最好的选择，因为很多人愿意相信，直系亲属将更忠诚地遵循领导人的意愿，兑现他曾经的承诺。正如1988年的缅甸，民众怀里抱着昂山将军的照片，走上街头抗议军政府的执政。很多从仰光以外赶来的示威者都会最先造访昂山素季的居所，而当时的昂山素季还从未有过任何政治经验。

◇ 不仅是个"象征"

因为其特殊的身份，女性领导人的执政道路也注定是不平坦的。正如上文讲到的，很多男性政治家之所以支持女性领导人拿起权力的

---

[1] Samuel P. Huntington, *Political Order in Changing Societies*, New Haven: Yale University Press, 1968.

接力棒，主要是因为他们认为后者在执政的日子里，仅仅会发挥"象征性"的作用。因此，一旦女性领导人开始展现出独立行使权力的倾向，她将面临支持者倒戈的威胁。

阿基诺夫人担任总统后，她与副总统萨尔瓦多·劳雷尔以及国防部长胡安·庞塞·恩莱尔之间，就爆发了激烈的权力之争。劳雷尔是贝尼尼奥·阿基诺的儿时玩伴，也曾是马科斯政权的主要反对者。在1986年的大选中，劳雷尔放弃竞选总统，作为副总统候选人与阿基诺夫人联手。这背后当然有十分现实的考虑：劳雷尔在大众中的形象不佳，虽然他掌握着"枪（guns）、打手（goons）、金钱（gold）"这三样菲律宾大选中必备的资源，但菲律宾民众已经对马科斯腐败政权厌恶至极，对他们而言，劳雷尔显然不能给他们创造新的未来。[1] 相反，阿基诺夫人"更负责任、更清廉"的女性形象则使人耳目一新。[2] 马科斯政权倒台后，劳雷尔成为副总统，并被任命为总理，但阿基诺夫人很快取消了总理这个职位。此后，劳雷尔成为阿基诺夫人最强有力的反对者，他声称自己曾与阿基诺夫人达成协议，一旦当选，阿基诺夫人将只扮演象征性角色，而让他成为国家真正的领导。为此，劳雷尔多次公开呼吁阿基诺夫人重新举行大选。[3] 与劳雷尔不同，恩莱尔则来自马科斯政府内部，曾担任后者的国防部部长，在马科斯政权倒台前夕，恩莱尔审时度势地倒戈，加入了反对派阵营。然而，他很快又对阿基诺夫人的执政产生不满，并因为参与一次由马科

---

[1] Mark R. Thompson, "Female Leadership of Democratic Transition in Asia", *Pacific Affairs*, Vol. 75, No. 4, 2002 – 2003, p. 548.

[2] 范若兰：《东南亚女性的政治参与》，社会科学文献出版社2015年版，第385页。

[3] Robert H. Reid, "Vice President Calls for Aquino Resignation, New Elections", AP News, 13 August 1988, https://www.apnews.com/e351517e6e76486964e08c84ea94613b.

斯支持者发动的政变而被免职。①

在印尼,梅加瓦蒂的执政也面临着来自保守穆斯林的反对。一些穆斯林认为女性不适合领导国家,尽管梅加瓦蒂领导的政党在1999年大选中得票最多,但她本人却在国会的总统选举中失败,并担任副总统直至瓦希德总统因贪腐被弹劾下台。这次,梅加瓦蒂选择与保守穆斯林妥协,并选择了伊斯兰政党的领导人出任副总统。②

尽管人们对这几位女性领导人的执政成绩评说不一,但整体上来看,女性领导人的当政,仍对促进其他女性的政治参与,以及女性整体权益的提升有着积极的意义。阿基诺夫人就任命了多名女性内阁成员,后来成为菲律宾总统的阿罗约,也曾在阿基诺夫人政府内担任过较高的行政职务。对于普通女性而言,女性领导人的一些举措也给她们的生活带来变化,阿基诺夫人就曾废除了很多马科斯政府时期制定的歧视女性的法律法规。③ 在女性领导人的带动下,菲律宾议会中的女性议员比例开始出现明显的上升:马科斯执政时期,女性议员的比例长期徘徊在6%以下,而自1986年阿基诺夫人上台开始,这一比例逐步上升。如今,下议院中已经有超过29%的议员是女性,参议院中女性议员的比例也上升至25%。④

尽管缺少政治经验,但东南亚的女性领导人无疑都展现出惊人的

---

① 范若兰、陈妍:《掌权之后:东南亚女总统与民主转型的性别分析》,《妇女研究论丛》2012年第1期,第81页。

② 范若兰、陈妍:《掌权之后:东南亚女总统与民主转型的性别分析》,《妇女研究论丛》2012年第1期,第81页。

③ 范若兰、陈妍:《掌权之后:东南亚女总统与民主转型的性别分析》,《妇女研究论丛》2012年第1期,第83页。

④ Inter-Parliamentary Union, Women in National Parliaments, 2018, http://archive.ipu.org/wmn-e/arc/world011218.htm.

学习能力。阿基诺夫人在其执政的6年间，共挫败了7次政变，这也为菲律宾民主制度的巩固奠定了基础。[①] 梅加瓦蒂也在印尼这样一个伊斯兰国家，创造了女性担任最高领导人的纪录。而昂山素季则一步步在缅甸的民主运动中确立了自己的领导地位，并最终促成了军政府与文官政府之间和平的权力交接。虽然这些女性领导人往往是作为其男性亲属的"替身"而被推上政治舞台的，但她们可以发挥的作用，绝不仅仅是象征性的。事实反复证明，她们可能给政治带来的变化，超出很多人的想象。

◇◇ 小结

在本文中，我们首先揭示了一个令人费解的现象，那就是在女性政治参与整体水平不高的东南亚，却引人注目地出现了许多女性领导人。我们还回溯了东南亚女性地位变迁的历史，并发现本土文化曾给予东南亚女性优越的社会地位，她们曾经站上过权力的巅峰，也曾掌握着财政大权。但外来文明与现代国家的出现，重新塑造了女性在东南亚社会中所扮演的角色。尽管当代的东南亚国家涌现出一批女性领导人，但她们的登场往往与政治暴力、家族政治有着密切的联系。与此同时，我们也应该看到，女性领导人的上台推动了东南亚国家与社会的重大变革，也为我们的世界创造了更多可能。

[①] Elpidio R. Sta. Romana, "The Evolution of Philippines Foreign Policy and the Perceptions of Filipino Foreign Policy-Makers during the Aquino Regime", *Asian Studies Review* 19, No. 1, 1995, p. 64.

参考文献

中文文献

范若兰:《东南亚女性的政治参与》,社会科学文献出版社 2015 年版。

范若兰、陈妍:《掌权之后:东南亚女总统与民主转型的性别分析》,《妇女研究论丛》2012 年第 1 期。

[澳]安东尼·瑞德:《东南亚的贸易时代:1450—1680》第一卷,商务印书馆 2013 年版。

英文文献

Acharya, Amitav, *The Making of Southeast Asia: International Relations of a Region*, Singapore: Oxford University Press, 2012.

Andaya, Barbara Watson, *The Flaming Womb*, Honolulu: University of Hawai'i Press, 2006.

Huntington, Samuel P., *Political Order in Changing Societies*, New Haven: Yale University Press, 1968.

Jalalzai, Farida, "Women Rule: Shattering the Executive Glass Ceiling", *Politics & Gender*, 2008, No. 4, 2008.

Jalalzai, Farida, and Mona Lena Krook, "Beyond Hillary and Benazir: Women's Political Leadership Worldwide", *International Political Science Review*, Vol. 31, No. 1, 2010.

Richter, Linda K. , "Exploring Theories of Female Leadership in South and Southeast Asia", *Pacific Affairs*, Vol. 63, No. 4, 1990 – 1991.

Romana, Elpidio R. Sta. , "The Evolution of Philippines Foreign Policy and the Perceptions of Filipino Foreign Policy-Makers During the Aquino Regime", *Asian Studies Review*, Vol. 19, No. 1, 1995.

Thompson, Mark R. , "Female Leadership of Democratic Transition in Asia", *Pacific Affairs*, Vol. 75, No. 4, 2002 – 2003.

Woetzel, Jonathan, Anu Madgavkar, Kevin Sneader, Oliver Tonby, Diaan-Yi Lin, John Lydon, Sha Sha, et al. , *The Power of Parity: Advancing Women's Equality in Asia Pacific*, Mckinsey Global Institute, April 2018.

4

挥不动的军事指挥棒

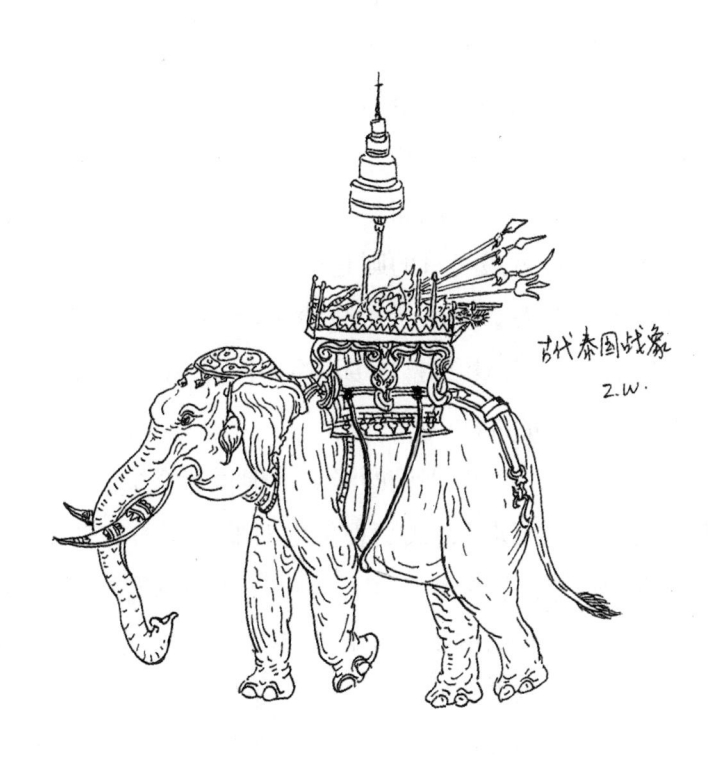

古代泰国战象
Z.W.

"军人以服从命令为天职",很多影视剧里都会给角色设计这样的台词,对于编剧而言,要想塑造一个职业军人的形象,好像没有什么比这更便捷的方法了。从入伍第一天开始,每个军人就会被反复教导,军队是一个等级森严的组织,士兵服从军官、下级服从上级,这是军队得以运转的最基本条件。然而,经常被我们忽略的是,"军人以服从命令为天职"还有另一层重要含义,那就是作为一个整体,军队还必须服从政治家的指令。

事实上,从19世纪开始,军事相对于政治的从属地位,就在理论层面得到了确认。作为普鲁士军事改革的参与者,克劳塞维茨就在其著作《战争论》中明确论述了战争的本质,以及由此决定的军人所应该扮演的角色。在克劳塞维茨看来,战争"有自己的语法,但没有自己的逻辑",军人可以专注发展自己"关于战争语法"的专业技术,但战争的"逻辑"或者最终目的则是由政治决定的。战争的这一本质也进一步决定了,军人必然服从于政治家。[①] 用克劳塞维茨的话来说,"政治是智力活动,军事只是工具……因此,让军事观点服从于政治,就成为唯一可行的办法"。

尽管《战争论》被奉为军事理论的经典,但克劳塞维茨对于军人角色的阐述更像是一种"要求",或是理想中对职业军人的"期待",而绝非对现实的准确描述。因为在现实世界中,我们总能找到许多军人不安于军营,频频插手政治的例子。根据不完全统计,1950—2010年,全世界发生过457起军事政变,其中近一半取得成功。在地理分布上,政变体现出高度集中的特点。比如,北美洲就从没有发生过政变,欧洲也仅出现过12次;相反,全世界36.5%的政变都出现在中

[①] [美] 塞缪尔·亨廷顿:《军人与国家:军政关系的理论与政治》,中国政法大学出版社2017年版,第49—51页。

美洲和南美洲（仅阿根廷一个国家就发生过20次），非洲囊括了全世界31.9%的政变，位居第二。亚洲虽然"仅"出现过59起政变，但其中的2/3都发生在东南亚。[1]

更重要的是，政变可能仅仅是一种最显而易见的军人干预政治的表现。事实上，那些可以对政治发挥决定性影响的军人，往往不需要通过政变，就可以改变政治家的决策，乃至政治家的命运。他们成为一个国家政治活动的监督者，同时也是一支重要的否决力量。[2] 根据2008年通过的宪法，缅甸议会有专门为军人预留的席位——上下两院中1/4的席位都不用通过选举产生，而是由国防部指派的现役军人占据。预留席位在制度层面保证了军方的否决权，使得修宪成为昂山素季和她的民盟难以翻越的大山。同时，这也是昂山素季无法出任缅甸总统的直接原因，因为此前由军政府指导制定的缅甸宪法规定了，"缅甸总统必须具有军事经验"，"父母、配偶、子女都不得是外国国籍"，昂山素季则完全不符合这样的要求。

与世界上很多地方的军人相比，东南亚军人对政治表现出异乎寻常的浓厚兴趣。一个被政治学学者普遍接受的观点是，职业军人与政治家的价值体系应该是很不相同的：政治家追逐权力，甚至将权力本身视为终极目标；而职业军人则更看重军队自身的生存和效率，以及军队的内部等级、纪律和团结。如果职业军人选择干预政治，也往往是因为政治家的决策威胁到军队的生存和运转，比如大幅度缩减军费开支，或频繁干预具体的军事决策等。换言之，只要获

---

[1] Jonathan M. Powell and Clayton L. Thyne, "Global Instances of Coups from 1950 – 2010: A New Dataset", *Journal of Peace Research*, Vol. 48, No. 2, 2011, p. 255.

[2] Aurel Croissant et al., *Democratization and Civilian Control in Asia*, New York: Palgrave Macmillan, 2013, pp. 22 – 23.

得必要的自主空间，职业军人将很乐于留在兵营里，打磨自己的军事技术。

另一方面，即便军人选择攫取政治权力，他们的执政也往往不会持续很久，尤其当军事集团内部发生分歧时。比如，一部分人认为繁杂的政务妨碍了军队战斗力的提升，并希望重返兵营，出于维护军事集团内部团结的必要，另一部分军人往往会选择追随同伴，并将政权交还给文官政府。[1] 正是因为军人集团的这种特征，军政府的寿命往往比较短。有统计显示，45%和68%的军政府会在5年或10年内垮台。[2] 然而，与这种普遍性形成鲜明对比的是，东南亚的军人政权却明显要长寿得多：印尼的苏哈托执政时间长达32年；而在缅甸，军人从1962年开始以不同的形式执政了50年。

同样引人注目的是，从20世纪80年代开始，世界范围内的政变发生频率就出现了明显的下降：60年代，全世界每年可能出现10起甚至更多的军事政变；而从80年代开始，这一频率下降到5起及以下，2000年以后则进一步下降到3起及以下。[3] 一个主要原因就是，通过政变上台的军人政权开始面临更多的来自国际社会的压力。但是，东南亚一些文官政府与军队的关系却持续紧张，后者展现出了"不合时宜"的强势姿态：泰国军方就分别在2006年和2014年两次

---

[1] Barbara Geddes, "What Do We Know about Democratization after Twenty Years?", *Annual Review of Political Science*, Vol. 2, 1999, pp. 126–127.

[2] Aurel Croissant and David Kuehn, "The Military's Role in Politics", in Jennifer Gandhi and Rubén Ruiz-Rufino eds., *Routledge Handbook of Comparative Political Institutions*, New York: Routledge, 2015, p. 263.

[3] Aurel Croissant and David Kuehn, "The Military's Role in Politics", in Jennifer Gandhi and Rubén Ruiz-Rufino eds., *Routledge Handbook of Comparative Political Institutions*, New York: Routledge, 2015, p. 262.

接管政权，菲律宾和缅甸的军队也总能以"忠诚"为要挟，向政府要求更多特权。2021年2月，缅甸军人以大选存在舞弊为由，再次接管权力，缅甸政局又一次陷入动荡。

东南亚的军人们为何如此执迷于政治？又是什么样的历史造就了如此强势的军人？这是本文想要回答的问题。

◇◇ 膨胀的军队

社会学家、政治学家查尔斯·蒂利曾经提出过这样一个著名的论断："战争造就国家，国家发动战争。"这并不是一个类似于"鸡生蛋，蛋生鸡"式的追问。相反，它是蒂利在研究了欧洲国家的历史后，提出的一个关于现代国家形成的理论。根据这个理论，战争是国家最基本的功能，而今天我们所熟悉的、现代国家所具备的一切组织机构（如海关、法庭、议会）及很多功能（如社会福利、户籍管理、土地清册），都是围绕战争这个基本功能发展出来的。具体来说，要发动战争，统治者就必须从社会汲取资源。但无论是征税还是征兵，都要求统治者首先掌握土地、人口的基本情况，他们还需要足够多的人手，帮助他们完成整个资源汲取任务，这就导致了文官机构的不断发展和扩张。

当然，资源汲取的过程不可能是一帆风顺的。对于绝大多数公民（特别是资产阶级）来说，纳税是一件非常痛苦的事。在公民的抵抗下，在他们与统治者之间不断博弈和"讨价还价"的过程中，议会形成了。接下来，议会成为公民进一步为自己争取福利的平台，国家从而又衍生出了与教育、就业等问题相关的一系列机构与功能。在欧洲现代国家形成的后期，这种"非军事化的活动"膨胀得如此之快，甚至很快就超越了军事。不仅文官的数量超过了军人，军事开支在国家预算中的比例也出现了迅速下降。① 今天，尤其是在和平的环境下，我们似乎已经更多地将提供公共物品——而非发动战争——视为国家的根本功能了。

然而，在包括东南亚在内的第三世界，现代国家的形成却遵循了一条不同的道路。这并不是说这些国家缺少战争的洗礼，相反，在冷战的大背景下，冲突与威胁从来都不是紧缺要素。在争取独立的过程中，以及建国后的很长一段时间里，很多东南亚国家都面临着严峻的安全形势。

在印尼，从独立战争期间开始，共和国政府建立单一制国家、整编地方军队的努力，就不断受到挑战。1948年西爪哇岛发生的"达鲁伊斯兰叛乱"，一直到20世纪60年代初期才逐渐平息。从20世纪50年代中期开始，包括苏拉威西岛、加里曼丹岛在内的多地，也出现了地方军队的叛乱活动，反叛武装还成立了新的"革命政府"。② 在这样的背景下，苏加诺总统不得不宣布执行《战争法》。也是从这时开始，印尼军人的政治地位变得越来越重要，军人在内阁成员中所占的比率明显上升。③

菲律宾是所有被殖民的东南亚国家中最早获得独立的。然而，国内激烈的土地矛盾很快点燃了一场长达10年的农民起义——"胡克"

---

① [美]查尔斯·蒂利：《强制、资本和欧洲国家（公元990—1992年）》，魏洪忠译，上海人民出版社2012年版，第148页。

② [澳]史蒂文·德拉克雷：《印度尼西亚史》，郭子林译，商务印书馆2014年版，第87、100—101、106页。

③ J. Stephen Hoadley, *Soldiers and Politics in Southeast Asia: Civil-Military Relations in Comparative Perspective*, 1933–1975, London and New York: Routledge, 2017, pp. 117–118.

武装运动。① 在顶峰时，"胡克"成员一度发展到数万人，并在农村地区收获了广泛的支持者。为应对"胡克"带来的安全挑战，菲律宾政府投入大量资源扩充军队。② 到1952年，菲律宾的国防预算已经超过政府总支出的28%。③

泰国因从未被殖民而成为东南亚国家中的一个特例，然而即便如此，作为英属缅甸和法属印度支那之间的缓冲地带，泰国始终面临着严峻的外部威胁。因此，从19世纪开始，泰国就开始了强军改革，朱拉隆功国王亲自监督设计了诸多军事制度。20世纪初，泰国国家预算中的四分之一都用于军事开支。④ 1932年的一场政变，建立了君主立宪制度，同时也确立了泰国军队"国家历史塑造者"的地位。后来的越南战争和针对泰国共产党的军事行动，进一步强化了泰国军人的政治地位。泰国军队在平息国内叛乱的过程中建立起广泛的群众组织，这是同一时期绝大多数泰国政党所不具备的。⑤

可以说，无论是在欧洲还是在东南亚，军事威胁的长期存在，以及武装冲突的持续，都会导致军队规模的扩大，以及地位的上升。然而，真正将东南亚国家和欧洲国家区分开的是，多数欧洲国家所经历过的"国家非军事化活动的膨胀"，却没能在东南亚国家中上演。具体而言，东南亚的文官政府并没有在筹备战争的过程中

---

① 该武装组织的很多成员在抗日战争时期都曾参加过菲律宾共产党领导的"人民抗日军"，"胡克"就是他加禄语"人民抗日军"的简称（Hukbalahap，或 Huks）。

② Christopher Paul et al., "Philippines (Huk Rebellion), 1946–1956 Case Outcome: COIN Win", in *Paths to Victory: Detailed Insurgency Case Studies*, RAND Corporation, 2013, p. 33.

③ 金应熙：《菲律宾史》，河南大学出版社1990年版，第656页。

④ J. Stephen Hoadley, *Soldiers and Politics in Southeast Asia: Civil-Military Relations in Comparative Perspective, 1933–1975*, London and New York: Routledge, 2017.

⑤ 张锡镇、宋清润：《泰国民主政治论》，中国书籍出版社2013年版，第198页。

得到相应的发展。当这些国家从经年的战争与冲突中走出来的时候，它们的军队已经成长为整个国家中组织最严密、效率最高、掌握资源最多的一支力量，而依然孱弱的文官政府却逐渐失去了对军队的控制。更重要的是，军队开始取代文官政府，扮演起国家建设者的角色。

这个过程在缅甸的历史中得到最突出的体现。缅甸在独立后的一年多时间里，就先后爆发了由缅甸共产党和众多少数民族武装领导的叛乱。与此同时，从1949年年底开始，部分国民党残余部队从云南败逃进入缅甸，占据了缅甸掸邦的大部分领土。到1952年，这支部队的规模已经过万，并不断接受来自美国中情局和中国台湾蒋介石政权的资助，这也给刚刚建国的缅甸造成严重的军事威胁。① 缅甸问题专家玛丽·卡拉汉就指出，严峻的"国民党威胁"给缅甸军队带来了一系列深刻的变化。这是缅甸军队第一次遭遇装备精良的正规部队，在军事行动屡屡失利的情况下，缅甸军方的高层开始思考，如何对军队进行一番彻底的改革。而这场改革带来的最终结果则是军队的快速膨胀，以及文官政府的萎缩。

首先，从1950年开始，缅甸军方就开始在国民党盘踞的掸邦执行军管法。在军管法下，军官不再是单纯的战士，而是成为地方行政首脑，开始主管社会治理的各种事务。② 更重要的是，为了进一步提升战斗力，缅甸的高层将领展开频繁的外事访问，在世界范围内采买武器。也是在这个过程中，军人开始接触外面的世界。尤其是在了解

---

① Mary P. Callahan, *Making Enemies: War and State Building in Burma*, Ithaca and London: Cornell University Press, 2003, pp. 154-159.

② Mary P. Callahan, *Making Enemies: War and State Building in Burma*, Ithaca and London: Cornell University Press, 2003, p. 156.

以色列的建国经历后，一些军官相信，他们已经为缅甸的国家建设找到了可供参考的模板。① 与此同时，军方开始跃跃欲试，越来越频繁地插手缅甸国内的意识形态与宣传事务。从战争的短期需要来看，打好宣传和心理战，有利于赢得民心和平息国内叛乱，但事实证明，军方想做的远不止于此。正如我们后来看到的，1962 年，奈温将军通过政变上台后，军政府旋即开始推行缅甸式社会主义制度，而这一官方意识形态正是在 20 世纪 50 年代中期形成的，其最初提出者就是 1952 年军方设立的"心理战局"。②

在战争的过程中，缅甸的军队逐渐获得了新的功能，以及更大的权力，更高的地位。通过对缅甸高层会议记录的跟踪研究，卡拉汉发现，到 20 世纪 50 年代中期，与会的高级军官已经开始对文官部长们表现出愈来愈多的不屑，甚至是直接语言攻击。一次，在听完工业部部长关于经济与工业发展的报告后，时任陆军副总参谋长的昂季甚至直接表示："除非反法西斯人民自由同盟（当时的执政联盟）能在管理缅甸上有更好的表现，否则陆军将不得不进行干预。"③ 由此可见，快速膨胀的不只是军队的规模，还有军人亲自操刀治国理政的信心。

---

① Mary P. Callahan, *Making Enemies: War and State Building in Burma*, Ithaca and London: Cornell University Press, 2003, pp. 176 – 178; J. Stephen Hoadley, *Soldiers and Politics in Southeast Asia: Civil-Military Relations in Comparative Perspective, 1933 – 1975*, London and New York: Routledge, 2017, p. 43.

② Mary P. Callahan, *Making Enemies: War and State Building in Burma*, Ithaca and London: Cornell University Press, 2003, pp. 182 – 183.

③ Mary P. Callahan, *Making Enemies: War and State Building in Burma*, Ithaca and London: Cornell University Press, 2003, p. 180.

◇◇ 追问

读到这里,我们已经更加充分地了解了国家形成的不同道路。概括起来就是,在战争的过程中,东南亚国家的文官政府并没有得到充分的发展,或者说,至少在与军队的快速膨胀相比时,文官政府的发展是不成比例的。但我们还想追问,究竟是什么原因造成这样的差异?

查尔斯·蒂利给了我们一个答案。如果说"战争造就国家",我们也应该从战争的差异去理解国家的差异。不难发现的就是,近现代欧洲国家和当代东南亚国家所经历的,是完全不同的战争。不仅是战争规模的不同,更重要的还有战争性质的迥异。正如蒂利所说的,以1945年为节点,世界上战争的特点就发生了重大变化:内战取代了世界范围内的全面战争,这也必然会给国家形成带来不同的影响。[1]

上一节列举了一些东南亚国家在战后所经历的战争和冲突,其中绝大多数都是国家内部的、有限的战争。而军事威胁究竟是来自国家的外部还是内部,这直接决定了文官政府与军队关系的演变趋势。[2]当一个集体面临外部威胁的时候,其成员往往会选择暂时搁置内部矛

---

[1] [美]查尔斯·蒂利:《强制、资本和欧洲国家(公元990—1992年)》,魏红忠译,上海人民出版社2012年版,第148页。

[2] Michael Desch, *Civilian Control of the Military: The Changing Security Environment*, Baltimore: Johns Hopkins University Press, 1999.

盾，一致对外。① 同理，强烈的外部军事威胁，也会激发军人与文官政府之间同仇敌忾、分工协作的氛围。

相反，对国内反叛组织的镇压则完全不同，它可能带来的是军人与文官政府的龃龉与相互干涉。首先，武装叛乱的发生通常源于一个国家和社会内部的深刻矛盾，反叛者之所以拿起武器，可能是在意识形态上与执政者存在不可调和的矛盾，或是对经济现状的不满，还有可能是作为少数族群，对于自己政治、文化地位感到的不安全。在一些军人看来，反叛活动之所以发生，很大一部分原因就在于文官政府在处理这些矛盾时表现出来的无力。

此外，不同于外部战争，国内战争往往缺乏清晰的"前线"，很多武装叛乱活动都具有明显的游击战特征。无论是缅甸的少数民族叛乱，还是菲律宾的"胡克"运动，武装组织都与当地的村民保持了密切的联系。同时，一些交战最激烈的村庄，往往地处偏远、丛林密布，这正是国家管理机构的触角无法到达的地方。这里的村民成为武装组织后勤补给、情报信息的主要来源，同时还为组织提供了源源不断的战斗力量。对于军队而言，摆在他们面前的不仅仅是单纯的军事问题，还有更复杂的社会问题，比如农村经济发展、土地分配等，而这样的职责并不是军队所擅长的。但正是在这一团乱麻面前，文官政府可以给军队的协助又十分有限，有时甚至连后勤补给也是个问题。这些因素都促使军队开始发展更多的功能，并逐渐萌生了取代文官政

---

① 也正是出于这个原因，一些政治家甚至会有意制造国际上的紧张局势，来强化自己在国内的支持基础。1963年，新加坡和位于加里曼丹岛北部的沙巴、沙捞越加入马来亚联邦，马来西亚联邦得以成立。印尼的苏加诺政府对此强烈谴责，认为此举是殖民主义者的阴谋，是对印尼独立的威胁。苏加诺宣布对马来西亚执行所谓的"对抗政策"，地区局势一下紧张起来。而这项政策显然具有强烈的国内政治意图——通过挥舞民族主义的旗帜，弥合印尼国内各政治派别的矛盾，尤其是军队与印尼共产党之间日益尖锐的冲突。

府的念头。

战争的规模也深刻影响着军队与文官政府的关系。让我们来考虑一个最极端的例子，苏联在第二次世界大战中丧失了2000万人口和60%的工业力量。这种规模的战争涉及极其广泛和深入的人力、物力动员，也是军队无法独立完成的。因此，与文官政府的密切合作就成为取得胜利的必要条件，战争的结果是强大的国家组织的产生。① 相反，那些塑造了东南亚国家的战争，其规模则要有限得多。这也意味着，对于军队来说，文官政府似乎也变得没有那么必不可少了。事实上，很多东南亚国家的军队都"自力更生"，直接涉足商业活动。在印尼，因前宗主国荷兰拒绝将西伊里安岛（即新几内亚岛西部）交还给印尼政府，从1957年开始，印尼宣布对荷兰采取报复措施，其中就包括将荷兰人在印尼经营的企业收归国有，而在整个过程中，印尼军队代表政府接管了大批荷兰人的种植园、通信、航运企业。② 在缅甸，军队的"国防服务所"从最初的部队小卖店不断扩张，甚至开展与外资的合作，逐渐进入航运、银行、公共交通、酒店等领域。到20世纪60年代，国防服务所已经运营着20余个公司，成为缅甸最有财力的经济组织。③ 当军队获得越来越多的政府财政拨款以外的收入，文官政府对军队的控制也势必会变得愈加无力。

上文曾讲到，国家在榨取社会资源的过程中，为了赢得公民的合作，需要在政治权利、社会福利等领域向后者做出一定的让步，这就

---

① ［美］查尔斯·蒂利：《强制、资本和欧洲国家（公元990—1992年）》，魏红忠译，上海人民出版社2012年版，第241页。

② J. Stephen Hoadley, *Soldiers and Politics in Southeast Asia: Civil-Military Relations in Comparative Perspective*, 1933–1975, London and New York: Routledge, 2017, p. 102.

③ J. Stephen Hoadley, *Soldiers and Politics in Southeast Asia: Civil-Military Relations in Comparative Perspective*, 1933–1975, London and New York: Routledge, 2017, p. 46.

导致了议会、教育等非军事组织的出现。然而，对于具有独立收入来源的军队而言，它们则既不需要与文官政府进行合作，也不需要与公民"讨价还价"，这也在很大程度上解释了国家强制机构相对于管理和服务机构的不成比例的发展。[1]

除了直接从事商业活动，包括东南亚国家在内的很多第三世界国家军队，还有另外一个重要的资金来源——超级大国的军事援助。冷战时期，无论是美国还是苏联，都严密地关注着东南亚国家内部的政治变迁，并试图从错综复杂的政治派别中，分辨、挑选出那些可以扶植的力量。1950—1971年，美国每年给泰国提供4600万美元的军事援助，这相当于泰国国防支出的50%。[2] 菲律宾爆发"胡克"武装运动后，因为该运动与菲律宾共产党的渊源和联系，美国开始加大对菲律宾的军事援助，帮助菲律宾重新组建了28个陆军营。[3] 印尼军队也与美国保持了密切的联系，整个20世纪50年代，美国为印尼培训了大量军官。进入20世纪60年代后，印尼军队更成了美国和苏联竞相拉拢的目标：美国认为军队是唯一可以平衡印尼共产党的力量；而苏联也希望通过援助，进一步拉拢苏加诺政府，印尼还成为接受苏联军事援助最多的非社会主义国家。[4]

---

[1] [美]查尔斯·蒂利：《强制、资本和欧洲国家（公元990—1992年）》，魏红忠译，上海人民出版社2012年版，第252页。

[2] Suchit Bunbongkarn, "The Military and Democracy in Thailand," in R. J. May and Viberto Selochan eds., *The Military and Democracy in Asia and the Pacific*, ANU Press, 2004, p.51.

[3] 金应熙：《菲律宾史》，河南大学出版社1990年版，第656页。

[4] 唐翀：《印尼军人与对外冲突（1945—1965）》，《国际政治科学》2009年第1期，第52页。

◇ 分裂的文人政权

到目前为止，我们已经一起探究了战争在国家形成过程中发生的作用。然而，还需要强调的一点是，如果将东南亚国家中存在的"军强文弱"的现象，完全归因于战争这种结构性的因素，这难免有些片面。从上文的叙事中，尤其是在对缅甸历史的考察中，我们其实已经看到军队在扩张自身权力方面，体现出极强的能动性。也正是这个缘故，我们才需要将注意力转向这场博弈中的另一个参与者，也就是文官政府。我们需要进一步追问，是什么因素阻止了政治家们，让他们没能很好地约束军队的行为？

事实上，文官政府自身的一些特质，也会影响他们对军队控制的有效性。比如，在《军人与国家》一书中，塞缪尔·亨廷顿就十分强调文官集团的"结构统一性"。亨廷顿认为，如果军队被置于一个"单一"文官元首的控制下，那么文官控制将实现最大化，相反，如果文官集团内部的权力十分分散，则不利于对军队的控制。[1] 在这里，亨廷顿所考虑的更多的是正式制度上的安排，比如在军事问题上，国会和总统间的分权，可能会降低文官控制的有效性。但亨廷顿的这一论断，也为我们在东南亚的情境下，理解军人与文官政府的关系提供了启发。

造成东南亚国家"军强文弱"现象的一个重要原因，正是这些国家文官政府自身的分裂。在这方面，泰国可能是最典型的案例。从1932年君主立宪制确立以来，泰国政治就始终在一个怪圈里徘徊：

---

[1] ［美］塞缪尔·亨廷顿：《军人与国家：军政关系的理论与政治》，中国政法大学出版社2017年版，第49—51、148页。

军事政变——重新建立民选政府——政治混乱与社会动荡出现——再次发生军事政变。① 在这个怪圈中,文官政府的频繁更迭,经常成为军人政变的前奏。

以 20 世纪 70 年代中期的泰国政坛为例,彼时的泰国曾出现了为期三年的民主政治。然而,在这短短三年间,泰国共产生了 4 任总理,最短一届政府的任期仅有 20 天。② 激烈的党派斗争,是导致政府频繁倒台的主要原因。泰国社会原本就存在着深刻的意识形态和经济矛盾,执政者不仅不采取措施加以弥合,反而从党派利益出发,制定短视的社会政策。这不仅加剧了执政联盟的不稳定,还使社会矛盾变得更加尖锐。比如,1976 年,克里政府推出了提高大米价格的补贴政策,这样做的主要目的是,为克里领导的社会行动党争取更多农村地区的选票。然而,这项政策却直接抬高了城镇居民的生活成本,并因此引发了学生和工会的激烈抗议,左派政党也借机对克里发起不信任案,促成了克里的下台。③ 此后的泰国社会持续动荡,分别于 1976 年和 1977 年两次发生军事政变。最终上台的两位军人总理江萨·差玛南和炳·廷素拉暖则通过一系列开明的政策,实现了泰国社会的稳定和经济发展。当然,这也使军队获得了在今后继续干预泰国政治的资本。

有些时候,政治家甚至直接向军人发出加入"政治派对"的邀请。文官政府内部的激烈矛盾,会加大政治家的不安全感,他们开始

---

① Suchit Bunbongkarn, "The Military and Democracy in Thailand," in R. J. May and Viberto Selochan eds., *The Military and Democracy in Asia and the Pacific*, ANU Press, 2004, p. 48.

② 张锡镇、宋清润:《泰国民主政治论》,中国书籍出版社 2013 年版,第 80—82 页。

③ J. L. S. Girling, "Thailand: The Coup and Its Implications", *Pacific Affairs*, Vol. 50, No. 3, 1977, pp. 390–391.

在军队内部寻找自己的同盟，或者利用自己暂时拥有的权力，将亲信安插在最重要的岗位上，以备不时之需。在菲律宾，马科斯就依靠军队的支持维持政权，作为回报，他也大力提拔向自己效忠的军官，并将一些军官安排到文官政府内担任要职。1986年，菲律宾爆发的民主运动最终推翻了马科斯政权，在阿基诺夫人当政后，菲律宾军队中马科斯的支持者曾多次发动针对新政府的政变，这严重威胁了菲律宾的民主进程。尽管有这样的历史教训，此后包括拉莫斯和阿罗约在内的菲律宾领导人，依旧沿袭了马科斯的做法，这也使菲律宾军队有了更多和文人政府讨价还价的筹码。[1]

文官集团自身的分裂以及他们对军官集团的拉拢，使两个集团之间本来应该存在的界限变得越来越模糊。派系政治超越了文官与军官的分界，矛盾和对立蔓延到军队内部，这进一步降低了军队的职业化水平——深陷派系斗争的军人既无暇提高专业能力，又失去了集团内部的团结。而对于文官集团来说，失去了团结、派系林立的军队，将是更加难以控制的军队。一个最典型的例子就是日本，第二次世界大战前日本陆军和海军之间存在着激烈的竞争，也正是这种竞争推动两大派系争先恐后地闯入政治领域中，双方都希望通过影响国家政策的制定，来保障小集团利益的实现。文官集团则完全被碾压，不能满足军队要求的政治领导人甚至成为被刺杀的目标，[2] 整个国家最终也被裹挟，跌入战争的深渊。[3]

---

[1] Croissant et al., *Democratization and Civilian Control in Asia*, New York: Palgrave Macmillan, 2013, pp. 138、46、51.

[2] [美]塞缪尔·亨廷顿:《军人与国家：军政关系的理论与政治》，中国政法大学出版社2017年版，第49—51、123—125页。

[3] Jack Snyder, *Myths of Empire: Domestic Politics and International Ambition*, Ithaca and London: Cornell University Press, 1991, chapter 4.

这样的历史向我们证明了，有效的文官控制是不太可能建立在对军队"分而治之"的基础上的。而那些试图通过权术技巧控制军队的领导人，也常以失败告终，苏哈托政权的倒台就很好地诠释了这个规律。在执政的后期，苏哈托在控制印尼国民军上，将"分而治之"的权术发挥得淋漓尽致。当他的政权出现危机时，他最终得到的也仅仅是很小一部分军人的支持，但这显然不足以让他的政权继续下去。①

◇小结

在本文中，我们尝试解释为什么东南亚的军人总是频频干预政治。我们首先了解到，军人对政治的干预从一定意义上来说是"不正常"的，是有悖于职业军人品质的。接下来，我们了解到战争在国家形成，尤其是东南亚现代国家的形成中，所发挥的作用。我们发现，在镇压国内叛乱的内战中，东南亚国家的军队不断壮大，并开始取代文官政府履行一系列的职能，这也强化了军人进一步参与政治的信心。最后，我们又从文官政府的角度，回答了同样的问题。我们认识到，文官集团的分裂，以及一些领导人对于军队的拉拢和分化，都加大了军人干政的风险。现在，我们可以暂时得出这样的结论：只有统一的文官集团，以及统一而又具有职业精神的军官集团，才能带来合理的分工，以及更加有效的文官控制。

---

① Dan Slater, "Altering Authoritarianism: Institutional Complexity and Autocratic Agency in Indonesia," in James Mahoney and Kathleen Thelen eds. , *Explaining Institutional Change*: *Ambiguity*, *Agency*, *and Power*, Cambridge: Cambridge University Press, 2010, p. 162.

参考文献

中文文献

金应熙:《菲律宾史》,河南大学出版社1990年版。

唐翀:《印尼军人与对外冲突(1945—1965)》,《国际政治科学》2009年第1期。

张锡镇、宋清润:《泰国民主政治论》,中国书籍出版社2013年版。

[澳]史蒂文·德拉克雷:《印度尼西亚史》,郭子林译,商务印书馆2014年版。

[美]查尔斯·蒂利:《强制、资本和欧洲国家(公元990—1992年)》,魏红忠译,上海人民出版社2012年版。

[美]塞缪尔·亨廷顿:《军人与国家:军政关系的理论与政治》,中国政法大学出版社2017年版。

英文文献

Bunbongkarn, Suchit, "The Military and Democracy in Thailand", in R. J. May and Viberto Selochan eds., *The Military and Democracy in Asia and the Pacific*, ANU Press, 2004.

Callahan, Mary P. *Making Enemies: War and State Building in Burma*, Ithaca and London: Cornell University Press, 2003.

Croissant, Aurel, and David Kuehn, "The Military's Role in Politics", in Jennifer Gandhi and Rubén Ruiz-Rufino eds., *Routledge Handbook of Comparative Political Institutions*, New York: Routledge, 2015.

Croissant, Aurel, David Kuehn, Philip Lorenz, and Paul W. Chambers, *Democratization and Civilian Control in Asia*, New York: Palgrave Macmillan, 2013.

Desch, Michael, *Civilian Control of the Military: The Changing Security Environment*, Baltimore: Johns Hopkins University Press, 1999.

Geddes, Barbara, "What Do We Know About Democratization after Twenty Years?", *Annual Review of Political Science*, No. 2, 1999.

Girling, J. L. S, "Thailand: The Coup and Its Implications", *Pacific Affairs*, Vol. 50, No. 3, 1977.

Hoadley, J. Stephen, *Soldiers and Politics in Southeast Asia: Civil-Military Relations in Comparative Perspective, 1933 – 1975*, London and New York: Routledge, 2017.

Paul, Christopher, Colin P. Clarke, Beth Grill, and Molly Dunigan, "Philippines (Huk Rebellion), 1946 – 1956 Case Outcome: Coin Win" in *Paths to Victory: Detailed Insurgency Case Studies*, 31 – 38, RAND Corporation, 2013.

Powell, Jonathan M., and Clayton L. Thyne, "Global Instances of Coups from 1950 – 2010: A New Dataset", *Journal of Peace Research*, Vol. 48, No. 2, 2011.

Slater, Dan, "Altering Authoritarianism: Institutional Complexity and Autocratic Agency in Indonesia", in James Mahoney and Kathleen Thelen eds., *Explaining Institutional Change: Ambiguity, Agency, and Power*, Cambridge: Cambridge University Press, 2010.

Snyder, Jack, *Myths of Empire: Domestic Politics and International Ambition*, Ithaca and London: Cornell University Press, 1991.

5

东盟是个"清谈馆"吗?

马六甲街角的地理学家咖啡馆

东南亚国家联盟（简称东盟）的批评者经常用"清谈馆"（talk shop）来形容这个区域组织。意思是说，尽管东盟国家的领导人、各级官员以及学者经常召开会议，但这个组织总是"说的比做的多"，一旦出现危机或者重大问题，东盟很少采取集体行动。一些批评者更是不吝以刻薄的语言来形容东盟。2015年12月，当成员国宣布东盟共同体正式建成时，《经济学人》发表了一篇评论文章。文章一开头就直言不讳地指出："东盟浮夸的宣言就是这个地区的圣诞节礼花，它们过一会就出现，制造一阵喧闹却没有任何实质。"[1]

与之形成强烈对比的是，东盟并不缺少支持者。新加坡国立大学李光耀公共政策学院教授马凯硕，曾经是一名职业外交官，并担任过新加坡常驻联合国代表。作为一位东盟历史的见证人，他笃定地认为"东盟是一个活着的和呼吸着的现代奇迹"，东盟是"（不同）文明和平共处的实验室"，他甚至相信，世界欠东盟一个诺贝尔和平奖。[2]

为什么人们对东盟的看法会如此分化？这与东盟这个区域组织的特性有着密切的关系。东盟成立于1967年，从成立之初，东盟就是一个非常松散的组织。这一点在东盟的名称中就得到了很好的体现：东盟的英文全称为"Association of Southeast Asian Nations"，创立者并没有采用"organization"（组织），更没有使用"alliance"（联盟）。虽然"association"也有联盟、联合的含义，但它更多地被作为"协会"使用，就像"行业协会""专业协会"中的用法一样。事实上，

---

[1] "More Hat than Cattle", *The Economist*, 2 Jan, 2016, http：//www. economist. com/news/finance-and-economics/21684811 – seamless-regional-economic-bloc-just-around-corneras-always-more-hat/, accessed 19 Aug. 2019.

[2] Kishore Mahbubani and Jeffery Sng, *The ASEAN Miracle：A Catalyst for Peace*, Singapore：National University of Singapore Press, 2017, Introduction.

直到成立8年后，也就是1976年，东盟才第一次召开了成员国领导人峰会，并设立了秘书处。

结构松散的组织往往不能及时地制定和执行决策，同时也缺少对成员的约束力，东盟正是如此。然而，如果我们就此得出结论，认为东盟在促进地区合作中所发挥的作用可以被"忽略不计"，我们又无法解释，为什么在过去半个世纪里，东盟的成员国——无论它们的国内经历了什么样的变局，无论谁在执政——始终在投入资源与时间，维护和发展这个合作机制。

更重要的是，从20世纪90年代开始，不仅东盟自身出现了扩张，迎来了新的成员。同时，东盟还发起建立了更多覆盖整个东亚、甚至是亚太的合作与对话机制，东盟地区论坛（ARF）、东盟10＋3、东亚峰会都是很好的例子。在一定程度上，东盟已经成为地区内错综复杂的合作机制的中心。国际关系学者经常会用"驾驶员"一词来形容东盟在区域合作中所扮演的角色，而在区域合作这驾大车上坐着的正是中国、美国、日本这样的主要国家。

我们应该如何理解这种矛盾的现象？东盟究竟是不是只说不做的"清谈馆"？是批评者心存偏见，还是支持者过分吹嘘？东盟又是否真正促进了区域合作的发展？这是本文想要回答的问题。

◇ "东盟方式"

一个有趣的现象是，东盟最受诟病的特征，恰恰是东盟成员国最引以为傲之处。东盟国家的外交官将东盟的特性概括为"东盟方式"（ASEAN Way），借用新加坡前外交部长尚穆根·贾古玛的话来说，

"东盟方式强调非正式性,组织最小化、包容性,基于深入协商的共识,以及和平解决争端"。[1] 在东盟的支持者看来,正是"东盟方式"使东盟成了一个与众不同的区域组织,东盟也为其他地区国家的合作开创了新的模式。

所谓的"非正式性"在东盟的早期历史中得到最明显的体现。其中,一个很容易观察到的现象就是,东盟领导人峰会的不定期举行:自1976年和1977年连续两年举行了峰会后,直到1987年东盟才举行了第三次峰会,第四次峰会则又等了5年。事实上,每年都举行东盟领导人峰会的做法,是2001年以后才形成的惯例。

"非正式性"还体现在成员国之间举行磋商的方式上。在很大程度上,东盟的创立和初期的运转,得益于东南亚领导人和高级官员之间的个人友谊及私下交流,而不是由正式制度所带来的约束。卡洛斯·罗慕洛曾经在1968—1984年担任菲律宾外长,他说过这样一段被东盟问题专家广为引用的话:"我可以现在就拿起电话,直接与亚当·马立克(印尼外长)和拉惹勒南(新加坡外长)通话。我们经常发现在早餐过程中的私下谈话比正式的会议更加重要。"[2] 马来西亚前总理拉扎克的说法则更加直观,他将东盟早年的外交称为"运动衫外交",因为很多重大问题都是成员国领导人在高尔夫球场上谈出来的。[3] 新加坡前外长黄根成也特别强调高尔夫在化解矛盾、提振同事情谊上的作用,他回忆说,即使是在参加联合国大会期间,每逢周

---

① Amitav Acharya, *Constructing a Security Community in Southeast Asia: ASEAN and the Problem of Regional Order*, London and New York: Routledge, 2001, p.62.

② Hoang Anh Tuan, "ASEAN Dispute Management: Implications for Vietnam and an Expanded ASEAN", *Contemporary Southeast Asia*, Vol.18, No.1, 1996, p.67.

③ Alan Collins, *Building a People-oriented Security Community the ASEAN Way*, New York: Routledge, 2013, p.33.

末东盟国家代表也会打一场高尔夫,而类似的集体活动在众多区域组织中是不常见的。①

进入新千年以来,东盟开展了一系列制度构建的工作,逐渐淡化了以往的"非正式性"特征。2007年颁布的《东盟宪章》,明确了东盟的组织架构和磋商机制。根据宪章的要求,东盟每年都会两次举办领导人峰会,宪章还确定了从外长会议到社会福利、乡村发展等不同领域的多达40个部长级磋商机制,这也意味着东盟每年要举行数百场高级别会议。②

尽管如此,"东盟方式"的本质并没有发生变化——东盟仍在极力强化自身"政府间组织"(intergovernmental organization)的属性,对于一些人提出的建立"欧盟式的超国家机构"的建议,东盟始终持谨慎的态度,并极力将超国家机构保持在"最小化"的水平上。东盟秘书处或许是东盟众多机构中最具有"超国家"色彩的一个,但秘书处所掌握的资源和可以行使的权力却十分有限。在这一点上,东盟国家的外交官经常将东盟秘书处与欧盟委员会做对比,前者的年度预算大概在1900万美元左右,后者的预算则高达1500亿美元,是前者的8000余倍。③当然,这样的对比可能是不合适的,借用一位东盟官员

---

① Kishore Mahbubani and Jeffery Sng, *The ASEAN Miracle: A Catalyst for Peace*, Singapore: National University of Singapore Press, 2017.

② ASEAN, Charter of the Association of Southeast Asian Nations, ASEAN Charter, 2007, Singapore, available from http://www.asean.org/wp-content/uploads/2012/05/11. - October-2015-The-ASEANCharter-18th-Reprint-Amended-updated-on-05_ - April-2016-IJP. pdf.

③ Kishore Mahbubani and Jeffery Sng, *The ASEAN Miracle: A Catalyst for Peace*, Singapore: National University of Singapore Press, 2017.

的话，这就像拿小卖部与家乐福全球连锁相比较。① 但这种对比，却可以帮我们以最直观的方式，体察到东盟成员国对所谓的"超国家机构"的警觉。实际上，直到20世纪90年代，秘书长的正式称呼还是"东盟秘书处秘书长"，而非"东盟秘书长"。② 有学者就指出，所谓的"秘书长"，履行的职责更接近于"秘书"，而不是"长官"。③

其实，从东盟的制度设计中，我们也很容易就可以看出，东盟的决策权力仍牢牢掌握在主权国家手中。东盟宪章明确规定，东盟的最高决策机构仍是领导人峰会。④ 就决策原则而言，东盟则一以贯之地强调"协商"与"共识"，而非基于多数原则的投票。⑤ 在东盟领导人看来，现有的决策原则可以避免任何国家将自己的意愿强加于其他国家。更重要的是，"协商"与"共识"还可以让东盟在公众面前，保持其"团结"的形象。

从某种意义上来说，东盟是个矛盾体——作为一个区域合作组织，东盟却将保护各国的主权视为头等要务。东盟不仅不会强迫成员

---

① Termsak Chalermpalanupap, "In Defence of the ASEAN Charter", in Tommy Koh, Rosario G. Manalo, and Walter Woon eds., *The Making of the ASEAN Charter*, Singapore: World Scientific Publishing, 2009, p. 132.

② Amitav Acharya, *Constructing a Security Community in Southeast Asia: ASEAN and the Problem of Regional Order*, London and New York: Routledge, 2001, p. 63.

③ Alan Collins, *Building a People-oriented Security Community the ASEAN Way*, New York: Routledge, 2013, p. 34.

④ ASEAN, ASEAN Charter, 2007, p. 10.

⑤ 需要说明的是，"共识"并完全不等于"一致同意"。东盟在经济这样的非敏感议题领域，践行所谓的"ASEAN 减 X"的原则，即如果某些成员国不希望加入新的合作计划，但该计划又不会给这些成员国的利益带来任何伤害，那么其他成员国可以继续推动协议的签署。这种做法有利于避免个别成员国拖慢东盟进一步深化区域合作的脚步。Amitav Acharya, *Constructing a Security Community in Southeast Asia: ASEAN and the Problem of Regional Order*, London and New York: Routledge, 2001, p. 67.

国做出任何合作承诺，即便是在成员国已经签订协议的前提下，东盟也不会强制成员履约。对于不履约的成员国，东盟既没有惩罚的机制，也没有惩罚的意愿。根据东盟宪章的规定，东盟秘书长被赋予了"监督"东盟协议落实的角色。相对于东盟自身而言，这的确可以算是一个突破性的发展。然而，秘书长可以发挥的"监督"作用，实际上是十分有限的——秘书处甚至无法强制成员国提交监督和评估所需要的数据与信息。[1] 即便秘书处发现了成员国的违约行为，秘书长能做的也仅仅是向领导人峰会提交年度报告，只有后者才有权力判定"违约行为是否真正发生了"，并制定惩罚措施。然而，"协商"与"共识"的决策原则又使这一切变成不可能，因为没有成员国会支持东盟对自己发起的谴责或制裁。

在东盟的批评者看来，东盟的制度设计是存在根本缺陷的。比如，一些新制度主义学者就认为，东盟所欠缺的监督与惩罚制度，实际上是国际合作得以维系的重要条件。[2] 这是因为，作为国家间的"集体行动"，国际合作始终面临着这样的困境：每个国家都想成为国际合作的"搭便车者"，既享受国际合作带来的好处，又不为国际合作付出必要的努力。比如，在一个自由贸易区里，每个成员国可能都希望享受其他国家提供的优惠关税，同时却用较高的关税把自己的市场保护起来。在这样的情况下，就需要一定的监督、惩罚，或者争端解决机制，以约束成员国的行为。

---

[1] Atena S. Feraru, "ASEAN Decision-making Process: Before and After the ASEAN Charter", *Asian Development Politcy Review*, Vol. 4, No. 1, 2015, p. 33.

[2] Robert O. Keohane, *After Hegemony: Cooperation and Discord in the World Political Economy*, Princeton: Princeton University Press, 1984; Robert O. Keohane and Lisa L. Martin, "The Promise of Institutionalist Theory", *International Security*, Vol. 20, No. 1, 1995.

相反，东盟在一些重要问题上的表现，似乎也论证了批评者的观点。比如，在1997—1998年的亚洲金融危机中，东盟就因无法及时采取必要的集体行动而备受外界质疑。很多分析人士都将这次金融危机归因于，20世纪90年代初东南亚国家为吸引外资而竞相采取的资本自由化政策。危机爆发后，东盟曾讨论过是否要建立一定的机制，加强对各国经济政策的监督，并对潜在的危机做出早期预警。尽管监督机制对各国政府的经济决策不具有任何约束力，但建议还是遭到一些成员国的反对，因为这些国家并不想分享自己的经济数据。① 在应对危机时，成员国最终也还是选择了"单独行动"：马来西亚选择执行资本管制，泰国和印尼则转而向国际货币基金组织（IMF）寻求援助。而此后，IMF制定的不适合东南亚实际情况的改革计划，反而进一步加重了危机。

不仅如此，东盟所强调的"协商"与"共识"原则也会造成成员国对敏感问题的回避。在亚洲金融危机期间，新加坡前总理李光耀就说过，他宁愿让IMF去告诉泰国领导人该如何做，而不是他自己，因为这将在很长一段时间里破坏他们的友谊。② 事实上，在很多情况下，东盟成员国都更倾向于在东盟以外的制度框架下，解决彼此之间的矛盾。早在1976年签订《东南亚友好合作条约》时，东盟就设立了正式的争端解决机制，即由缔约国各派一名部长级代表，组成"高级委员会"（High Council）。然而，高级委员会却从未被东盟真正启用过。相反，作为成员国的马来西亚与印尼，以及新加坡与马来西

---

① Shaun Narine, "ASEAN in the Aftermath: The Consequneces of the East Asian Economic Crisis", *Global Governance*, Vol. 8, No. 2, 2002, p. 187.

② "Beggars and Choosers", *The Economist*, 4 Dec 1997, accessed 22 Aug, 2019, https://www.economist.com/asia/1997/12/04/beggars-and-choosers.

亚，都曾分别通过国际法院的仲裁解决过它们之间的领土争端。[①] 在成员国看来，高级委员会的启用必然会迫使成员国在内部争端中"选边站"，这并不利于东盟的团结。而在批评者看来，东盟这种回避敏感问题的做法，显然不利于这个区域组织的长期发展，反而会使东盟沦为所谓的"清谈馆"。

◇ 起源

如果"东盟方式"存在如此明显的缺陷，那么为什么东盟国家还要坚持践行呢？要回答这个问题，我们需要从东盟创立的初衷说起。20世纪60年代末，印尼、马来西亚、菲律宾、新加坡和泰国正处于内忧外患之中：除新加坡以外，其他4个国家都在不同程度上经历了国内政治动荡；与此同时，从1964年开始，美国对越南的军事干预持续升级，这使得东南亚五国成为所谓的"反共"前线，其面临的外部安全压力陡增。而另一方面，对于西方国家所能提供的安全保障，东南亚国家也越来越充满怀疑。泰国虽然从1954年就加入了美国主导建立的东南亚条约组织，但在见证了该组织的一系列问题和失败后，便对所谓的集体防卫丧失了信心。泰国领导人的最大担忧就是，如果美国不能阻止越战的升级，以及共产主义在地区内的蔓延，有朝一日泰国可能也像"朝鲜—韩国""北越—南越"一样出现分治的结

[①] Amitav Acharya, *Constructing a Security Community in Southeast Asia: ASEAN and the Problem of Regional Order*, London and New York: Routledge, 2001, pp. 121-22.

局。① 而作为新加坡和马来西亚曾经的宗主国和盟友，英国也在1967年宣布从苏伊士运河以东撤退，并最终撤出在新、马两国的全部驻军。正是在这样的背景下，东南亚五国才开始寻求地区合作，希望"扎堆取暖"，借助地区合作的力量来维护国家安全。在这一点上，新加坡前外长拉惹勒南在东盟成立大会上所说的话尤其具有代表性："If we do not hang together, we of the ASEAN nations will hang separately"，翻译过来就是，"如果（今天）我们不吊在一起，（日后）我们这些东盟国家就会各自吊死"。②

由此可见，东南亚国家之所以建立东盟这个区域合作组织，其目的并不在于通过让渡主权来促进经济与社会的融合。相反，东南亚国家是希望借助区域的力量，更好地保障国家主权的完整。如果我们再对东盟创始国之间的关系进行一番考察，就会对这一点有更加深刻的认识。

实际上，给这些东南亚国家造成安全威胁的，不仅仅有区域外大国，东南亚国家也构成了彼此的安全威胁。东盟创立之前，东南亚的地区局势曾一度十分紧张。1963年，新加坡、沙巴及沙捞越加入马来亚联邦，合并产生了马来西亚联邦，其领土面积比此前增加了一倍多。这极大地激怒了印尼，印尼认为马来西亚领土的向东扩展，威胁到印尼的地区地位。不仅如此，印尼的苏加诺政府一直主张"独立自主"的外交政策，并在不结盟运动中发挥着领导作用。而马来西亚的成立则得到前宗主国英国的支持，印尼也因此批评马

---

① Ronald C. Nairn, "SEATO: A Critique", *Pacific Affairs*, Vol. 41, No. 1, 1968, p. 17.

② Kishore Mahbubani and Jeffery Sng, *The ASEAN Miracle: A Catalyst for Peace*, Singapore: National University of Singapore Press, 2017.

来西亚是"新殖民主义的产物"。马来西亚成立后，苏加诺政府很快宣布执行旨在"粉碎马来西亚"的"对抗政策"（Konfrontasi）。在这一政策的指导下，印尼发起了一系列针对马来西亚的武装渗透活动，并试图挑拨马来西亚国内的族群矛盾，颠覆其政权。而菲律宾的马卡帕加尔政府也对沙巴州的部分领土提出了主权声索，并拒绝承认新成立的马来西亚联邦。这三个国家之间的紧张局势一直持续到1966年。

然而，从1965年开始，这些国家的国内政治发生了一系列变化，随之而来的外交政策调整，为地区合作打开了机会之窗。其中最重要的变化来自印尼：1965年9月，陆军少将苏哈托以镇压印尼共产党政变为名，接管了印尼政权。为了瓦解前领导人苏加诺的政治支持基础，苏哈托随后在全国范围内展开了对印尼共产党的"大清洗"。与此同时，苏哈托也全盘推翻了苏加诺"左倾"的外交政策，并开始着手缓和与马来西亚的关系。也是在1965年，菲律宾也迎来了一位新总统——费迪南德·马科斯。菲律宾国内本来就有很多人对前总统马卡帕加尔的亲印尼的外交政策持批评意见，[1] 马科斯上台后，也开始调整本国的外交定位。1966年，菲马两国重新建立了大使级外交关系。[2]

而对于邻国关系的改善，新加坡的心态则是十分复杂，甚至是不安的。自1963年加入马来西亚联邦后，李光耀领导的人民行动党和

---

[1] Alice D. Ba, [Re] Negotiating East and Southeast Asia: Region, Regionalism, and the Association of Southeast Asian Nations, Stanford, California: Stanford University Press, 2009, p. 49.

[2] Paridah Abd. Samad and Darusalam Abu Bakar, "Malaysia-Philippines Relations: The Issue of Sabah", *Asian Survey*, Vol. 32, No. 6, 1992, p. 557.

以东姑·拉赫曼领导的巫统,很快就在联邦的族群政策上产生了重大分歧,前者主张各族群的平权,而后者则坚持马来人的特权。1964年新加坡爆发了华人与马来人间的族群冲突,这进一步激化了人民行动党与巫统之间的矛盾,也最终导致新加坡被逐出马来西亚联邦,于1965年8月被迫独立,新加坡就此成为一个连淡水都需要进口的"马来世界中的华人孤岛"。鉴于此,新加坡也急切地希望通过建立地区合作机制,获得邻国的认可。

了解了东盟成立的背景,我们就会更加深刻地认识到东盟这个区域合作组织的本质。东南亚国家创立东盟的根本目的就在于,借助区域合作的力量,更好地维护国家的主权:一方面,这样的"捆绑"可以让东南亚国家以更加有力的姿态,抵御区域外大国不友好的干预(当然,在一些问题上,区域外大国的援助与支持是不可或缺的);另一方面,东盟的创立也使得成员国在处理彼此间的关系时,有了一定的行为准则。比如,根据东盟的"不干涉"原则,成员国要为彼此提供支持,镇压国内的武装叛乱,同时不可以就其他成员国国内的人权等问题提出批评。[①] 也正是因为有了东盟这个主权强化的机制,成员国才得以相对安心地将更多精力投入到内部的经济发展上。

而我们此前所讲到的,强调"非正式""组织最小化",以及"协商与共识"的东盟方式,其目的也正是在于更好地保护成员国的主权,确保每一个成员国都在完全自愿的前提下参与区域合作,而不是迫于其他成员国的压力,或者是受到国际条约和超国家机构的约束,才被裹挟着前进的。如果没有这样的对主权完整的保障,我们甚

---

① Amitav Acharya, *Constructing a Security Community in Southeast Asia: ASEAN and the Problem of Regional Order*, London and New York: Routledge, 2001, p. 57.

至有理由相信，类似东盟这样的合作，根本不可能发生在东南亚国家之间。

东南亚问题专家艾丽丝·巴就发现，在后殖民时代的东南亚，民族主义的影响如此之深刻，以至于东盟的创立者必须以民族主义的观点，为区域合作辩护。比如，他们往往强调区域合作之所以必要，是因为它"有助于民族自决的真正实现"，"有助于提升民族抵御外部压力的韧性"等。鉴于此，艾丽丝·巴将东南亚的区域主义称为"受民族主义限制的区域主义"（nationalist-bounded regionalism）。同时，这样的出发点，也阻碍着东盟在日后建立更加正式、更具约束性的制度。①

事实上，直到今天，东盟的发展也没有超越所谓的"民族主义的界限"，同时，东盟也没有展现出超越这一界限的强烈愿望。东盟的这一倾向，与成员国的国家性质有着密切的联系。②从国家的本质上说，当今东南亚的一些国家仍体现出"弱国家"的特征。这里的"弱国家"并不是指国家实力的强弱，而是指一些国家政府执政的合法性仍未获得国内社会的完全认可，民族构建也尚未完成，国家在维持国内秩序、提供其他公共物品方面的能力也有待进一步提高。如果说欧洲国家已经完成主权国家构建，并开始向超越威斯特伐利亚体系的方向努力，那么，部分东南亚国家则仍在向"威斯特

---

① Alice D. Ba, [Re] Negotiating East and Southeast Asia: Region, Regionalism, and the Association of Southeast Asian Nations, Stanford, California: Stanford University Press, 2009, pp. 54–57.

② David Martin Jones and Nicole Jenne, "Weak States' Regionalism: ASEAN and the Limits of Security Cooperation in Pacific Asia", International Relations of the Asia-Pacific, Vol. 16, No. 2, 2015.

伐利亚话语体系所想见的、真正拥有主权"的国家迈进。① 换言之，它们现阶段的历史任务仍是构建强有力的国家，这也进一步决定了这些国家对区域合作的看法。也正是因为国家本质的不同，所处的历史发展阶段不同，我们才没有理由套用欧盟的模式，来审视和评判东盟。

◇ "谈话"的意义

行文至此，我们已经明白了东盟的"特殊性"。其实，将东盟视为"特殊的"，这种做法本身就值得质疑，因为我们仿佛仍在以其他区域的合作模式作为样本，来评价东盟。将东盟说成是"特殊的"，其潜台词似乎是，只有以主权让渡为特点的区域合作才是"正常的"。对于这样的偏见，我们应该保持应有的批判意识。或许我们可以说，通过前面的介绍，我们了解"东盟方式"的内涵，以及它形成的原因和存在的必要性。

然而，我们还需要以更加直接的方式来回答本章的核心问题，那就是，东盟究竟是不是一个"清谈馆"？这是一个非常重要的问题。一方面，东盟每年都要举办不计其数的、各级官员间的正式与非正式会议。不仅如此，东盟还投入了大量财力和物力，资助学术界的研究和交流活动。现今，东盟已经形成较为成熟的、由学者和退休官员组成的"第二轨道外交"机制。考虑到这些，东盟成员国及对话伙伴国

---

① Mohammed Ayoob, "Subaltern Realism: International Relations Theory Meets the Third World", in Stephanie G. Neuman ed., *International Relations Theory and the Third World*, New York: St. Martin's Press, 1998, pp. 37–38.

家,每年可能要举办上千场东盟框架下的国际会议,这意味着巨大的资源投入。

而另一方面,东盟又似乎在很多具体问题上缺乏集体行动。暂且不说敏感的安全问题或领土纠纷,即便是在环境这样的"软议题"上,东盟可以带来的改变也十分有限。例如,长期以来,印尼山民焚烧芭蕉林开垦荒地的做法,给新加坡和马来西亚带来了严重的烟霾。这个问题在20世纪90年代就引起了东盟成员国的重视,东盟还于2002年通过了关于监督和预防烟霾污染的协议。但协议却因缺少强制执行的机制,而没有得到印尼的认真执行。新加坡也只能通过国内的司法程序,对与"烧芭"活动有关的印尼公司进行制裁。[1]

总之,一方面是巨大的财力投入,另一方面是集体行动的缺位。从这个意义上讲,东盟可能真的无法避免类似于"清谈馆"这样的批评。

然而,如果我们可以暂且将具体问题放到一边,而是尝试采取长时间段的视角来审视东盟,我们也许会发现,在过去的50多年里,东盟实际上已经取得了一个了不起的成就:它的成员国之间从未发生过战争(尽管个别成员国间发生过小规模的武装冲突)。考虑到东南亚地区族群、语言、宗教的多样性(要知道,东南亚曾有"亚洲巴尔干"之称),再考虑到基于殖民地形成的、不合理的国家边界,东盟所取得的成就甚至堪称卓越。有"政治学男巫"之称的塞缪尔·亨廷顿,曾预言了"文明冲突"的发生。而在东南亚,这里既有印尼这样的世界上穆斯林人口最多的国家,又有菲律宾这样的天主教国家,

---

[1] David Martin Jones and Nicole Jenne, "Weak States' Regionalism: ASEAN and the Limits of Security Cooperation in Pacific Asia", *International Relations of the Asia-Pacific*, Vol. 16, No. 2, 2015, pp. 16 – 17.

还有泰国、缅甸这样的佛教国家，但东盟国家所创造的"长和平"，似乎在向世界证明，这里成了一个"（不同）文明和平共处的实验室"。也正是出于这样的原因，马凯硕才会认为，东盟可以被授予一个诺贝尔和平奖。正像马凯硕所强调的，小的冲突往往成为新闻事件，而和平却因为是"非事件"（non-event），所以不会有人来报道它。①

那么，这样的"长和平"究竟是如何取得的？应该说，这并不是制度性约束带来的结果，相反，东盟国家政策制定者之间频繁的、密切的互动，起到了至关重要的作用。东盟为成员国的领导人、外交官以及各层级的官员，提供了一个重要的"谈话"和互动的场所或者机制。需要强调的是，这种"谈话"并非是没有意义的空谈，因为正是在这样互动的过程中，东盟国家间产生了更多的互信，更重要的是，产生了新的"东盟身份认同"。

前文曾谈到过制度的作用，根据新制度主义的理论，要实现国家间合作，就首先要建立起明确的制度框架，为遵守约定的国家提供奖励，同时惩罚那些违约的国家。换言之，明确的规定和对规定有效的执行，将改变国家的外在行为。然而，这显然不是东盟所遵循的道路。对于东盟的成功，国际关系理论中的建构主义学派可能会为我们提供一个更有力的解释。在建构主义者看来，国家在互动中，会形成新的身份认知，也会"内化"新的国际"规范"（norm）。随着"内化"程度的加深，国家对规范的遵守甚至会变成一种习惯。这也意味着，即便没有制度约束，没有奖励或者惩罚，国家依然会遵守规范，因为遵守规范已经成为国家利益和身份认知的一部分。

---

① Kishore Mahbubani and Jeffery Sng, *The ASEAN Miracle: A Catalyst for Peace*, Singapore: National University of Singapore Press, 2017.

举一个更加通俗的例子，我们作为一个社会人，实际上已经不自觉地内化了很多规范。比如，我们不会根据气温的高低来决定今天要不要穿泳装去上班。我们不穿泳衣上班，并不是出于"这样穿可能会感冒"之类的考虑，而是因为我们知道，这样做是"不合适的"。换言之，我们的日常行为在很大程度上遵守的是"适应性的逻辑"，而非旨在实现效益最大化的"结果性逻辑"。其实，我们已经在很深的程度上内化了社会规范，以至于"穿泳装上班"根本不是一个选项，它甚至不会划过我们的脑海。

和个人一样，国家也是社会行为体。在过去的历史中，国家的行为也因为对新规范的内化，而发生了翻天覆地的变化。比如，有学者就发现，直到 20 世纪的早期，国家还会为了"收账"而诉诸武力——欧洲国家就多次武力攻打拉美国家，仅仅是因为后者出于自然灾害等原因，无法偿还欠下的主权债务。[①] 而今天，武力收账已经变成"不可思议"的做法，它或许是有利于国家利益最大化的，但却是不符合规范的、不合时宜的。

回到东盟的问题上来。在过去的 50 余年中，东盟也形成了自己的规范，这包括不干涉原则、不使用武力，以及"东盟方式"，等等。通过频繁和密切的互动，成员国逐渐内化了这些规范，这些规范也成为东盟身份认同的一部分。[②] 通过协商来解决矛盾，已经成为东盟成员国所"习惯"的做法，也成为所谓的东盟身份的一部分。当然，东盟成员国究竟在多大程度上内化了这些规范，或者说"发动针对另一

[①] Martha Finnemore, *The Purpose of Intervention*, Ithaca: Cornell University Press, 2003.

[②] Amitav Acharya, *Constructing a Security Community in Southeast Asia: ASEAN and the Problem of Regional Order*, London and New York: Routledge, 2001, pp. 6 – 7.

个成员国的战争"是否已经变成一个完全"不可思议"的实现国家利益的手段,这仍要留待时间去进一步检验。

但现在,我们基本可以得出这样一个结论,那就是:东盟确实是一个与众不同的区域合作组织,它对合作有着不同的理解,也践行着一种不同的实现合作的方式。借用艾丽丝·巴的话来说,如果我们将合作简单地理解为明确的规则、具体的分工,以及进行集体行动的能力,那么东盟的各种宣言确实像是"空谈";但如果我们将合作理解为观点的交换和累积性的寻求共识的过程,那我们可能会重新认识东盟存在的意义。①

◇ 小结

在本文中,我们探讨了东盟在组织机构以及合作原则上表现出的种种特征,对于"东盟方式"所强调的非正式性、组织最小化、协商与共识,我们也有了更加充分的认识。尤其是在回顾了东盟形成的历史后,我们进一步理解了为什么东盟要坚持这样的合作方式。作为一个地区合作组织,东盟确实更加注重所谓的"谈话",而不是惩罚制度或者组织机构的建设。但是,正是这样高频率的磋商,让东盟成员国产生了更多的互信,而东盟的一系列规范也让这个多样化的区域有了新的共同点、新的身份认同。

---

① Alice D. Ba, [Re] Negotiating East and Southeast Asia: Region, Regionalism, and the Association of Southeast Asian Nations, Stanford, California: Stanford University Press, 2009.

参考文献

Acharya, Amitav, *Constructing a Security Community in Southeast Asia: ASEAN and the Problem of Regional Order*, London and New York: Routledge, 2001.

Ayoob, Mohammed, "Subaltern Realism: International Relations Theory Meets the Third World", in Stephanie G. Neuman ed., *International Relations Theory and the Third World*, New York: St. Martin's Press, 1998.

Ba, Alice D., [Re] *Negotiating East and Southeast Asia: Region, Regionalism, and the Association of Southeast Asian Nations*, Stanford, California: Stanford University Press, 2009.

"Beggars and Choosers", *The Economist*, 4 Dec 1997, https://www.economist.com/asia/1997/12/04/beggars-and-choosers.

Chalermpalanupap, Termsak, "In Defence of the ASEAN Charter", in Tommy Koh, Rosario G. Manalo and Walter Woon eds., *The Making of the Asean Charter*, Singapore: World Scientific Publishing, 2009.

Collins, Alan, *Building a People-Oriented Security Community the Asean Way*, New York: Routledge, 2013.

Feraru, Atena S., "ASEAN Decision-Making Process: Before and after the Asean Charter", *Asian Development Politcy Review*, Vol. 4, No. 1, 2015.

Finnemore, Martha, *The Purpose of Intervention*, Ithaca: Cornell University Press, 2003.

Jones, David Martin, and Nicole Jenne, "Weak States' Regionalism: ASEAN and the Limits of Security Cooperation in Pacific Asia", *International Relations of the Asia-Pacific*, Vol. 16, No. 2, 2015.

Keohane, Robert O., *After Hegemony: Cooperation and Discord in the World Political Economy*, Princeton: Princeton University Press, 1984.

Keohane, Robert O., and Lisa L. Martin, "The Promise of Institutionalist Theory", *International Security*, Vol. 20, No. 1, 1995.

Mahbubani, Kishore, and Jeffery Sng, *The ASEAN Miracle: A Catalyst for Peace*, Singapore: National University of Singapore Press, 2017.

Nairn, Ronald C., "SEATO: a Critique", *Pacific Affairs*, Vol. 41, No. 1, 1968.

Narine, Shaun, "ASEAN in the Aftermath: The Consequneces of the East Asian Economic Crisis", *Global Governance*, Vol. 8, No. 2, 2002.

Samad, Paridah Abd., and Darusalam Abu Bakar, "Malaysia-Philippines Relations: The Issue of Sabah", *Asian Survey*, Vol. 32, No. 6, 1992.

Tuan, Hoang Anh, "ASEAN Dispute Management: Implications for Vietnam and an Expanded ASEAN", *Contemporary Southeast Asia*, Vol. 18, No. 1, 1996.

6

"空调之国"新加坡

新加坡植物园
W. ZHA

政治学学者发明了一系列学术术语用于概括新加坡的政治与社会治理模式,这包括"非自由民主""软威权",甚至是"善意的独裁"等,但这些名词始终不及"空调之国"(the air-conditioned nation)来得那么生动与贴切。这个说法是由新加坡学者、前《海峡时报》记者切里安·乔治提出的。[1]

人们常开玩笑说新加坡只有三个季节:"热,很热,非常热",但到过新加坡的人可能都会对这个国家公共空间的中央冷气印象深刻。不用说酒店和会议中心,即便是上了公共汽车,随着车门的关闭,热带高温就会立刻被隔绝在外,而你则能衣冠楚楚地尽情欣赏玻璃窗外的满眼绿色了。空调在新加坡的普及得益于国父李光耀的重视,李光耀年少时曾在英国留学,习惯了英国的凉爽气候,当他再次回到新加坡时,他发现自己几乎无法在闷热潮湿的环境下思考。在其晚年接受的一次采访中,被问及"新加坡成功的秘密",李光耀竟然简单地回答说,是"空调",并称"空调对我们来说是最重要的发明……它使得热带地区的发展变成了可能,从而改变了文明的本质。没有空调,你只能在凉爽的清晨或是黄昏工作几个小时。我成为总理后做的第一件事就是在所有公务员工作的办公楼里装上空调,这是公共效率的关键。"[2]

当然,将新加坡称为"空调之国"还有更深层次的含义。在掌控环境、提高舒适性方面,空调无疑是人类最重要的发明创造之一。而

---

[1] Cherian George, *Singapore, the Air-Conditioned Nation*: *Essays on the Politics of Comfort and Control*, Singapore: Landmark Books, 2000, Introduction.

[2] Katy Lee, "Singapore's Founding Father Thought Air Conditioning Was the Secret to His Country's Success", VOX, https://www.vox.com/2015/3/23/8278085/singapore-lee-kuan-yew-air-conditioning.

新加坡政府和以李光耀、吴作栋、李显龙为代表的决策制定者，也像中央空调一样，有效地对整个国家和社会的运作进行着严密的调控，并极大地改善了新加坡人民的物质条件，提高了生活的舒适水平。1965年，当新加坡被迫从马来西亚独立时，没有人预料到这个国家会取得今天的成就。的确，在殖民时代，新加坡曾是大英帝国治下的一个重要的行政管理中心、商业中心，以及军事中心。但随着第二次世界大战的结束，以及英国战略收缩的开始，这个城市国家就面临着严峻的生存问题。借用李光耀的话来说，没有腹地的新加坡就像"脱离了身体的心脏"一样无以为继。尽管如此，新加坡领导人却凭着务实的精神和正确的发展战略，逐渐带领这个城市国家度过了独立初期的经济困境，并崛起成亚洲乃至整个世界范围内的一个重要的经济中心。李光耀在其回忆录里写到，在他1959年首次担任总理时，新加坡的人均GDP仅有400美元，而1990年他卸任时，这个国家的人均GDP已经达到12200美元，到了1999年，这一数字进一步增加到22000美元。也是凭借这样傲人的发展成绩，李光耀得以自豪地宣布，新加坡完成了从第三世界到第一世界的转变。[1]

不仅是国家经济的跨越式发展，在个人层面，新加坡人的物质生活也实现了翻天覆地的变化。回首20世纪60年代初期的新加坡，很多人还生活在污水横流、火灾等安全事故频发的棚户区里。然而，随着新加坡建屋发展局（简称HDB）的成立，以及公共房屋（又称"组屋"）的大规模兴建，大批新加坡民众搬进了现代化的单元房。根据HDB的数据，从成立之初到2017年年底，HDB共建设了近120万套组屋，超过80%的新加坡人口住在组屋里，其中又有超过90%

---

[1] Kuan Yew Lee, *From Third World to First: The Singapore Story: 1965-2000*, New York: Harper Collins Publishers, 2000, pp. xiv-xv.

的人拥有房屋的产权。① 值得一提的是，就公共住房而言，新加坡的组屋堪称豪华，很多组屋都有敞亮的客厅，以及3—4间卧室。与此同时，组屋小区还有幼儿园等配套设施，一些新加坡家庭甚至一年到头可以不开火做饭，因为几块新元就可以在楼下的小贩中心吃到不错的一餐。在房屋的管道更换、卫生间翻新、电梯维护等方面，组屋的居民也可以享受很高比例的政府补贴。下暴雨的时候，人们可以沿着楼宇之间的回廊，一路从公交站走回家，连伞也不用撑一下。应该说，细致入微的设计和有效的中央调控，极大地提升了新加坡人的生活舒适度。

然而，正如切里安·乔治指出的，中央空调下的生活固然舒适，但人们也会因此失去一定的自主性。对此，新加坡的决策制定者们也毫不避讳地予以承认。新加坡的政治制度和发展模式的确是不同于西方国家，前者更依赖于"由上至下"的指导和设计。有人将新加坡的发展模式概括为3个"C"：政府的言出必行，或者说是政策承诺的可信性（credibility）；面对共同威胁时民族国家的团结（cohesion）；以及最重要的一点，那就是民众对国家领导人的信任（confidence），民众相信领导人会像家长一样，对如何实现国家的长远利益做出最正确的判断。② 在新加坡很多政治精英看来，公民对政府的信任和服从，以及由此实现的社会秩序，对新加坡的稳定和发展起着至关重要的作用。举例来说，一个工会异常强大、罢工频发的国家，显然不会成为

---

① Housing & Development Board, 2017/2018 Annual Report, https://www.hdb.gov.sg/cs/infoweb/about-us/news-and-publications/annual-reports.

② Alan Chong, "Singaporean Foreign Policy and the Asian Values Debate, 1992 – 2000: Reflections on an Experiment in Soft Power", The Pacific Review, Vol. 17, No. 1, 2004, p. 101.

深受国际资本青睐的投资目的地。为此，从成为自治邦开始，新加坡政府就在打击持异见者方面从不手软，并成功地"驯服"了一度十分强大且好战的工会以及反对派。①

新加坡政治精英坚信，西方国家所强调的个人主义以及自由民主政治，并不适用于新加坡的国情。西方国家在漫长的历史过程中实现了经济发展与自由民主政治的共同发展，但当它们试图向发展中国家强行推销自由民主时，无疑是在强迫后者"把民主的马车置于经济发展这匹骏马的前面"，②有本末倒置的嫌疑。也正是在这样的信念下，新加坡成为所谓"亚洲价值观"（Asian Value）最重要的支持者，并在20世纪90年代领导了一场与西方国家之间的辩论。

正如切里安·乔治所言，新加坡的几代领导人都认为，普通人希望从政府那里得到的是更好的物质生活，而不是什么对抽象政治原则的声张。③换言之，只要这个国家可以创造出安逸的生活环境，一个强势的政府，以及公民在个人自由方面的有限牺牲，并没有什么不好。更重要的是，对于民众而言，眼下的生活越好，推动改变的风险也越大，天晓得一朝夺权的反对党会把新加坡带向何方。

然而，一个众所周知的事实是，空调的使用会加重环境负担，从而面临着严重的可持续性问题，而新加坡的统治或治理模式也同样如此。一个不得不承认的事实是，与祖辈和父辈不同，新加坡的年轻人从未见证过建国初期的艰难险阻，也没有经历过所谓的"第三世界"

---

① Kuan Yew Lee, *From Third World to First*: *The Singapore Story*: *1965 - 2000*, New York: Harper Collins Publishers, 2000, chapter 6.

② Cherian George, *Singapore*, *the Air-Conditioned Nation*: *Essays on the Politics of Comfort and Control*, Singapore: Landmark Books, 2000, p. 51.

③ Cherian George, *Singapore*, *the Air-Conditioned Nation*: *Essays on the Politics of Comfort and Control*, Singapore: Landmark Books, 2000, p. 15.

的生活，相反，他们降生在"第一世界"，并对优越的物质生活习以为常。美国学者罗纳德·英格尔哈特就提出过一个著名的政治文化转型理论，他发现在绝大多数发达的工业化社会，物质主义的价值观会出现减弱，人们理所当然地享受着"经济生存与安全"。与此同时，后物质主义价值观（postmaterialist value）则得到推崇，人们更加注重自我表达，以及主观上的安乐。在整个社会层面，我们会看到环保主义的抬头、女权运动的出现，以及公民个人权利诉求的增加。[①]

新加坡是否在向这个方向发展？这是一个颇具争议的话题。事实上，从20世纪80年代初期开始，外界对于"人民行动党究竟还能够执政多久"的猜测就从未停止过。[②] 进入新千年后，人民行动党曾遭遇过严重的选举挑战：在2006年的大选中，人民行动党的得票率仅为66.6%，相比于2001年的75%，出现了显著的下滑；到了2011年大选，人民行动党的得票率进一步跌到60.14%的历史性低点，这架"中央空调"背后隐藏的可持续性危机也进一步展现出来。

尽管如此，一个需要强调的事实就是，人民行动党从未放弃过自我调整与纠偏。这一点从几代领导人行事风格的改变中，也能看出些许端倪。新一代领导人很少再像家长一样教诲民众，而是变得更加谦逊且乐于倾听底层的声音。在2015年举行的大选中，人民行动党出乎外界意料地赢得近70%的选票。这样的逆转或许说明"中央空调"式的治理模式仍将被新加坡人民所接受，但也有学者认为，是新加坡

[①] Ronald Inglehart, "Culture and Democracy," in Lawrence E. Harrison and Samuel P. Huntington eds., *Cultural Matters: How Values Shape Human Progress*, New York: Basic Books, 2000, p. 84.

[②] Michael D. Barr, "The Bonsai under the Banyan Tree: Democracy and Democratization in Singapore," *Democratization*, Vol. 21, No. 1, 2014, p. 30.

独立 50 周年以及国父李光耀逝世这样的具体事件，激发了新加坡人民对人民行动党的感激之情。① 对此，我们应当小心地做出判断，更应该对不成熟的预测保持警惕。像绝大多数社会科学学者一样，我们或许只能说："要得出结论仍为时尚早。"

这大概是本书所有章节中最长的开篇。但通过这段介绍，我们已经对新加坡的治理模式及理念有了初步的认识。在下文中，我们还将就新加坡社会治理的一个具体方面做更加深入的探索，那就是这个国家究竟是如何改造环境，从而变成一个整洁、美丽的"花园国家"的。

当然，社会治理所涉及的领域非常多，之所以选择城市环境的变迁，不仅是因为优美的城市和高水准的卫生是新加坡的标志，还因为城市环境的改进，有赖于每一个居民日常行为的变化，而在这个过程中，政府发挥了不容忽视的作用。政治学者热衷于谈论"国家能力"这个概念，需要强调的是，国家能力不仅体现在规模庞大的基础设施的兴建，或是重大活动的成功举办上，还体现在国家对于人民的规训上。正是在这一点上，新加坡政府从根本上改变了民众的日常习惯和生活方式，展现出异乎寻常的强大能力。

◇ "东南亚的绿洲"

在李光耀的回忆录《从第三世界到第一世界：新加坡的故事（1965—2000）》中，他专门用一章来讲述他和人民行动党是如何使新加坡变成"绿色"的。在书中，李光耀写道："独立后，我寻找一

---

① Bilveer Singh, "Singapore's 2015 General Election: Explaining Pap's Resounding Win," *The Round Table*, Vol. 105, No. 2, 2016.

个可以给人深刻印象的方法，以把我们和其他第三世界国家区分开来。我选择了（创造）一个干净和绿色的新加坡。我们的战略之一就是将新加坡打造为东南亚的绿洲，因为如果我们拥有第一世界的标准，届时商人和游客就会把我们作为他们的商业基地和旅游目的地。"[1] 可以说，李光耀是从国家发展战略的高度来审视新加坡的环境卫生问题的。

今天的我们可能很难想象20世纪60年代的新加坡，当时的新加坡和绝大多数第三世界国家相比，并没有太大区别。与被严重污染、散发臭气的新加坡河为伴，曾经是当地人日常生活的一部分，新加坡街头也因为售卖各种小吃的商贩而变得拥挤和肮脏。为了改变这样的状况，新加坡政府开展了大范围的搬迁工作，一些小作坊被迁入指定的工业园区，小商贩被强制搬进固定的小贩中心，专业的排污管道可以更好地处理油污和其他垃圾，从而提高河水的纯净度。李光耀回忆说，在几年间，他的政府处理了8000个农场的90万头猪，并关闭了绝大多数鱼塘，这些举措都让这个城市国家的环境卫生获得极大的改善。[2] 不仅如此，新加坡政府还为整个国家设计了精密的排水系统：生活废水等污水会流入地下的下水道；只有落入房顶、花园和开阔地带的雨水才会经过明渠，流入河流中。河流的净化和雨水的收集，缓解了新加坡淡水短缺的问题。到了1980年，新加坡一半的日常用水得以自给自足。[3]

---

[1] Kuan Yew Lee, *From Third World to First*: *The Singapore Story*: *1965 – 2000*, New York: Harper Collins Publishers, 2000, pp. 173 – 174.

[2] Kuan Yew Lee, *From Third World to First*: *The Singapore Story*: *1965 – 2000*, New York: Harper Collins Publishers, 2000, p. 179.

[3] Kuan Yew Lee, *From Third World to First*: *The Singapore Story*: *1965 – 2000*, New York: Harper Collins Publishers, 2000, p. 178.

到了20世纪60年代末，新加坡卫生部已经能够骄傲地对外宣传"东南亚绿洲"这个概念了。因为卫生条件的改善，新加坡的苍蝇、蚊子明显减少，传染疾病得到有效的控制，① 越来越多的跨国公司开始选择将东南亚总部设在新加坡。新加坡河以及一些小贩中心，还逐渐成为深受外国游客欢迎的热门景点。

与很多人的想象不同，尽管是热带国家，但新加坡的"绿色"却绝非天然。有资料显示，早在19世纪80年代初期，新加坡90%的雨林就因伐木业和种植园的发展而遭到破坏。② 为了使新加坡变得更绿色，李光耀和新加坡的政府从20世纪60年代初就开始执行大规模的植树计划，并专门聘请外国专家研究如何在地处赤道雨林带、土壤营养流失过快的新加坡，培育出令人满意的草坪。新加坡的植物学家在亚洲、非洲、加勒比地区、中美洲遍寻可以自然开花的植物，种类多达8000余种，并最终成功地在新加坡培育了2000多种。③ 今天，一些从其他国家引进的植物已经成为新加坡的标志。尤其是樟宜机场外道路两侧的雨树，经常给初到新加坡的人留下深刻印象：雨树向水平方向延伸的枝杈，如同一把遮阳伞，将整条道路庇护在树荫之下——这正是李光耀政府最早为新加坡引进的绿化树木。

将新加坡称为"花园城市"实际上再贴切不过，因为只有经过精

---

① Gregory Clancey, "Hygiene in a Landlord State: Health, Cleanliness and Chewing Gum in Late Twentieth Century Singapore", *Science, Technology & Society*, Vol. 23, No. 2, 2018, p. 215.

② Heejin Han, "Singapore, a Garden City: Authoritarian Environmentalism in a Developmental State", *Journal of Environment & Development*, Vol. 26, No. 1, 2017, p. 10.

③ Kuan Yew Lee, *From Third World to First: The Singapore Story: 1965 – 2000*, New York: Harper Collins Publishers, 2000, pp. 177 – 178.

心的设计和修饰，花园才得以展现出完美的一面。一个典型的例子就是，新加坡的绿化树木上遍布着"随意"生长的各种蕨类，让人感受到自然的意趣。然而，很少有人知道，这些蕨类实际上是被特意种植在树木分叉之处的。切里安·乔治在《新加坡：空调之国》一书的开篇也记录了这样一个不大不小的事件，在他还是《海峡时报》的记者时，曾报道过李光耀作为总理所出席的最后一次植树节，地点就在著名的海滨公园。然而这次活动进行得并不算愉快，公园负责人本想借机向总理汇报刚刚完成的一次翻修工程，但李光耀夫妇很快就发现，他们所钟爱的一排树木因为公园的扩张而被移除了。随后，李光耀丢下了汇报的官员，进行了一次计划外的散步和考察，并在最后宣布，新的设计是不合理的，因为公园的道路太宽了，即便两侧的树木长成，树冠也不可能完全遮蔽阳光。按李光耀的话来说，人们可以"透过鞋子感受到地面的热气"。[1] 从这个小故事中，我们不难看出，新加坡领导人对细节的关注。

当然，新加坡的模式绝非完美，也并非所有人都认同新加坡这种变干净、变绿色的方式。一些学者将新加坡称为"威权环保主义"（authoritarian environmentalism），认为新加坡环境政策的制定是由少数几个部门的技术官僚所把持的，而缺少来自社会的参与，非政府组织几乎完全被排除在外。[2] 与此同时，国家给予经济发展目标以优先地位。虽然新加坡政府在经济发展的早期，就开始关注环境问题，但正如李光耀回忆录所透露出的，对环境的关注在很大程度

---

[1] Cherian George, *Singapore, the Air-Conditioned Nation: Essays on the Politics of Comfort and Control*, Singapore: Landmark Books, 2000, pp. 13 – 14.

[2] Heejin Han, "Singapore, a Garden City: Authoritarian Environmentalism in a Developmental State", *Journal of Environment & Development*, Vol. 26, No. 1, 2017.

上是为了更好地促进经济的发展，比如吸引外资，而不是保护环境本身。这种定位导致的一个直接结果就是，通过国家的干预，新加坡成为一个"精致的花园"，但其最自然的一面却遭到破坏。比如，政府可能会为了兴建一处住宅区，而破坏一块有180多种鸟类居住的森林。[1] 然后再在住宅区建成后，重新对这片区域进行人工绿化。有学者批评称，在新加坡的环境治理模式下，究竟什么是最迫切的发展目标，这一点是由国家决定的，而社会对于自然保护的需求，往往被政府视为是"不理性的"，或者"情绪化的"。[2] 有环保主义者则更加激烈，称："他们（新加坡政府）甚至会计算路边的树木和公园的数量，然后说，'噢，这就是我们所拥有的绿色的总量，和自然的总量'，这种做法是很荒谬的，这是发展，不是保护。"[3]

但是，不得不承认的是，新加坡的发展成就是令人瞩目的，很少有国家能在短短二三十年间实现从第三世界到第一世界的飞跃。而且，鉴于新加坡的热带环境和高密度的人口，如果你还能在这个城市国家感受到环境的舒适，那么这种舒适感无一例外地，几乎都来自于"中央空调"的调控。一旦失去了这样的设计和干预，你可能立即就会被蚊虫、闷热又潮湿的空气，以及腐烂的垃圾所包围。

---

[1] Heejin Han, "Singapore, a Garden City: Authoritarian Environmentalism in a Developmental State", *Journal of Environment & Development*, Vol. 26, No. 1, 2017, p. 14.

[2] Harvey Neo, "Challenging the Developmental State: Nature Conservation in Singapore", *Asia Pacific Viewpoint*, Vol. 48, No. 2, 2007, p. 192.

[3] Harvey Neo, "Challenging the Developmental State: Nature Conservation in Singapore", *Asia Pacific Viewpoint*, Vol. 48, No. 2, 2007, p. 190.

◇ 惩罚与规训

接受国家改造的不仅有自然环境，还有每一位公民。在长达数十年、至今仍在继续的净化与美化新加坡的运动中，每个个体都需要接受国家的监督，违规的行为则要受到严厉的惩罚。如果你住在新加坡的组屋里，经常会有人敲门，要求入户检查你厨房和洗手间的水槽，或者检查你的花盆，以确定这些地方没有积水，因为积水可能会滋生蚊蝇。在一些西方人眼中，这种监督（尤其是入户监督）可能是无法令人接受的。

今天，你很少会看到有人在新加坡街头随意丢弃垃圾或者随地吐痰，但这种卫生习惯并不是轻易养成的。从20世纪60年代开始，新加坡政府就发起了一次又一次的"禁止吐痰""净化新加坡""长把笤帚行动"这样的卫生运动。在他的回忆录中，李光耀感慨地说，与人们的老习惯作斗争需要毅力和持久力。[①] 的确，在新加坡快速变化的过程中，每一个公民都要对自己的习惯，乃至整个生活方式做出根本的调整。

比如，随着组屋的大批兴建，很多从前居住在棚舍的农民搬进了单元房。尽管拿到了补偿款，但借用李光耀的话来说，这些农民仍"想念他们的猪、鸭、鸡、果树，以及菜园，这些曾是他们免费的食

[①] Kuan Yew Lee, *From Third World to First：The Singapore Story：1965-2000*, New York：Harper Collins Publishers, 2000.

物"。① 于是，一些养猪户竟然在高层单元房里养起了猪，还有人在厨房养起成群的鸡鸭，并让自己的小孩在小区的草坪上挖蚯蚓来饲养它们。② 直到 15 年或 20 年后，这些人还坚持在选举中反对人民行动党，因为人民行动党"毁了他们的生活"。不仅是农民，受教育程度更高、收入更高的人可能也缺乏公共道德：曾经就有一位医生被抓，因为他试图从马路中央的绿化隔离带里挖走一棵刚刚种好的、昂贵的进口松树，原因仅仅是他喜欢这棵树，并想把它种在自己的花园里。③

在由国家引领和主导的社会变化中，自然少不了强制力的使用。惩罚可以减少不文明的行为，但我们也很容易找到国家越界使用权力的事例。20 世纪 70 年代初期，嬉皮士文化曾风靡一时，新加坡一些年轻人也深受影响。而这样的风潮却引起了新加坡政府的重视，新加坡卫生部部长公开宣布，"留着又长又邋遢头发的年轻人是对公共健康的威胁"，"这种发式是给虱子发出的公开邀请，并将导致疫情"。新加坡政府部门、学校以及媒体共同发起了一场针对长发男子的运动。新加坡警察甚至开始抓捕"嬉皮士"，尽管男人留长发并不犯法，但这些人仍被带到警察局，并被命令脱掉上衣拍照；一些长发男子在抵达新加坡时，还被要求剪短头发才可以入境。④

如今，严厉的惩罚措施已经成为新加坡的标志，相应的罚金可能

---

① Kuan Yew Lee, *From Third World to First: The Singapore Story: 1965 - 2000*, New York: Harper Collins Publishers, 2000, p. 180.

② Kuan Yew Lee, *From Third World to First: The Singapore Story: 1965 - 2000*, New York: Harper Collins Publishers, 2000, p. 98.

③ Kuan Yew Lee, *From Third World to First: The Singapore Story: 1965 - 2000*, New York: Harper Collins Publishers, 2000, p. 176.

④ Gregory Clancey, "Hygiene in a Landlord State: Health, Cleanliness and Chewing Gum in Late Twentieth Century Singapore", *Science, Technology & Society*, Vol. 23, No. 2, 2018, p. 219.

高得令人咋舌：比如在地铁里携带易燃物品的罚金高达 5000 新元（1新元约合 5 元人民币），吸烟的罚款是 1000 新元，而喝饮料与吃东西最高可能被罚 500 新元。曾经有一位乘客在地铁上吃了一些甜食，恰巧被执法人员逮到，尽管乘客解释说自己当时感到头晕，必须补充些能量，但最终还是被迫接受了罚款。有人质疑类似做法的合理性，但新加坡的禁令就是如此不近人情。也正因如此，很多外国人将新加坡称为"罚款之都"，拍摄新加坡街头的各种罚款警示牌，甚至成了游客的一项娱乐活动。

诚然，世界上很多国家的政府都曾发起过卫生运动或者环保运动，"禁止吸烟""禁止乱扔垃圾"的标识也十分常见，但新加坡的确在规训民众行为方面取得了更加显著的成果，这主要可以归因于新加坡政府政策的连贯性。比如，除全民运动以外，新加坡还建设了一支庞大的清洁工队伍，仅在国家环境署注册的清洁工就有 56000 余名。[①]更重要的是，新加坡政府从未放松过对于罚款的执行。有数据显示，从 20 世纪 90 年代后期以来，新加坡政府针对乱扔垃圾行为所开出的罚单就呈整体上升的趋势，从 1999 年的 4000 余张，增长到 2012 年的 8000 余张，到 2017 年，一年开出的罚单已经超过了 3 万张。

通常来讲，外来人口多的地方，卫生往往会成为一个问题，新加坡也是一个外来人口多、人口流动大的社会。统计数据显示，2019 年新加坡人口约 570 万，其中新加坡公民只有 350 万，在剩下的 220 万人口中，永久居民占 52 万，外籍人员有近 170 万。和很多国际大都市一样，新加坡也不乏大量来自于发展中国家的劳工。就人口密度来看，新加坡平均每平方公里生活着 7800 余人，这甚至远高于中国

[①] Tim McDonald, "The Cost of Keeping Singapore Squeaky Clean", BBC, 29 Oct 2018, https：//www.bbc.com/worklife/article/20181025-the-cost-of-keeping-singapore-squeaky-clean.

香港。对于这样的人口数量和密度，如果想通过"人盯人"的方式来维持城市卫生，显然是不切实际的。那么，需要追问的问题就是，新加坡人的公共道德、自觉意识是如何养成的？尤其是一些在新加坡生活的外国人，为什么在自己国家随地丢垃圾，到了新加坡就会有所收敛？

不可否认的是，严厉的惩罚、持之以恒的对相关政策的贯彻与执行，都对不文明行为产生了明显的威慑作用。当你仅仅看到"禁止随地吐痰""禁止吸烟"这样的标识时，你可能会想："我的行为确实不太好，但后果可能也不是很严重"。而在新加坡，当你看到如此高额的罚款警示，再想到自己有很高的概率被执法人员当场抓获，你可能就会理性地选择将垃圾放在书包里，等到有条件的时候再以文明的方式处理掉。

在这一点上，政治学的理论可以帮助我们更深刻地理解"威慑"究竟是如何产生的。英国哲学家杰里米·边沁曾经设计过一种被称为"全景式监狱"的建筑。简单来说，"全景式监狱"是一种圆形结构的监狱，囚室分布在圆周上，每个囚室都贯穿圆周的横切面，内外两侧均设有明亮的窗户，以便让光线投射进来。看守则身处一个建于圆心位置的高耸的监视塔中，监视塔是密闭的，仅留有几个小小的监视窗口。从这些监视窗口中，看守可以轻松地监视所有囚犯的活动，而囚犯却无法看到看守，甚至不知道监视台内是否有看守。这种设计的独到之处就在于，它大大降低了监督的成本——监督可能是断断续续的，但囚犯们却始终以为自己正在被监视。于是，他们便会注意自己的行为，自我监控由此形成了。

这一设计给法国哲学家米歇尔·福柯以很大启发，他在《规训与惩罚》一书里对权力运作的有效途径进行了概括，在他看来，有效的权力施展需要做到两点："可见"与"不可验证"，比如，囚犯都可以看到监狱正中的监视塔，但他们始终无法确定，是否有看守真正待在里面。可以说，正是这两点造就了权力的"自动运转"。这就好比，当司机看到监控摄像头时，就会自觉控制车速或者驶离应急车道，尽管有些摄像头可能根本就不能工作。在公共卫生意识的问题上同样如此，想违规的人永远不确定，是否有监督者正在悄悄地盯着自己。

◇ 冲击与坚守

在本文的最后，我们还是要讨论一下新加坡治理模式的可持续性问题。正如前文讲到的，未来的新加坡社会是否还会继续接受家长式的大政府，是否还会像过去一样，专注于对物质生活的追求，并且对人民行动党的精英们充满信任，对此我们仍无法做出确切的判断。但我们可以确信的是，在过去的 30 年间，人民行动党政府展现出灵活的姿态，并以更加谦逊的姿态向社会的诉求进行让步，而这样的调试在未来还会继续。

与此同时，新加坡的治理模式也在不断经受来自外界的挑战。事实上，从围绕"亚洲价值观"发生的辩论中就不难看出，西方社会，尤其是西方的媒体和知识界，并没有完全接受新加坡政府的治理模式。而另一方面，虽然新加坡的外交政策以灵活、务实、平衡而闻名，但当外界对新加坡的治理模式发起质疑时，新加坡政府却从不会轻易放弃对自身的坚守，甚至到了固执的程度。

这一点在围绕"口香糖禁令"展开的斗争中表现得最为明显。从 20 世纪 70 年代开始，新加坡就不断出现有人用口香糖故意破坏基础设施的事件。在人民行动党政府引以为傲的组屋小区，就多次发生过电梯按钮被口香糖黏住而无法运转的事故。① 对此，李光耀曾回忆说，早在 1983 年，国家发展部部长就提出要禁止口香糖，但由于李光耀认为"禁令可能太过极端"而没有执行。② 1987 年，新加坡第一条地铁线路开通。地铁建设耗资巨大，对于设施的维护，新加坡政府也煞费苦心。正如前文提到的，新加坡地铁里禁止食用食品和饮料。但即便如此，在地铁刚开始运行的几年间，清洁人员每天都会从地铁设施上移除 400 多块嚼过的口香糖。③ 1992 年年初，新加坡地铁发生了一次不大不小的事故，因为有人将口香糖黏在地铁车门的感应器上，导致地铁发生了停运。也正是这一事件最终促使新加坡政府下定决心，全面禁止口香糖的销售。

然而，新加坡口香糖禁令的颁布并没有赶上一个好时机，就在禁令颁布的几天后，美国老布什总统访问新加坡，随行的是"嚼着口香糖、同时又迫切寻找有趣故事的美国记者团"。鉴于美国的箭牌口香糖曾是新加坡销量最好的品牌，禁令立即引起了媒体的竞相报道，并

---

① Gregory Clancey, "Hygiene in a Landlord State: Health, Cleanliness and Chewing Gum in Late Twentieth Century Singapore", *Science, Technology & Society*, Vol. 23, No. 2, 2018, pp. 226-227.

② Kuan Yew Lee, *From Third World to First: The Singapore Story: 1965-2000*, New York: Harper Collins Publishers, 2000, p. 183.

③ Gregory Clancey, "Hygiene in a Landlord State: Health, Cleanliness and Chewing Gum in Late Twentieth Century Singapore", *Science, Technology & Society*, Vol. 23, No. 2, 2018, p. 228.

在全球范围内引起了关注与争议。①

更重要的是，当时的新加坡正与美国围绕《自由贸易协定》进行谈判。这份协定被很多专家认为是一份十分独特的文件，这首先是因为协定的全面性，其涵盖范围之广甚至超过WTO协定，并因此受到美国与新加坡两国政府的高度重视。为了达成这份协定，美国和新加坡两国都派出最精明强干的谈判专家。据说，自2004年生效后，这份协定就成了日后美国与其他国家自由贸易协定的范本文件。不仅如此，协定还将极大促进美新两国的贸易量，有估算称，两国间贸易总量将因此增加380亿美元，新加坡每年的GDP也将因此提升两个百分点。② 然而，就在谈判即将结束的时候，迫于美国一个众议员的游说和国内政治的压力，解除口香糖禁令被美国代表提上议程。这位美国众议员来自芝加哥，也就是箭牌公司总部的所在地。新加坡前驻联合国大使、贸易谈判总代表许通美回忆说，口香糖问题在最后关头被提上议程，并险些成为整个谈判的 "deal breaker（交易破坏者）"。

令人感慨的是，即便是在这样的压力下，新加坡政府也并没有放弃自己的原则。最终美新双方达成妥协，新加坡政府只对"具有医疗用途的口香糖"解禁，这意味着新加坡人只能在药店买到口香糖，并且必须向药剂师出示身份证，违规销售口香糖的药剂师将面临3000新元的罚款和两年的有期徒刑。在这样严格的限制下，2005年，也就是自由贸易协定生效的第二年，美国向新加坡出口的口香糖价值总

---

① Gregory Clancey, "Hygiene in a Landlord State: Health, Cleanliness and Chewing Gum in Late Twentieth Century Singapore", *Science, Technology & Society*, Vol. 23, No. 2, 2018, p. 229.

② Eul-Soo Pang, *The U.S. – Singapore Free Trade Agreement: an American Perspective on Power, Trade and Security in the Asia Pacific*, Singapore: Institute of Southeast Asian Studies, 2011, pp. 5, 7.

量仅为 1298 美元，到了 2006 年，数字进一步下降到 246 美元，而 2009 年的出口额则几乎为零。[1] 许通美曾感慨地说，在美国的政府体制下，个别议员可以完全不顾及大局地施展自己的权力。[2] 而在这样的对比下，新加坡政府的中央调控能力则显得愈发强大。

◇ 小结

本文中，我们围绕着新加坡学者切里安·乔治提出的"空调之国"的概念，分析了新加坡人民行动党的治理模式。犹如一架精密的中央空调，人民行动党准确地把握外部环境的变化，通过细致的、不间断的调控，极大地改善了新加坡人的生活环境，并带领新加坡从第三世界走向了第一世界。

与此同时，我们也看到，中央空调下的生活虽然舒适，个体却往往要以牺牲部分自主性为代价。在新加坡的经验中，国家通过惩罚与威慑对民众行为进行规训，并在过去很长一段时间里，实现了政治学者所想象的"权力的自动运转"。但是，"中央空调"式的治理模式也存在着可持续性的问题，并不断承受着来自国内与国外的冲击和挑战。人民行动党是否能继续通过治理模式的微调，使中央调控持续下去，这其中仍存在着很大的不确定性。

---

[1] Eul-Soo Pang, *The U.S. – Singapore Free Trade Agreement: an American Perspective on Power, Trade and Security in the Asia Pacific*, Singapore: Institute of Southeast Asian Studies, 2011, p.6.

[2] Eul-Soo Pang, *The U.S. – Singapore Free Trade Agreement: an American Perspective on Power, Trade and Security in the Asia Pacific*, Singapore: Institute of Southeast Asian Studies, 2011, p.6.

参考文献

Barr, Michael D., "The Bonsai under the Banyan Tree: Democracy and Democratization in Singapore", *Democratization*, Vol. 21, No. 1, 2014.

Chong, Alan, "Singaporean Foreign Policy and the Asian Values Debate, 1992 – 2000: Reflections on an Experiment in Soft Power", *The Pacific Review*, Vol. 17, No. 1, 2004.

Clancey, Gregory, "Hygiene in a Landlord State: Health, Cleanliness and Chewing Gum in Late Twentieth Century Singapore", *Science, Technology & Society*, Vol. 23, No. 2, 2018.

George, Cherian, *Singapore, the Air-Conditioned Nation: Essays on the Politics of Comfort and Control*, Singapore: Landmark Books, 2000.

Han, Heejin, "Singapore, a Garden City: Authoritarian Environmentalism in a Developmental State", *Journal of Environment & Development*, Vol. 26, No. 1, 2017.

Inglehart, Ronald, "Culture and Democracy" in Lawrence E. Harrison and Samuel P. Huntington eds., *Cultural Matters: How Values Shape Human Progress*, New York: Basic Books, 2000.

Lee, Katy, "Singapore's Founding Father Thought Air Conditioning Was the Secret to His Country's Success", VOX, https://www.vox.com/2015/3/23/8278085/singapore-lee-kuan-yew-air-conditioning.

Lee, Kuan Yew, *From Third World to First: The Singapore Story: 1965 – 2000*, New York: Harper Collins Publishers, 2000.

Neo, Harvey, "Challenging the Developmental State: Nature Conservation in Singapore", *Asia Pacific Viewpoint*, Vol. 48, No. 2, 2007.

Pang, Eul-Soo, *The U. S. – Singapore Free Trade Agreement: an American Perspective on Power, Trade and Security in the Asia Pacific*, Singapore: Institute of Southeast Asian Studies, 2011.

Singh, Bilveer, "Singapore's 2015 General Election: Explaining Pap's Resounding Win", *The Round Table*, Vol. 105, No. 2, 2016.

7

马来西亚为何要把新加坡"踢"出联邦?

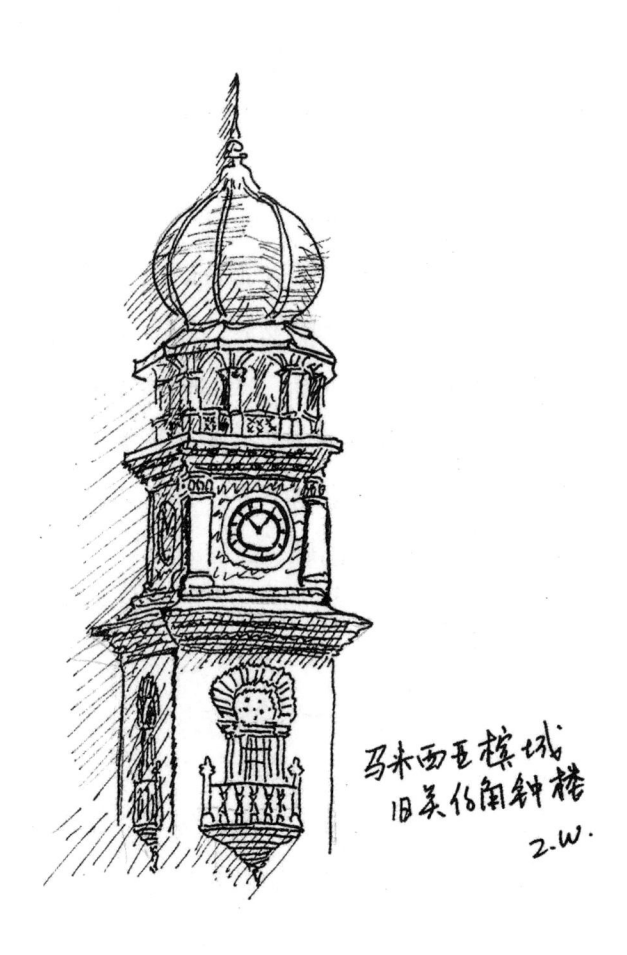

马来西亚槟城
旧关仔角钟楼
Z.W.

1965年8月9日，马来西亚的政治版图被永久地改变了，新加坡脱离马来西亚联邦成为独立的主权国家。这次"分手"迅速而决绝，双方领导人在不到1个月的时间里就达成了最终协议。独立并非新加坡所愿，在谈到国家独立的时候，很多新加坡人会说："我们被踢出了马来西亚。"在独立当天举行的新闻发布会上，42岁的李光耀甚至一度情绪崩溃，他对着摄像头说道："这（签署分家协议）是痛苦的时刻，因为我一生都坚信两地的合并和团结，人民因地理、经济以及亲情而联系在一起……"说到这里，他已经无法继续下去，眼泪止不住地往下落。回看这段历史，我们甚至很难把那时的李光耀和我们脑海中政治强人的形象联系起来。

众所周知，新加坡扼守马六甲海峡，气候和水文条件优越，是理想的军事基地，同时有着很多国家难以企及的港口资源，这一点极大地促进了新加坡转口贸易和航运业的发展。在今天的东南亚，新加坡毫无疑问是经济发展水平最高的国家。从战略和经济的角度来看，把新加坡"踢出"马来西亚联邦似乎并不是一个明智的选择。那么，究竟是什么原因导致了马来西亚对新加坡的"嫌弃"，以至于必须与之分手而后快？这是本文要回答的问题。

◇绝非一拍即合

要解释这次具有历史意义的分家，我们需要先来看一下新马合并的过程。马来西亚与新加坡都曾是英国的殖民地。合并发生前，今天的马来西亚（Malaysia）还叫做马来亚（Malaya），1957年刚刚脱离殖民统治，获得独立，而此时的新加坡则仍在英国的统治之下。从

1954年新加坡人民行动党成立开始，李光耀就将与马来亚的合并作为奋斗的目标之一。其实不仅仅是李光耀，很多新加坡政治精英都认为，与马来亚合并，是新加坡脱离英国殖民统治、实现独立最可行的道路。

这首先是因为经济发展的需要，新加坡资源匮乏，尽管雨水丰富，但却因领土狭小没有大型水库，所以就连淡水都需要从马来亚进口。1961年年底，新加坡曾出现严重的水荒，这使很多人更加坚信，只有与马来亚合并，新加坡才能获得经济腹地，实现更好的发展。其次，从政治上看，合并对于一些新加坡精英来说，也是至关重要的。在马来亚共产党（简称"马共"）的领导下，20世纪50年代的新加坡工人和学生运动频繁。到20世纪50年代末，马共游击队在马来亚的武装抵抗被当局镇压，马共出现了向新加坡转移的动向。新加坡的一些政治精英迫切寻求与吉隆坡政权的结盟，希望以此保证新加坡政局的稳定。[1]

然而，吉隆坡政府对于新加坡的加入却表现冷淡，其中尤以东姑·拉曼领导的马来民族统一机构（简称"巫统"）为代表。新加坡是以华人为主体的社会，作为代表马来人利益的政党，巫统担忧新加坡一旦加入联邦，很可能会打破联邦内族群人口的平衡。需要说明一下的是，尽管在今天的马来西亚，华人人口大约仅占总人口的24%，但在马来亚独立之初，华人人口的比例曾高达38%，和马来人的比重十分接近。[2] 人口比例之所以重要，主要是因为马来亚宪法为马来人

---

[1] 庞卫东：《新马分离与合并研究：1945—1965》，博士学位论文，厦门大学，2009年，第108页。

[2] Charles Hirschman, "Demographic Trends in Penisular Malaysia, 1947 – 1975", *Population and Development Review*, Vol. 6, No. 1, 1980, p. 111.

和其他土著民族保留了一系列特权。一旦华人选民的比重上升,那么可能威胁到马来人在国内政治与社会中的特殊地位。

因此,1961年,当东姑对外宣布新马将合并时,很多人都感到十分意外,这无疑意味着吉隆坡政府立场的明显改变。根据这一计划,新加坡、北婆罗洲、文莱和沙捞越将加入联邦,马来亚也将成为一个新的国家——马来西亚(Malaysia)。"马来西亚计划"可谓一举多得:首先,它将使马来亚国家的面积扩大一倍;其次,婆罗三洲的加入,还可以很好地平衡华人的政治影响力。[1] 但正如有学者指出的,"马来西亚计划"所设想的"大马来西亚"并不是什么新的创意,无论是英国殖民者,还是本土组织,都曾提出过类似的建议,因此,吉隆坡立场变化的背后还有更深层次的原因。[2]

使吉隆坡改变立场的一个重要原因就是意识形态与国家安全的考量。在走向独立的过程中,新加坡政坛始终活跃着很多马共成员及亲共人士。人民行动党在创立时就是一个左翼政党,由以李光耀、吴庆瑞、杜进才为代表的留学生群体,以及马共的前锋组织联合而成。二者都希望为新加坡争取独立,但李光耀等温和派缺乏群众基础,有马共支持的激进派则不具备合法地位,人民行动党的成立使得双方得以取长补短。也有学者把这一时期的人民行动党比作是"狮身人面","狮身"指的就是广泛的群众基础,而"人面"则是指合法性。[3] 成

---

[1] 虽然马来人在婆罗三洲人口中所占的比重不大,但这里的土著居民更加认同马来人而非华人,并很容易同马来人政党结为联盟。庞卫东:《新马分离与合并研究:1945—1965》,博士学位论文,厦门大学,2009年,第115页。

[2] Barbara Watson Andaya and Leonard Y. Andaya, *A History of Malaysia*, London: Macmillan, 1982, p.270.

[3] 乔印伟:《双向互动:林德宪制与新加坡人民行动党关系初探》,《河南师范大学学报》2005年第1期,第81页。

立后,人民行动党在新加坡政坛快速崛起,并获得了 1959 年大选的胜利。新加坡也通过与英国的谈判获得了自治邦的地位,李光耀出任自治邦政府的首届总理。然而,选举结束后,人民行动党温和派与激进派的矛盾却越来越大:前者希望通过与马来亚的合并来实现最终的独立,而后者则担心合并后会遭到吉隆坡当局的镇压,人民行动党最终走向分裂。与此同时,远在吉隆坡的东姑·拉曼也认识到,一旦新加坡获得独立,英国人将不再对新加坡的内部安全负责,东姑担心新加坡会就此出现一个共产党政权,这必然会进一步影响马来半岛。这种担忧促使东姑对新马合并一事变得积极起来。

  1961 年,东姑与李光耀就新马合并的条件达成共识。应该说,在获得经济发展依托的同时,新加坡在政治上做出了让步。根据合并协议,新加坡得以保留其财政收入的一大部分,但仅在联邦上议院获得 2 个席位,下议院获得 15 个席位,其中,下议院席位比根据新加坡在联邦人口中所占比重计算得出的席位数,少了 3—4 席。[①] 在选举权方面,协议规定,只有新加坡公民才能在新加坡参与投票,同时,新加坡公民也不能在新加坡以外的地区参与投票。这样的制度安排实际上是吉隆坡政府在政治上隔离新加坡的一种手段,[②] 巫统始终对一个华人社会的加入充满了警惕。很快,李光耀就向吉隆坡纳下了"投名状":1963 年,新加坡内部安全委员会针对马共及其统一战线组织的成员实施了一项代号为"冷藏行动"的逮捕计划。这次行动不仅削弱了新加坡的反对党势力,更"满足了马来政治家要消灭新加坡华人

[①] Barbara Watson Andaya and Leonard Y. Andaya, *A History of Malaysia*, London: Macmillan, 1982, p.271.

[②] 庞卫东:《新马分离与合并研究:1945—1965》,博士学位论文,厦门大学,2019 年,第 115 页。

政治的意愿"。① 这进一步确保了，新加坡加入联邦后，华人政治力量不会危及巫统的主导地位，同时也减少了华人对马来人特权的威胁。

1963年9月16日，马来西亚联邦正式成立。因为在财政问题上未能达成共识，文莱最终没有加入联邦。从新马合并的过程中，我们不难看出，这次合并绝非一拍即合。尽管新加坡与马来亚存在地理、历史、人文的密切联系，但却是两个"异质"的社会：一个是以华人为主体的社会，另一个则是马来人享有特权的国家。虽然双方通过将新加坡隔离在联邦政治之外，以实现求同存异，并最终走向了合并，但这一深层次的矛盾并没有得到解决，并且为不久即将发生的分家埋下了伏笔。

◇◇ 逮捕李光耀？！

新马实现合并后，两个社会的互不兼容很快就表现了出来，这主要体现在族群的构成，以及不同族群所享有的权利上。早在19世纪后半叶，就有大批华人来到马来半岛务工，并逐渐在商业领域风生水起。马来亚逐渐出现了一个多元但相互隔绝的社会：华人大多从事商业，不参与当地政治，很多华人的一个简单的想法就是，努力实现资本积累，有朝一日衣锦还乡；而马来人则多在殖民政府内任职，或是从事农业生产，就经济地位而言，和华人有很大差距。在独立进程中，马来人组织曾极力反对给予华人公民权，并认为作为"大地的子

---

① 庞卫东：《新马分离与合并研究：1945—1965》，博士学位论文，厦门大学，2009年，第130页。

女"（Bumiputera）的马来人和其他土著民族应该在独立以后的马来亚享有特权。最后，通过马来人和华人政治精英的妥协，马来亚形成了独特的政治安排和社会政策体系：在国家政治层面，巫统、马华公会、印度人国大党这三个代表马来人、华人、印度人利益的政党结成了政党联盟，由巫统占据"联盟"内部的主导地位。"联盟"最终被证明是一个成功的创举，横扫了此后的一系列选举。在社会政策层面，华人虽然获得了马来亚的公民权，但同时也做出了让步，承认了马来人的特殊地位和权利。无论是在公务员的选拔，还是在奖学金的分配等方面，马来人都享有特定的"配额"，比如，获得政府奖学金的马来人数量可能是华人的三到四倍。[1]

然而，这些制度安排随着新加坡的加入而受到冲击。在合并谈判的过程中，李光耀就明确拒绝将马来人特权引入新加坡。随着新加坡经济的发展，华人和马来人的收入水平进一步拉开，这让很多新加坡马来人感到不满，他们要求新加坡政府效仿联邦政府的做法，免去马来学生的学费，减低马来人的房屋租金，设立保留地，同时通过配额和特殊的商业许可来保障马来人的就业。[2] 在这些要求没有得到新加坡政府满足的情况下，新加坡在1964年爆发了两次种族骚乱。骚乱不仅威胁到新加坡的社会秩序，还进一步加深了新加坡政府和联邦政府之间的矛盾：新加坡政府认为联邦政府包容了种族主义者的煽动，而另一方面，东姑和他领导的巫统也对新加坡的执政者有着更深的忌惮。

---

[1] ［澳］芭芭拉·沃森·安达娅、伦纳德·安达娅：《马来西亚史》，黄秋迪译，中国大百科全书出版社2010年版，第334页。

[2] 庞卫东：《新马分离与合并研究：1945—1965》，博士学位论文，厦门大学，2009年，第206页。

虽然在合并后的最初一段时间里，李光耀频频向东姑和巫统示好，但在后者看来，李光耀虽然能力超群，但却是一个充满野心、难以控制的领导人。需要说明的是，虽然马来西亚宪法规定新加坡选民不能参与联邦大选的投票，但政党活动和政治家的参选并没有受到限制。在1963年举行的新加坡大选中，"联盟"在新加坡的分支就参加了竞选，但却遭到惨败。与此同时，李光耀及其同僚也认为，人民行动党不应该仅仅作为一个地方政党，并希望可以带领人民行动党在联邦政治中发挥作用。人民行动党起初所采取的路线是，批评"联盟"内部的华人政党——马华公会。李光耀等人认为马华公会仅仅代表了少部分华商的利益，不能很好地代表普通华人民众的利益。相反，人民行动党给自己的定位是社会主义政党，并试图取代马华公会在"联盟"里的地位，成为巫统的合作者。但这种做法并没有取得很好的效果，不仅遭到马华公会的激烈批评，同时也使得巫统力挺马华公会。与人民行动党相比，马华公会显然更加顺从，有利于巫统维护其在"联盟"内的主导地位。在1964年的马来西亚联邦大选中，人民行动党遭遇了惨败。1963年的新加坡大选和1964年的联邦大选都说明，尽管人民行动党和巫统都想向对方的势力范围内扩张，但在短时间内，谁也无法撼动彼此在各自领地内的地位。

1964年新加坡所爆发的种族骚乱，阻断了人民行动党与巫统合作的道路。在这种情况下，人民行动党开始谋求建立反对党统一战线，直接对巫统发起挑战。1965年5月，人民行动党与其他四个反对党在新加坡集会，签署了共同宣言，呼吁建立"马来西亚人的马来西亚"。根据这一理念，所有马来西亚的公民都应享有同样的权利和同等的地位。[1] 人民行动党的这一举措，无疑触动了巫统与马来群体的逆鳞。由于华人人口比例与马来人口十分接近（一些人口调查的结果甚至显示，华人人口超过了马来人口），[2] 如果华人政党能进一步联合其他非马来族群，必然会给巫统，以及整个"联盟"带来极大的威胁。一些马来精英怀疑人民行动党将通过参加联邦选举，获取国会多数议席，而李光耀则企图成为马来西亚的第一个华人总理，这是马来人群体所不能容忍的。

此后，李光耀的一系列言论更是极大地激怒了马来群体。在一次讲话中，李光耀就公开质疑马来人所谓的"土著性"，他说："在一千年前，马来半岛没有马来人、华人和印度人，而只有目前住在森林里的土著。马来人在700年前开始移民到马来半岛……华人在600年前移民到这里……3/4（的华人）是本地出生，与中国并无来往……把我们当作是马来西亚的客人，我们不接受。我们是马来西亚的主人，这是一个基本问题，然后我们才来谈如何帮助土著居民和马来人。"有人形容说，李光耀的这番言论，"冒犯了每一个马来男人"。[3] 不仅如此，李光耀还在国会的发言中，直接反驳联邦最高元首的施政方针演说，这激起了"联盟"议员的强烈反对。一些马来过激分子认为，李光耀煽动马来西亚民族矛盾，并要求当局"逮捕李光耀"。与此同时，马华公会与人民行动党的关系也到了"水火不容""不共戴天"的程度。事实上，李光耀对马华公会的不满甚至超过他对巫统的

---

[1] 庞卫东：《新马分离与合并研究：1945—1965》，博士学位论文，厦门大学，2009年，第228页。

[2] 李光耀：《李光耀回忆录：1923—1965》，联合早报1998年版，第569页（电子书）。

[3] 庞卫东：《新马分离与合并研究：1945—1965》，博士学位论文，厦门大学，2009年，第232—233页。

不满。他在回忆录里写道:"我对他(陈修信,马华公会会长)的短视和愚蠢感到激愤……(陈修信)在导致分家方面所起的作用,几乎跟马来过激分子没什么两样。"[1]

在这种情况下,摆在"联盟"面前的有两条路,一条是分家,另一条就是武力镇压,逮捕李光耀以及人民行动党的其他骨干。然而,李光耀在人民行动党内部享有很高的威望,难以撼动,而人民行动党也深受新加坡人民的欢迎。武力镇压不仅会引起新加坡乃至马来西亚其他地方的动荡,还会激起西方国家的反对。在此前的一系列外事活动中,李光耀曾将自己"马来西亚人的马来西亚"的理念详细地向西方国家做出解释,并得到很多政要的认可。武力镇压必然招致西方国家的谴责,更何况,此时的马来西亚在防务问题上仍依赖英国提供的保护。

回顾这段历史,值得庆幸的一点就是,巫统最终没有被过激的政治力量所裹挟。在马来人民族主义情绪高涨的情况下,东姑等领导者保持了清醒的头脑和审慎的作风,从而避免了大规模族群冲突的爆发。1965年8月7日,也就是新马分家的前夕,李光耀和吴庆瑞曾前往首相官邸,希望与东姑做最后的商谈。李光耀告诉东姑,新马可以成立一个松散的联邦。然而东姑却坚定地拒绝了这一提议,他说:"我打定了主意:你们走你们的路,我们走我们的路。只要你在任何方面跟我们挂钩,我们都难以成为朋友,因为我们会介入你们的事务,你们会介入我们的事务。明天当你们离开了马来西亚,我们不再在国会或选区里争吵后,会再度成为朋友。"[2]

---

[1] 李光耀:《李光耀回忆录:1923—1965》,联合早报1998年版,第597页(电子书)。

[2] 李光耀:《李光耀回忆录:1923—1965》,联合早报1998年版,第595页(电子书)。

无论对于李光耀还是东姑，分家的过程都是艰难和痛苦的——在此期间，东姑也曾因压力过大感染了严重的带状疱疹。但历史最终证明，东姑预见的正确性，分家无论是对两国关系，还是两个社会日后的发展而言，都利大于弊。虽然我们无法用"轻松"来形容此后新加坡与马来西亚的关系，但两国从未发生过武力冲突。更重要的是，自1969年以来，马来西亚和新加坡也再未发生过大规模的种族骚乱。从这两个方面来看，新马分家可以算得上是一次成功的分手。

◇机会均等，还是结果公平？

从分家开始，马来西亚和新加坡这两个多元社会就在处理族群问题上，走上了完全不同的道路。新加坡坚持给予不同族群同等的机会，而马来西亚则通过"配额制"和一系列对马来人的优待措施，来弥补马来人与华人在经济领域存在的差距，实现结果的公平。从某种意义上说，新加坡和马来西亚就像彼此的一面镜子，照映出对方没能实现的另一种可能，这也促使人们不断地将两种模式进行对比，试图分辨出高低上下。

作为一个城市国家，新加坡要想在激烈的国际竞争中胜出，它的一切政策都必须以"效率"为优先目标。由于自然资源贫乏，新加坡唯一可以打造并加以利用的就是人才资源。因此，"任人唯贤"（meritocracy）成了新加坡政府和各机构培养与选任人才的基本原则。在这一原则的指导下，新加坡的族群政策也体现出更加鲜明的"市场原则",坚持机会均等,鼓励竞争和自力更生。① 在新加坡执政精英看来,从政策层面给予某一个族群特殊的待遇或照顾,反而有可能导致对这个族群的歧视和污名化。

在具体政策层面,新加坡提倡构建一个"新加坡人"的身份认同,以此取代相对狭隘的族群认同,淡化不同族群之间的差异。为了实现这一目标,新加坡推行双语制——英语作为第一官方语言,同时为各族群提供母语(华语、马来语、泰米尔语)教育。在今天的新加坡,无论是在学习还是在工作中,英语都是通用语言,而母语则更多地在社会交往和文化领域中发挥作用。这样的做法不仅能提升新加坡作为一个国家的市场竞争力,同时还使各族群有了共同的沟通工具。更重要的是,它在很大程度上将华人、马来人和印度人放在同一个起跑线上。值得一提的是,在推行英语教育之初,对于该政策最激烈的反对,实际上来自老一代华人,他们往往只能讲普通话,或者是闽南语等方言。② 可以说,新加坡并未因自己是华人社会,就给予华人更多的优待。

与此同时,在政府兴建的公共住房中,新加坡政府也依照特定的族群比例进行分配,这一措施保证各族群可以毗邻而居,而不是聚居在自己的小圈子里。此外,从1988年开始,新加坡大选就开始实行"集选区制度"。根据这一制度安排,在特定的集选区,每个政党或政党联盟推出的竞选团队中,至少要有一名少数族群候选人。这进一步

---

① Noraini M. Noor and Chan-Hoong Leong, "Multiculturalism in Malaysia and Singapore: Contesting Models", *International Journal of Intercultural Relations*, No. 37, 2013, p. 717.

② Janine Kay Gwen Chi, "National-Ethnic Identity Negotiation in Malaysia and Singapore: A State-Soceity Interaction Perspective", *Berkeley Journal of Sociology*, Vol. 47, 2003, p. 61.

鼓励新加坡的政党力争代表多元利益，而不是通过煽动本族群人民的民族主义来获取政治支持。

新加坡的族群政策取得了不错的成绩。2010 年，新加坡每五对新婚夫妇中就有一对跨族群伴侣，在马来人群体中，这个比例更高，每三对新婚夫妇中就有一对跨族群伴侣，这反映出一定的族群融合的趋势。① 更重要的是，在日常生活中，绝大多数新加坡人不再感受到族群差异带来的紧张关系。2012 年新加坡的一项社会调查显示，仅有 10% 的受访者曾因族群或宗教差异而感到困扰。② 可以说，新加坡在很大程度上，已经实现了族群问题的"去政治化"——社会资源的分配不以族群身份为根据，政治竞争也不沿族群的差异和裂痕展开。

当然，新加坡处理族群问题的方法也并非尽善尽美。华人在很多东南亚国家占据市场主导地位，在新加坡和马来西亚也是如此。拒绝给予某一个族群特殊的照顾，是否就意味着真正的"机会均等"？这是一个充满争议的问题。比如，我们经常会发现，富裕家庭的孩子总能获得更好的教育，以及更多的机会，而弱势群体往往面临阶级的壁垒，要想改变社会地位，则要付出更多的努力。在族群问题上也是如此，虽然独立后，新加坡的经济飞速发展，居民收入也快速提升，但族群之间仍存在明显的收入差距。有学者发现，2000 年新加坡华人家庭的平均月收入是 5219 新元（1 新元约等于 5 元人民币），印度家庭的平均收入为 4556 新元，而马来家庭的平均收入则仅有 3146 新元。③

---

① Noraini M. Noor and Chan-Hoong Leong, "Multiculturalism in Malaysia and Singapore: Contesting Models", *International Journal of Intercultural Relations*, No. 37, 2013, pp. 718-719.

② 范磊、杨鲁慧:《新加坡族群治理：国家与社会关系的视阈》,《东南亚研究》2014 年第 3 期，第 24 页。

③ William Keng Mun Lee, "The Economic Marginality of Ethnic Minorities: An Analysis of Ethnic Income Inequality in Singapore", *Asian Ethnicity*, Vol. 5, No. 1, 2004, p. 32.

如果说新加坡在族群问题上走了一条"去政治化"的道路，那么马来西亚则截然相反，族群问题始终是马来西亚政治中最核心的问题——马来西亚的政党建设和政治动员均基于族群展开，社会成员所能够获得的几乎所有重要资源，比如教育、就业、贷款等等，也都与自己的族群身份密切相关。马来西亚族群政策最饱受争议的一点就是，马来人的特权以及族群间的不平等，通过宪法等制度得到进一步的固化。比如，马来西亚宪法规定，伊斯兰教为国教，马来文为国语。此外，一切有关于国语、马来人特别地位等问题的质疑都遭到法律的禁止。[①] 从1971年起，马来西亚开始推行长达20年的"新经济政策"，大力扶植马来人及其他土著民族的企业，希望改变华人主导马来西亚经济的局面。[②] "新经济政策"的一项具体目标就是把"大地的子女"（马来人及其他土著民族）在企业中所掌控的股份比例从1969年的2%提高到30%。为此，马来西亚政府规定，所有上市公司30%的股份必须掌握在"大地的子女"手中，这使得很多华人企业必须寻找马来合伙人，这一硬性指标直到2009年才有所松动。[③]

马来西亚处理族群问题的方式招致了很多批评。"新经济政策"通过积极的国家干预，创造了经济机会的不平等，这一点是显而易见的。可以说，按族群组织政党、开展政治动员、分配财政资源的做

---

① 曾少聪：《东南亚华人与土著民族的族群关系研究》，《世界民族》2002年第2期，第41页。

② 1990年后，马来西亚政府又推行了"国家发展政策"等多个政策体系。Chin Yee Whah and Benny Teh Cheng Guan, "Malaysia's Protracted Affirmative Action Policy and the Evolution of the Bumiputera Commercial and Industrial Community", *Journal of Social Issues in Southeast Asia*, Vol. 32, No. 2, 2017, p. 336.

③ 廖小健：《马来西亚纳吉政府华人政策调整述评》，《华侨华人历史研究》2010年第4期，第11页。

法，将固化族群间的差异。事实上，特权的设立加大了双方的"威胁感知"：一方面，华人对马来人的主导地位感到恐惧，担心自己的其他基本权利被进一步剥夺；而另一方面，马来人也时刻保持警觉，担忧华人会颠覆自己的特殊地位。2011年的一项民意调查显示，多达60%的马来人受访者不信任华人，42%的华人受访者不信任马来人，44%的受访者认为各族群只是维持了表面的团结。[①]

我们无需对这些显而易见的缺点进行更多的探讨，需要进一步探讨的是，马来西亚为什么要建立这样的制度。虽然马来西亚的制度创造了"不均等的机会"，但不可否认的是，这些举措的确有利于实现"结果的公平"。"新经济政策"在很大程度上减少了马来人与华人之间的收入差距：在政策推行以前，马来人的贫困人口比例远远高于华人，从事农业生产的马来人也远远多于华人。但"新经济政策"的施行让很多马来人得以获得更好的教育，并进入专业技术领域，在医生、律师、工程师、会计等行业中，马来人的比例从1970年的5%增加到1988年的25%，马来西亚逐渐形成了一个由多族群构成的中产阶级。[②]

我们知道，不平等的经济地位是族群仇恨产生的主要原因之一。随着仇恨日积月累，一些小事件或者个别政客的煽动，就可能导致激烈的族群冲突。马来西亚也在1969年爆发过马来人与华人的冲突，史称"5·13事件"，"新经济政策"正是对这场冲突的回应。通过将马来人的特权进一步制度化，"新经济政策"缩小了马来人与华人在

[①] 衣远：《马来西亚独立以来的民族政策演变：基于认同政治视角的分析》，《国际政治研究》2020年第2期，第46页。

[②] Rahimah Abdul Aziz, "New Economic Policy and the Malaysian Multiethnic Middle Class", *Asian Ethnicity*, Vol. 13, No. 1, 2012, p. 31.

经济地位上的差距。从减少冲突、维护社会稳定的角度来看，"新经济政策"的确带来了积极的结果——马来西亚自1969年后，再未出现过大规模的族群冲突。

更重要的是，各族群相对平等的经济基础，为相互接纳与尊重创造了更大的可能。值得注意的是，虽然马来人的特殊权利没有从根本上被取消，但从20世纪90年代初开始，马来西亚政府的族群政策也开始出现松动，比如，马哈蒂尔开始强调"马来西亚民族"的理念，希望构建超越族群身份的国族认同。总理纳吉（2009—2018年执政）也曾提出"一个马来西亚"的理念，强调政府要捍卫所有人的利益等等，这在以前是无法想象的。

由于新加坡与马来西亚之间存在的特殊的历史联系，学者们总是喜欢将两者的族群政策进行对比。但特别需要强调的是，马来西亚和新加坡的"异质性"，不仅仅体现在"谁构成了多数族群"的问题上，更体现在"究竟是谁占据了市场的主导地位"。在新加坡，作为多数族群的华人占据了市场的主导地位；而在马来西亚，则是作为少数族群的华人占据了市场的主导地位。应该说，相比于新加坡，马来西亚的社会构成更容易导致冲突的爆发——多数群体往往会选择利用手中的选票，甚至是武力，来解决自己经济上的不满。如果我们从这一点出发，重新审视马来西亚的族群政策，可能就会更多地看到它的可取之处。

◇ 小结

在这一章里，我们了解了新加坡和马来西亚合并以及分家的历史。我们发现，族群问题是导致新马分家的主要原因。此后，新加坡与马来西亚在对族群问题的处理上，采取了截然不同的理念：前者追求机会的平等，后者则通过创造特权，以求实现结果的公平。两种模式皆各有利弊，难以分出伯仲，或许我们可以说，两个国家都选择了一条最符合自己国情的道路。

参考文献

中文文献

范磊、杨鲁慧:《新加坡族群治理:国家与社会关系的视阈》,《东南亚研究》2014年第3期。

廖小健:《马来西亚纳吉政府华人政策调整述评》,《华侨华人历史研究》2010年第4期。

庞卫东:《新马分离与合并研究:1945—1965》,博士学位论文,厦门大学,2009年。

乔印伟:《双向互动:林德宪制与新加坡人民行动党关系初探》,《河南师范大学学报》2005年第1期。

衣远:《马来西亚独立以来的民族政策演变:基于认同政治视角的分析》,《国际政治研究》2020年第2期。

曾少聪:《东南亚华人与土著民族的族群关系研究》,《世界民族》2002年第2期。

[澳] 芭芭拉·沃森·安达娅、伦纳德·安达娅:《马来西亚史》,黄秋迪译,中国大百科全书出版社2010年版。

[新] 李光耀:《李光耀回忆录:1923—1965》,联合早报1998年版(电子书)。

英文文献

Andaya, Barbara Watson, and Leonard Y. Andaya, *A History of Ma-*

laysia, London: Macmillan, 1982.

Aziz, Rahimah Abdul, "New Economic Policy and the Malaysian Multiethnic Middle Class", *Asian Ethnicity*, Vol. 13, No. 1, 2012.

Chi, Janine Kay Gwen, "National-Ethnic Identity Negotiation in Malaysia and Singapore: A State-Soceity Interaction Perspective", *Berkeley Journal of Sociology*, Vol. 47, 2003.

Hirschman, Charles, "Demographic Trends in Penisular Malaysia, 1947 – 1975", *Population and Development Review*, Vol. 6, No. 1, 1980.

Lee, William Keng Mun, "The Economic Marginality of Ethnic Minorities: An Analysis of Ethnic Income Inequality in Singapore", *Asian Ethnicity*, Vol. 5, No. 1, 2004.

Noor, Noraini M., and Chan-Hoong Leong, "Multiculturalism in Malaysia and Singapore: Contesting Models", *International Journal of Intercultural Relations*, No. 37, 2013.

Whah, Chin Yee, and Benny Teh Cheng Guan, "Malaysia's Protracted Affirmative Action Policy and the Evolution of the Bumiputera Commercial and Industrial Community", *Journal of Social Issues in Southeast Asia*, Vol. 32, No. 2, 2017.

8

泰国王权何以如此强大？

一尊破损的阿瑜陀耶时期的佛像。陈列于泰国国家博物馆。
W. ZHA

2017年4月6日，位于曼谷的阿南达沙玛空皇家御会馆内举行了庄严盛大的宪法颁布仪式，泰国总理巴育率领内阁成员恭敬地跪在泰国国王玛哈·哇集拉隆功的面前，双手接过了由国王签字颁布的泰国新宪法。泰国陆海空三军鸣响礼炮，全国的佛寺也敲响钟声，宣告新宪法的诞生。

这样的跪领仪式从一个细微的层面反映出国王以及王权在泰国的崇高地位。在当今世界所有君主立宪制国家中，泰国国王或许是最有权力的君主之一。大多数情况下，君主立宪制下的君主虽然具有国家元首的地位，但很少在决策制定中直接发挥作用。而泰国国王则不仅更为积极地公开干预政治事务，甚至可以在关键时刻决定泰国政治的根本走向。就这一点而言，两个历史事件或许能让我们更好地了解泰国国王的政治作用。

1973年10月，数十万曼谷学生掀起了反对他侬政府独裁统治的民主运动。在军警与示威者发生流血冲突后，普密蓬国王下令其卫兵打开皇宫大门，为示威学生提供庇护，这被很多人认为是国王对民主运动的公开支持。迫于强大的社会压力以及来自军队内部的压力，他侬辞去了总理职务流亡美国。[①] 普密蓬国王随即任命枢密院大臣、同时身兼泰国法政大学校长之职的讪耶为新任总理，并在电视上发表讲话宣布危机的结束。这次民主运动被很多学者视为泰国现代历史上的标志性事件，这不仅是因为泰国民众第一次大规模参与并影响了泰国政治的发展，同时由此开始，在动荡的泰国政治中，普密蓬国王开始扮演起"最后仲裁者"的角色。

---

① 关于他侬和前任沙立的执政情况，以及民主运动爆发的背景与过程，请参见贺圣达：《沙立—他侬的统治与泰国的现代化进程——当代泰国史研究之一》，《云南社会科学》1993年第5期，第64—72页。

1992年5月，泰国再次爆发了反对素金达军事独裁的民主运动，素金达政府的武力镇压造成数百名示威者的死亡。就在军政府与反对派相持不下时，普密蓬国王再次出面调解。在国王的要求下，素金达和民运领袖强隆一同来到皇宫接受国王训话，这一场景也通过电视转播，传到泰国和世界各地。在电视画面中，普密蓬国王坐在沙发上，而素金达和强隆这两个水火不容的政敌则匍匐在地，仰望着国王。普密蓬国王训诫说："对峙的每一方都是输家，而民族将失去最多……"最后，国王反问道："如果胜利者将站在废墟上，那么胜利还有什么意义？"[1] 令很多外国记者吃惊的是，就在训话结束后的几个小时内，持续数日的暴力活动戛然而止，素金达随即宣布辞去总理职务。[2]

事实上，国王不仅是危机时刻的最终仲裁者，正如泰国问题专家邓肯·麦卡戈所总结的，在泰国，君主制是政权合法性的最主要来源。在很多国务议题上，国王都是最权威的说教者和评论者，国王经常通过他在生日前夕发表的公开讲话，来影响国家政治议程的设定，并且通过枢密大臣或军队中的代理人来干预泰国的政治发展……[3]

正像有学者概括的："远非置身于政治之上，这位国王（普密蓬国王）密切地卷入政治……他是一位'行动主义的君主（activist monarch）'。"[4] 对于自身所扮演的角色，普密蓬国王也曾在《纽约时

---

[1] "Guardian of the Nation", Bangkok Post, 13 Oct 2016, https://www.bangkokpost.com/nation-in-mourning/guardian-of-the-nation.php.

[2] Paul M. Handley, *The King Never Smiles*, New Haven and London: Yale University Press, 2006, p. 2.

[3] Duncan McCargo, "Network Monarchy and Legitimacy Crises in Thailand", *The Pacific Review*, Vol. 18, No. 4, 2005, p. 501.

[4] Kevin Hewison, "The Monarchy and Democratisation", in Kevin Hewison ed., *Political Change in Thailand: Democracy and Participation*, London and New York: Routledge, 1997, p. 74.

报》的一次访问中罕见地承认,仅仅按照法律行事,并只有在获得总理或大臣联署的前提下,才对政治发表意见,这是行不通的;而要干预每一件事情,这也是行不通的。他要做到的是,"在每一个领域中都找到一条折中的路线"。①

纵观君主制在整个世界范围内的发展,我们不难发现,在过去的一个多世纪中,很多国家的王权都逐渐撤出国家日常政治。泰国也在1932年迎来一次革命:由一批中下级军官和文官组成的民党发动政变,推翻了泰国的君主专制制度。在一系列复辟尝试失败的情况下,七世王帕恰迪波被迫出走英国,并于1935年退位。此后继位的八世王阿南塔·玛希敦(即九世王普密蓬国王的哥哥)更是在寝宫中中弹身亡,整个事件引起了各种猜测,至今仍没有最终解释。可以说,泰国王权的延续曾遭遇过不同政治力量的严重挑战。

然而,让人意想不到的是,普密蓬国王在位期间,泰国王权又实现了强势复兴,国王再度获得了不可侵犯的神圣地位,以及难以撼动的政治权力。泰国王权为何如此强大?普密蓬国王又是如何振兴泰国王权的?这正是本文试图回答的问题。

◇国王、法王与现代国家的缔造者

一个不可否认的事实是,王权与泰国的宗教、历史和传统文化都有着紧密的联系,并在泰国现代民族国家的建构中,占有举足轻重的

---

① Duncan McCargo, "Network Monarchy and Legitimacy Crises in Thailand", *The Pacific Review*, Vol. 18, No. 4, 2005, p. 502.

地位。今天，泰国国民中有近95%的人信仰上座部佛教。① 回顾泰国历史，很多人认为1238年建立的素可泰王朝，是泰国历史上第一个泰族人建立的国家，② 而上座部佛教也正是在素可泰王朝时期传入泰国的。此后，泰国又经历了阿瑜陀耶王朝、吞武里王朝，以及延续至今的曼谷王朝。

无论是在素可泰王朝时期，还是后来的阿瑜陀耶王朝时期，或是现今的曼谷王朝，历朝历代的国王们都积极借助佛教来捍卫自身执政的合法性。要做到这一点，首先就要求国王必须是一个好的佛教徒，同时必须大力支持佛教的发展。素可泰王朝的五世王利泰（1347—1369年在位）就曾从锡兰请来戒师，为自己受戒出家。也是从此开始，国王需要出家一段时间，成为泰国的定例。③ 此外，利泰王还编纂了泰人的第一本佛教著作——《三界论》。这本书直接在王权与佛教间建立起联系。比如，在解释王权的起源时，利泰王就写道：因为美德的丧失，世界曾陷入混乱状态，为了结束这种混乱，人类决定选举一名国王。这位国王之所以被选中，不仅因为他比其他人更善良、更诚实，同时还因为他就是佛法的体现，是注定成为佛陀的菩萨。④ 将国王等同于佛陀或菩萨，意在通过对国王的神化，使王权获得神圣不可冒犯的地位。

值得一提的是，尽管上座部佛教最终成为泰国的主流宗教，但较

---

① Duncan McCargo, "Network Monarchy and Legitimacy Crises in Thailand", *The Pacific Review*, Vol. 18, No. 4, 2005, p. 502.

② 围绕这一说法所存在的争议，可参见段立生《泰国通史》，上海社会科学院出版社2014年版。

③ 段立生：《泰国通史》，上海社会科学院出版社2014年版。

④ Andreas Sturm, "The King's Nation: A Study of the Emergence and Development of Nation and Nationalism in Thailand", University of London, 2006, p. 43.

早传入泰国的婆罗门教以及泰国人的原始信仰,并未被完全根除,反而和佛教结合在一起。① 尤其是对普通百姓而言,多数人并不会纠结于宗教之间的区别和联系,只要是可以提供庇佑的,都可以被供奉。外来的与本土的宗教元素,也都被历代国王利用起来。因此,国王既是传承有神圣血统的"神王",又是积累了前世功德并且积极践行佛法的"法王"。② 当然,国王本人正是这一神话过程的主要推动者。以阿瑜陀耶王朝的创立者乌通王为例,他的名字是 Ramathibodi(中文常译为拉玛铁菩提),其中"Rama"就是印度教主神毗湿奴的化身——罗摩;而都城"阿瑜陀耶"(Ayutthaya)的名字也来自于印度城市阿约迪亚(Ayodhya),也就是罗摩诞生的地方,这是在明白无误地告诉全世界,国王就是毗湿奴的化身。③

1782年曼谷王朝建立后,巩固王权的努力仍在继续,甚至变得更加迫切,这与曼谷王朝开创者的身份有着密切的关系。曼谷王朝的开创者通銮(Thong Duang)曾是阿瑜陀耶王朝的一名武将,阿瑜陀耶王朝灭亡后,通銮投奔郑信。郑信开创了吞武里王朝,通銮也被晋封为"昭披耶却克里",执掌军政大权。然而,吞武里王朝仅存续了10余年就因内乱而覆灭,郑信被处死。此后,通銮将首都从吞武里迁到曼谷,开创了曼谷王朝,史称拉玛一世。④ 正如有学者指出的,拉玛一世与此前阿瑜陀耶王朝和吞武里王朝的国王们并没有血缘关

---

① 吴圣杨:《地神信仰与泰国的国王崇拜——泰国国王崇拜的民族学解读》,《东南亚研究》2006年第1期,第85—86页。

② 金勇:《以国王为元首的民主制:当代"泰式民主"的文化建构》,《东南亚研究》2018年第2期,第101页。

③ Andreas Sturm, "The King's Nation: A Study of the Emergence and Development of Nation and Nationalism in Thailand", University of London, 2006, p.52.

④ 段立生:《泰国通史》,上海社会科学院出版社2014年版,第六章。

系，他的统治也很大程度上依赖于几个主要贵族家庭的支持，并时刻受到后者的挑战。正是在这样的压力下，拉玛一世及其继任者展开了合法性构建的庞大工程。①

像历史上的国王一样，曼谷王朝的国王们同样强调自己依据佛法治理国家的"法王"身份，并投入大量人力和物力修建佛教寺庙，整理佛教典籍。②但更具有开创性的是，正是在曼谷王朝时期，国王开始加强与人民的直接联系，并逐渐在人民的民族主义情感中占据中心地位。国王不仅仅是神、佛的化身，更进一步成为民族历史的缩影，成为民族精神的代表。

为了更好地展现国家实力，从拉玛一世开始，曼谷王朝的国王就动用大量资源在都城修建气势恢宏的皇家建筑。一位在19世纪中期造访曼谷的基督教传教士写下这样的话："暹罗人（泰国旧称）几乎养成这样的习惯，那就是每年数次造访曼谷，就像犹太人要去耶路撒冷朝圣一样。"③事实上，时至今日，很多来到曼谷的游客还会为大皇宫的金碧辉煌感到震撼。而在历史上，曼谷王朝的国王也正是通过这样的方式，让民众以最直观的方式感受王权的强大，并发自内心地为国王和皇室感到骄傲与自豪。

从曼谷王朝建立开始，泰国现代民族国家（nation state）的雏形也开始显现。政治学学者通常认为"现代民族国家"具有这样两个主要特征：清晰的领土边界，以及强大的中央政府（这意味着国内政治

---

① Andreas Sturm, "The King's Nation: A Study of the Emergence and Development of Nation and Nationalism in Thailand", University of London, 2006, p. 70.
② 段立生：《泰国通史》，上海社会科学院出版社2014年版，第六章。
③ Andreas Sturm, "The King's Nation: A Study of the Emergence and Development of Nation and Nationalism in Thailand", University of London, 2006, p. 78.

中存在着明确的权力等级结构）。然而，无论是素可泰王朝还是阿育陀耶王朝，都与现代民族国家具有很大差异。彼时，国王的权力仅仅集中于首都，王权向外围辐射的强度随着地理距离的延伸而减弱。因为缺少领土的意识，无论是国王还是官员，甚至都无法在地图上指出自己所统治的省份和国土边界。首都周边的省份常由国王的儿子或任命的长官统治，享有极大的地方自治权力；而更加边远的地区则分布着一些规模较小的附属国，它们与首都维持着不稳定的朝贡关系，常游离于不同权力中心之间，甚至可能同时向多个权力中心效忠。这种重叠的、同心圆式的国家与地区政治结构被称为"曼陀罗体系"（mandala），并曾广泛地存在于东南亚地区。[1]

到了曼谷王朝时期，国王开始尝试改变这种松散的国家组织形式。拉玛一世就于19世纪初期废除了省一级长官任命下级地方官员的权力，直接效忠于宫廷的行政官僚开始迅速增加。[2] 这也使得国王得以建立起对人民的直接统治，而不再依赖于地方长官或附属国的效忠。

与此同时，来自外部的威胁也在不断促使曼谷王朝的国王们加快他们的国家建设进程。[3] 19世纪开始，欧洲人在东南亚的殖民进程明显加快，殖民者不再满足于建立贸易据点，而是更深入地参与到殖民

---

[1] Stanley J. Tambiah, "The Galactic Polity: The Structure of Traditional Kingdom in Southeast Asia", *Annals of the New York Acadmy of Science*, Vol. 293, No. 1, 1977, pp. 74 – 79; O. W. Wolters, *History, Culture, and Region in Southeast Asian Perspectives*, Singapore: Institute of Southeast Asian Studies, 1982, chapter 2.

[2] B. J. Terwiel, "The Bowring Treaty: Imperialism and the Indigenous Perspective", *Journal of the Siam Society*, Vol. 79, No. 2, 1991, p. 42.

[3] Christopher Paik and Jessica Vechbanyongratana, "Path to Centralization and Development: Evidence from Siam", *World Politics*, Vol. 71, No. 2, 2019, pp. 297 – 298.

地的生产过程中,并着手建立殖民政府。1855年,暹罗与英国签订《鲍林条约》,英国获得了包括领事裁判权和自由贸易权在内的大量特权。此后,法国、丹麦、荷兰、德国等西方列强又以该条约为蓝本,与暹罗订立不平等条约。不仅如此,暹罗还不断受到英法两国来自西、南、东三个方向的压力,丧失了大面积的领土。[①]

在这样的背景下,曼谷王朝开始了一系列改革。拉玛四世在位期间就曾经开展领土的勘察与边界确定的工作,同时还亲自编写了数本泰国历史的书籍,推动了泰语的标准化,并参照欧洲军队的模式创立了新式的海军和陆军。[②] 然而,不幸的是,拉玛四世在一次出行中感染疟疾而病故。由于其在位时间不长,很多未完成的改革都留给了他的儿子拉玛五世,也就是著名的朱拉隆功国王。

人们经常把朱拉隆功国王所推行的现代化改革,与明治维新相提并论。在很大程度上,朱拉隆功国王可以被视为泰国现代国家的缔造者。他不仅废除了奴隶制,建立了现代化的财政、军事、教育制度,还改革了国家的行政管理制度,建立了内阁,并通过向省派出政府专员来削弱地方权力。[③]

在思想层面,朱拉隆功国王更是提倡以国王为核心的民族主义,强调"热爱民族与热爱君主二者密不可分"。这样的主体思想通过庆典、绘画、文学作品,以及最新创立的教育体系传递给臣民。比如,

---

[①] 暹罗之所以没有像其他东南亚国家一样沦为欧洲人的殖民地,在一定程度上要归因于英国和法国殖民者对于缓冲地带的需要。Chandran Jeshurun, "The Anglo-French Declaration of January 1896 and the Independence of Siam", *Journal of the Siam Society*, Vol. 58, No. 2, 1970.

[②] Andreas Sturm, "The King's Nation: A Study of the Emergence and Development of Nation and Nationalism in Thailand", University of London, 2006, chapter 4.

[③] 段立生:《泰国通史》,上海社会科学院出版社2014年版,第六章。

1884年，暹罗建立了第一所平民小学，学校所采用的课本这样写道："不要忘了，我们爱我们的民族和国王，多于爱我们自己。"与此同时，对皇家编年史的学习也成为最重要的一门课程，当时的教育部部长就指出，"如果我们不了解皇家编年史，我们就不了解自己的民族，如果我们不了解自己，也就无法了解其他民族"。[①]

正如在本节开始时所讲的，王权在泰国的宗教、历史和传统文化中，以及泰国现代民族国家的建构中，都占有举足轻重的地位。通过1932年的政变，深受西方自由主义思想影响的新式政治精英成功推翻了君主专制制度，但激进派很快就发现，要想从根本上动摇王权，几乎是一件不可能完成的任务。在这里，一个历史细节耐人寻味，它向我们展示了王权思想的根深蒂固。

1932年政变发生后，领导者之一、民党领袖比里·帕侬荣就发表了措辞激烈的声明，称如果国王不接受君主立宪制，或者在规定的时间内不做出回应，就将被视为"叛国"，等待他的将是共和制。这样的言辞不仅震惊了宫廷和暹罗社会，即便是对民党的其他领导人来说，也是难以接受的。与比里·帕侬荣的公开信形成鲜明对照的是，在此后民党递交给国王的书信中，领导人们采用了诸如"愿您御足之下的灰尘保佑我的头"之类极尽谦卑的宫廷语言。[②] 在此后宪法制定的过程中，皇室以国王退位为要挟，为自己保留了更多的权力。[③] 当宪法颁布时，人们看到帕恰迪波国王高坐在皇位之上，接受民党领导

[①] Andreas Sturm, "The King's Nation: A Study of the Emergence and Development of Nation and Nationalism in Thailand", University of London, 2006, p. 123.

[②] Paul M. Handley, *The King Never Smiles*, New Haven and London: Yale University Press, 2006, p. 45.

[③] Federico Ferrara, "The Legend of King Prajadhipok: Tall Tales and Stubborn Facts on the Seventh Reign in Siam", *Journal of Southeast Asian Studies*, Vol. 43, No. 1, 2012.

人奉上的鲜花。后者跪在国王面前，为政变声明中的不敬之词恳请国王的宽恕，并恭敬地接过国王"赐予"的宪法。而在此后的官方叙事中，帕恰迪波国王更是被塑造成了泰国民主之父，仿佛立宪制并非是由革命者创造的，而是来自国王的恩赐。[1]

◇◇ 个人魅力与王权的逆袭

了解了王权在泰国宗教中的地位，及国王在泰国现代民族国家形成过程中发挥的作用，我们就能在一定程度上解释，为什么在经过1932年的政治剧变后，王权依然得以延续。政变者或许可以在几个月的时间里为这个国家制定一部新的宪法，但他们没法改变这个国家在几百年的时间里逐渐形成的政治文化，更不能在一夜之间根除整个社会对国王的崇信，也正是这样的政治文化构成了日后王权强势复兴的基础。

但是，同样需要强调的是，如果我们就此将泰国王权的复兴完全归因于该国社会尊重国王的传统，这样的答案似乎并不令人满意。因为，无论是帕恰迪波国王，还是阿南塔·玛希敦国王，他们也同样置身于这样的政治文化之中。1932年政变发生之后，尽管国王和皇室在普通民众心中依旧崇高，但不可否认的是，在国家的政治事务中，他们还是被极大地边缘化了。

1934年，七世王帕恰迪波因复辟活动失败而出走英国，次年，由其提出的修宪要求被政府拒绝，国王被迫选择退位，最终病死在英

---

[1] Paul M. Handley, *The King Never Smiles*, New Haven and London: Yale University Press, 2006, pp. 50–51.

国。年少的阿南塔·玛希敦在继承皇位后，仍与母亲及弟弟普密蓬旅居瑞士，直至1945年年底才被正式迎接回国，但却在短短半年后神秘地死在寝宫里。在国王旅居海外期间，留在泰国国内的大批保皇派被政府逮捕甚至处决。政府将12月10日——宪法通过的日子，定为国庆日，庆祝活动的规模甚至远远超过国王的生日。同时，随着政府对寺庙的接管，宪法与国王和佛祖一样得到供奉，前者甚至被放在了更高的位置上……①泰国国王的政治影响力遭到前所未有的削弱。

但正如文章开篇讲到的，当时间来到1973年时，在政府与示威者相持不下的情况下，九世王普密蓬却以泰国政治"最终仲裁者"的姿态出现在舞台上，这样的逆转令人惊叹。不可否认的是，泰国王权的复兴是在普密蓬国王在位期间完成的，也正因如此，很多人将王权复兴归功于普密蓬的个人魅力与功绩。

德国社会学家、政治学家马克思·韦伯曾将权威分为三个类型：基于法律规则的"法理型权威"，基于成习的"传统型权威"，以及基于个人不凡特质的"超凡魅力型权威"。在韦伯看来，对于狂热的追随者而言，超凡魅力型的领导人具有超自然的能力与特质，是类似于救世主、先知之类的人物。如果单就泰国人对普密蓬国王的崇信程度来看，我们也可以说，普密蓬国王正是一位具有超凡魅力的国王，他之所以能够在政治危机发生时扮演"最终仲裁者"的角色，也与他在泰国民众中所享有的威望有着很大关系。

事实上，正如前文所讲到的，早在素可泰王朝时期，国王就通过编修佛教经典、主持佛教庆典等行动，将自身打造为注定成为佛陀的菩萨，并极力在人民中传播这样的观念。在上座部佛教中，菩萨要修

---

① Paul M. Handley, *The King Never Smiles*, New Haven and London: Yale University Press, 2006, p.57.

炼十个波罗蜜而成佛。与之相对应的是，泰国的传统政治思想也强调，国王要依据这些佛教原则来治理国家，这是国王执政的合法性所在，一旦这些美德遭到废弛，王权也将随之衰落。此后，这一传统的治国的思想又与现代政治思想相结合，国王的神性被淡化，其睿智与美德则被进一步强调。① 国王的治国原则被概括为"十王道"，即布施、持戒、弃舍、正直、调柔（话语温柔，不自大）、苦行、无瞋、不害、忍辱、不违逆。②

在很多泰国人心中，普密蓬国王是文化偶像，同时他的言行也完美地诠释了"十王道"。无疑，普密蓬是一位多才多艺的国王，青少年时长期旅居瑞士，会多种语言，并热衷于摄影和音乐（尤其是爵士乐），他和他的乐队曾多次在泰国公开表演，由他谱写的一首蓝调乐曲还被美国百老汇音乐剧所采用，版权收入则用于慈善事业，这让很多泰国民众感到自豪。③ 从继位开始，普密蓬国王就经常造访泰国乡村，特别是最贫困的地区。当他现身于民众之间时，很多穷苦的农民相信，在腐败和善于剥削的警察、官僚以及商人之上，还有一位善良且全能的国王。④ 普密蓬国王尤其关注泰国的农业和水利，曾经亲

---

① Paul M. Handley, *The King Never Smiles*, New Haven and London: Yale University Press, 2006, p. 85. 这一新君主主义理论是由保皇主义理论家塔尼·尼瓦王子（Prince Dhani Nivat）提出的。金勇：《以国王为元首的民主制：当代"泰式民主"的文化建构》，《东南亚研究》2018年第2期，第101页。

② 金勇：《以国王为元首的民主制：当代"泰式民主"的文化建构》，《东南亚研究》2018年第2期，第101页脚注3；Andreas Sturm, "The King's Nation: A Study of the Emergence and Development of Nation and Nationalism in Thailand", University of London, 2006, p. 35.

③ Paul M. Handley, *The King Never Smiles*, New Haven and London: Yale University Press, 2006, pp. 110, 23.

④ Paul M. Handley, *The King Never Smiles*, New Haven and London: Yale University Press, 2006, p. 128.

自深入边远地区，考察修筑水坝的具体地点，还支持了诸如改良水稻品种之类的科研项目，甚至亲自耕种试验田，并将自己的技术创新与民众分享。最为泰国民众津津乐道的是，普密蓬国王创立了私人济贫项目，这些"王家项目"为泰国的贫苦百姓创造了受教育与工作的机会。有人统计称，普密蓬国王一生捐助的各类社会发展项目超过3000个。[1] 也正是因为这一点，泰国人一直将普密蓬国王视为"人民的国王"。2006年，普密蓬国王获得了联合国授予的"联合国开发计划署人类发展终身成就奖"。他在去世后被尊为"大帝"，这也使他成为继拉玛一世、四世和五世后，第四位享有这样哀荣的国王。

在不少泰国民众看来，与国王的崇高形成鲜明对比的是政客的贪婪。文章开篇曾提到1973年泰国爆发的民主运动，同一历史时期的民意调查或许可以帮助我们更好地了解，泰国民意在看待政客与国王时，形成的鲜明反差：1971年的一项针对学生的调查显示，有超过74%的学生对政治制度与政府不满，但高达93.66%的学生却表示，他们对泰国的君主制感到"十分自豪"，同时还有另外2.96%的人表示"比较自豪"。[2] 民主运动爆发后，示威者打出普密蓬国王的画像，以此来表达他们对国家和民族的热爱，并公开要求觐见国王，征求国王对于政治时局的意见。在日后泰国动荡的国内政治中，类似局面又反复上演。民众对于国王的信任与期待，无疑强化了国王干预政治的

---

[1] 当然，这背后有强大的皇室资产作为支撑，据福布斯富豪排行榜估算，普密蓬国王的资产可能超过300亿美元。The Guardian, "Thai King Signs Royal Family's $30bn Fortune over to Himself", https://www.theguardian.com/world/2018/jun/17/thai-king-signs-royal-familys-30bn-fortune-over-to-himself.

[2] Andreas Sturm, "The King's Nation: A Study of the Emergence and Development of Nation and Nationalism in Thailand", University of London, 2006, p.198.

合法性。

◇ 王权复兴的政治运作

讲到这里，我们看似已经为泰国王权的复兴找到了答案。但如果稍作思考，我们又会发现，如果将泰国的王权复兴全部归因于普密蓬国王的善行，或者是他对于佛教宗旨或者"十王道"的践行，这似乎与政治运作的一般规律相违背。一个显而易见的道理就是，政治是关于权力的斗争，绝非美德的比拼。从1932年以来，泰国已经发生13次成功的政变，[①] 2017年所颁布的宪法也是这个国家的第20部宪法了，这些都反映出泰国政坛与社会的分裂。而仅仅凭借对佛教宗旨的践行，显然是无法在如此激烈的政治斗争中存活的。

在这里我们并不是要否认普密蓬国王所具有的"超凡魅力"，更不是要贬低他的功绩，但需要强调的是，泰国王权复兴的背后，还有着更为复杂的政治运作。虽然泰国社会有着崇信国王的传统，泰国皇室和保皇派最终迎来了一位魅力型领袖，但王权的复兴仍需等待适当的外部条件。对于立宪制下的君主而言，公开干预政治是极具风险的，一旦干预无效或遭到政治家的回击，君主的声望将受到严重的打击，王权的存续甚至也可能成为问题。正是出于这样的原因，立宪制下的君主往往对政治干预持非常谨慎的态度，他们能否真正站到政治舞台之上，在很大程度上还要取决于是否有政治家愿意为他们拉开舞

[①] Federico Ferrara, "Democracy in Thailand: Theory and Practice", in William Case ed., *Routledge Handbook of Southeast Asian Democratization*, New York: Routledge, 2015, p. 351.

台的帷幕，并为他们保驾护航。

事实上，在其继位的最初十年间，尽管深受民众的热爱，但普密蓬的政治权力却受到披汶·颂堪政府的极大限制。披汶也曾是1932年政变的重要参与者，在政变集团内部代表军方利益。在第二次世界大战期间，披汶曾担任泰国总理，与日本人有过密切的合作。日本战败之际，披汶被迫下台。到了1947年，披汶又支持亲信发动政变，夺取了政权。1948年，披汶第二次出任泰国总理，此时正值冷战爆发，披汶政府极力向美国靠拢，泰国也成为美国在东南亚的反共桥头堡。依仗美国的军事援助，披汶迅速壮大自己在泰国国内的政治力量，打压潜在的政治威胁，这其中也包括泰国的保皇派以及国王。在回忆起那段岁月的时候，普密蓬国王曾这样说："当我开口建议一些事情的时候，他们就会说'陛下，您什么也不知道'。所以我就闭上了嘴。"[1]

然而，随着披汶执政集团内部发生分裂，泰国王权也迎来振兴的机会。1957年，披汶的属下、国防部部长沙立·他那叻发动政变推翻了披汶政府，保皇派的最大敌人披汶流亡海外。与比里·帕侬荣和披汶不同，沙立自小生活在泰国农村，是个完全接受泰式教育的职业军人，深受泰国社会崇信国王文化的影响。据说他最喜欢回忆起1927年当他从军官学校毕业时，帕恰迪波国王曾赐予毕业生宝剑的情形。[2]在政治思想上，沙立极为推崇所谓的"泰式民主"的概念，强调传统的等级观念和家长制的政治制度，并坚信源自西方的政党和议会制不适合泰国，相反，只有一个亲民、仁慈、勤勉的领导人才能保持国家

---

[1] Paul M. Handley, *The King Never Smiles*, New Haven and London: Yale University Press, 2006, p. 133.

[2] Paul M. Handley, *The King Never Smiles*, New Haven and London: Yale University Press, 2006, p. 140.

政治的稳定。① 当然，沙立与皇室联合的背后，也有着强烈的政治动机：作为平民出身、通过政变上台的军人，沙立执政的合法性面临严重的挑战，他急需依附于国王的声望，以此巩固自己的统治。

正是从沙立上台开始，泰国皇室和军队的关系发生了根本的变化，从1932年以来的"对抗"，走向了"合作共赢"：一方面，普密蓬国王在人事任免等问题上给予沙立支持，并在沙立生病时，派遣僧侣为他祈福，这都在向公众公开表明，沙立享有王室的极大支持；② 另一方面，沙立也经常使用"国王的军队""国王的政府"这样的表述为自己正名，并开始给予普密蓬国王更大的活动空间，比如允许国王探访民间，从而有更多的机会接触民众。国王和皇室的曝光度大幅提高，国王和其他王室成员的画像开始更多地出现在公共场所。国王的政治思想，以及在慈善、科研、艺术等方面的成就，都在全国范围内得到广泛、长期的宣传。有统计显示，1957年国王一年的官方活动为155场，而到了1962年，这一数字已经达到377场。③ 普密蓬国王与诗丽吉皇后还展开了密集且高调的海外访问，从1960年6月开始，国王与王后出访美国及13个欧洲国家，整个行程长达7个月零4天。④ 这不仅是一次成功的皇室外交，同时还提振了整个泰国社会的民族自豪感，很多人都为风度翩翩的国王与优雅时尚

---

① 金勇：《以国王为元首的民主制：当代"泰式民主"的文化建构》，《东南亚研究》2018年第2期，第97页。

② Paul M. Handley, *The King Never Smiles*, New Haven and London: Yale University Press, 2006, p. 141.

③ Paul M. Handley, *The King Never Smiles*, New Haven and London: Yale University Press, 2006, p. 145.

④ "His Majesty King Bhumibol Adulyadej of Thailand—A Model Goodwill Ambassador of the Country", Escati, 12 May 2006, https://www.escati.com/his-majesty-king-bhumibol-adulyadej-of-thailand-a-model-goodwill-ambassador-of-the-country/.

的皇后所倾倒。如今，曼谷大皇宫内的女王纺织品博物馆里，还陈列着大量诗丽吉皇后出席外交活动时穿过的泰式与西式礼服。

与此同时，一些有利于巩固皇室地位的制度也得以恢复和建立，旧日的宫廷语言和"俯状礼"得到恢复——觐见国王和王室成员时，觐见者要将身体侧俯于地，双手合十叩拜。沙立政府还将泰国的国庆日从1932年宪法颁布的日子改为国王的生日。此外，虽然从十九世纪末开始，泰国法律就规定有"冒犯君主罪"，但1932年革命后，对该项法规的执行出现了废弛的趋势。1957年，泰国进一步修订刑法。在新的刑法下，冒犯君主不仅是对君主名望的犯罪，还成为一项侵害国家安全的罪行。[1] 任何针对国王、王后、皇储以及摄政王的负面言论或冒犯行为，都可能面临长达15年的监禁。而作为国王"守护者"的沙立，也得以通过"冒犯君主罪"打击政坛中的反对势力。

1963年，沙立病故，普密蓬国王下令整个宫廷为沙立举行长达21天的哀悼。然而，沙立去世仅仅几周后，他的贪腐行为就被曝光，但丑闻丝毫没有影响泰国王室的形象。得益于沙立的支持，整个皇室在泰国朝野上下搭建了牢固的权力网络，而普密蓬国王的影响力也达到了难以撼动的程度，人们不敢也不愿意从负面的角度去议论或者想象国王。

正如本节开头讲到的，政治不是美德的比拼，权力的上升和存续都有赖于小心谨慎的运作与博弈。在总结泰国政治的本质时，泰国问题专家邓肯·麦卡戈就提出了"网络化君主制"（network monarchy）的概念。麦卡戈认为，国王和他的代理人严密地监控着政府和军队的

---

[1] David Streckfuss, "Kings in the Age of Nations: The Paradox of Lese-Majeste as Political Crime in Thailand", *Comparative Stuidies in Society and History*, Vol. 37, No. 3, 1995, p. 472.

人事任免，通过把正确的人放在正确的工作岗位上，使泰国政治中形成了以枢密院为中心的权力网络。① 根据推断，到1975年为止，国王的这份关系网络中就有超过6000名追随者，他们遍布政府、军队以及部队的各个分支中。② 正是这样的网络使国王的意志得以转化为国家的政策，同时也为王权的延续提供了有力的保证。因为有了枢密院（尤其是得力的枢密院主席）作为代理人，国王可以进一步维护其超脱于政治的形象，将干预政治可能引发的风险降到最低。

泰国君主的权力网络既广泛，又灵活，它缺乏明确的边界，其运转也需要不断的妥协，以及新的政治联盟的搭建。③ 这张网络的一个重要功能就是，"尽可能多地将在政治上有用的人包括进来，只要他们不对国王的权威构成威胁"，而这张网络的最终目的则是"创造一个以国王为慈父的、稳定的全国'大家庭'"。④ 作为新兴资本代表人物的他信，也曾在登上泰国政治舞台之初，享有王室的支持，并得到枢密院主席炳·廷素拉暖的庇护，这无疑是传统政治势力向新兴势力所发出的邀约。⑤ 然而，当他信尝试拆分这张传统的权力网络，并在泰国地方政治中建立自己的权力架构时，就遭到了网络化王权的有力回击，并最终在2006年的政变中下台。

---

① Duncan McCargo, "Network Monarchy and Legitimacy Crises in Thailand", *The Pacific Review*, Vol. 18, No. 4, 2005, p. 501.

② 金勇：《以国王为元首的民主制：当代"泰式民主"的文化建构》，《东南亚研究》2018年第2期，第104页。

③ Duncan McCargo, "Network Monarchy and Legitimacy Crises in Thailand", *The Pacific Review*, Vol. 18, No. 4, 2005, p. 505.

④ Yoshinori Nishizaki, "The King and Banharn: Towards an Elaboration of Network Monarchy in Thailand", *South East Asia Research*, Vol. 21, No. 1, 2013, p. 103.

⑤ Duncan McCargo, "Network Monarchy and Legitimacy Crises in Thailand", *The Pacific Review*, Vol. 18, No. 4, 2005, p. 513.

◇ 小结

在本文中，我们回顾了泰国王权衰落与复兴的历程。我们发现经过1932年的革命和君主立宪制的建立，泰国王权跌落到历史低点。然而，泰国社会崇信国王、神化国王的传统构成了王权复兴的基础性条件。在这样的背景下，具有"超凡魅力"的普密蓬国王的出现，更是激发了当代泰国人民对皇室的极大热情。普密蓬国王在泰国民众中享有的崇高声望，在很大程度上强化了其干预泰国政治的合法性，使他成为泰国政治的"最终仲裁者"。即便如此，我们也不能忽视政治家在王权复兴中发挥的作用。不难发现，政治家之间的分裂为国王登上政治舞台创造了机会。同时，要使王权的强势地位得以延续，仅仅凭借对佛教原则的践行是远远不够的，相反，其背后涉及复杂的政治运筹，更需要一支庞大的人才队伍。

参考文献

中文文献

段立生:《泰国通史》,上海社会科学院出版社 2014 年版。

贺圣达:《沙立—他侬的统治与泰国的现代化进程——当代泰国史研究之一》,《云南社会科学》1993 年第 5 期。

金勇:《以国王为元首的民主制:当代"泰式民主"的文化建构》,《东南亚研究》2018 年第 2 期。

吴圣杨:《地神信仰与泰国的国王崇拜——泰国国王崇拜的民族学解读》,《东南亚研究》2006 年第 1 期。

英文文献

Ferrara, Federico, "Democracy in Thailand: Theory and Practice", in William Case ed., *Routledge Handbook of Southeast Asian Democratization*, New York: Routledge, 2015.

Ferrara, Federico, "The Legend of King Prajadhipok: Tall Tales and Stubborn Facts on the Seventh Reign in Siam", *Journal of Southeast Asian Studies*, Vol. 43, No. 1, 2012.

Handley, Paul M, *The King Never Smiles*. New Haven and London: Yale University Press, 2006.

Hewison, Kevin, "The Monarchy and Democratisation", in Kevin Hewison ed., *Political Change in Thailand: Democracy and Participation*,

London and New York: Routledge, 1997.

Jeshurun, Chandran, "The Anglo-French Declaration of January 1896 and the Independence of Siam", *Journal of the Siam Society*, Vol. 58, No. 2, 1970.

McCargo, Duncan, "Network Monarchy and Legitimacy Crises in Thailand", *The Pacific Review*, Vol. 18, No. 4, 2005.

Nishizaki, Yoshinori, "The King and Banharn: Towards an Elaboration of Network Monarchy in Thailand", *South East Asia Research*, Vol. 21, No. 1, 2013.

Paik, Christopher, and Jessica Vechbanyongratana, "Path to Centralization and Development: Evidence from Siam", *World Politics*, Vol. 71, No. 2, 2019.

Streckfuss, David, "Kings in the Age of Nations: The Paradox of Lese-Majeste as Political Crime in Thailand", *Comparative Stuidies in Society and History*, Vol. 37, No. 3, 1995.

Sturm, Andreas, "The King's Nation: A Study of the Emergence and Development of Nation and Nationalism in Thailand", University of London, 2006.

Tambiah, Stanley J., "The Galactic Polity: The Structure of Traditional Kingdom in Southeast Asia", *Annals of the New York Acadmy of Science*, Vol. 293, No. 1, 1977.

Terwiel, B. J., "The Bowring Treaty: Imperialism and the Indigenous Perspective", *Journal of the Siam Society*, Vol. 79, No. 2, 1991.

Wolters, O. W., *History, Culture, and Region in Southeast Asian Perspectives*, Singapore: Institute of Southeast Asian Studies, 1982.

9

缅甸译名背后的政治斗争

2012年11月，时任美国总统奥巴马出访缅甸，这被媒体称为一次历史性的访问，因为此前从未有美国总统在任期内访问过缅甸。此次访问备受瞩目还有另外一个原因，那就是从2011年开始，缅甸和美国两国的外交政策都出现了明显的变化：一方面，尽管缅甸长期以来与中国保持了密切的政治与经济合作，但随着吴登盛政府宣布搁置由中国企业投资建设的密松水电站项目，中缅关系中就出现了一些杂音；另一方面，奥巴马政府也向全世界高调宣布了"亚太再平衡战略"。鉴于此，分析人士普遍认为奥巴马2012年的这次出访是在向缅甸（乃至整个东南亚地区）彰显美国重返亚太的决心，同时也将进一步推动缅甸外交政策的重新定位。

然而，这样一次重大的外交活动却面临着一个棘手的问题，那就是奥巴马总统究竟应该如何称呼缅甸这个国家。不仅是奥巴马一个人，事实上整个英语世界都面临着这一称呼上的混乱：一些媒体采用"Myanmar"，另一些媒体使用的是"Burma"，还有一些则以"Myanmar/Burma"规避可能犯下的错误。作为奥巴马的"开路先锋"，时任美国国务卿希拉里·克林顿曾在2011年访问缅甸，在整个过程中，希拉里反复将缅甸称为"这个国家"，以此来避免缅甸英文名称的使用。

造成这种外交上的尴尬局面的，当然不是语言或者翻译技术上的问题，而是围绕缅甸政权合法性展开的复杂的政治斗争。早在1989年，缅甸军政府就颁布了《表述变更法》，正式将国家的英语译名从"Burma"变更为"Myanmar"，同时仰光的英文名称也从"Rangoon"变成了"Yangon"。这样的变更很快被联合国、东盟以及包括中国、日本、印度在内的主要国家所接受，而美国、加拿大、英国等西方国家政府和非政府组织，则坚持使用"Burma"，以此作为对缅甸军政府合法性的否定。

在缅甸国内，这一变化同样引起了极大的争议。军政府最大的挑战者——缅甸全国民主联盟（简称"民盟"）也坚持沿用旧称。对此，民盟的领导者昂山素季曾这样对媒体解释："军方在1988年接管（政权）后，突然间有一天，就像那样，在没有征得人民同意的情况下，他们宣布缅甸从此以后在官方英语中就叫做'Myanmar'了……我反对一个国家的名字在不顾及人民意愿的情况下被更改……这当然是一件只有独裁者才会做的事。"①

正是在这样敏感的政治背景下，希拉里才反复使用"这个国家"来称呼缅甸，因为她既不希望引起缅甸政府的不满，同时也希望做到所谓的"政治正确"，并与昂山素季和民盟保持良好的关系。随着缅甸政治转型进程的加快，当2012年奥巴马到访时，他最终第一次使用"Myanmar"这一表述，这引起了西方媒体的争相报道，同时也为分析人士关于"美缅关系将发生根本改善"的猜测，提供了更多的佐证。

谈到这里，我们也不禁要问，缅甸军政府为何要大费周章，对国家的英语译名做出这样的调整？调整又折射出怎样的国内与国际政治斗争？这正是本文要回答的问题。

◇◇族群关系的困局

关于缅甸国名的起源，学界也存在不同的解释。一种说法是，

---

① Max Fisher, "Why It's Such a Big Deal That Obama Said 'Myanmar' Rather Than Burma", *The Washington Post*, 19 Nov 2012, https：//www.washingtonpost.com/news/worldviews/wp/2012/11/19/why-its-such-a-big-deal-that-obama-said-myanmar-rather-than-burma/？noredirect＝on.

"Myanmar"是由梵语"mranmabama"一词缩略演变而来的。当地人以梵语词的前半部分作为国名，用于正式场合或书面表述中，而在日常生活中，则采用梵语词的后半部分，以"Bamma"自称。① 也有人指出，在缅语中，两个词的发音其实十分相似：首音节轻且快，并跟随着重且长的一个"ma"。而对于外国人（尤其是英语世界的人）而言，后者的发音则更加容易，在殖民时期，英国殖民者就开始将缅甸称为"Burma"。直到今天，很多外国人还是习惯采用"Burma"。排除政治倾向的因素，这主要是出于英语名词与形容词的一致性偏好，具体而言，英语中的"缅甸人，缅甸的"对应的是"Burmese"一词，由名词"Burma"变形而来，但英语中却并不存在"Myanmar-ese"这样的词。②

应该说，殖民历史构成了缅甸军政府决定更换国家名称的一个首要原因。其实，在这一点上，缅甸并不是一个特例，世界上很多第三世界国家都曾通过更改国名，来彰显自身与殖民历史"一刀两断"的决心。比如加纳曾被殖民者称为"黄金海岸"，赞比亚曾叫做"北罗得西亚"，马拉维曾用名为"尼亚萨兰"……不仅是在非洲大陆，斯里兰卡也在1972年放弃了得自欧洲殖民者的名字"锡兰"。然而，更改国名对于一个国家的政府和企业而言，往往意味着巨大的经济成本，斯里兰卡就遭遇了不大不小的商业危机，要知道"锡兰红茶"曾经是一个多么为世界消费者所熟悉的品牌！然而，在民族主义者看来，从自身的文化传统与悠久历史出发，对现代国家进行重新定义，这是去殖民化进程中不可或缺的关键环节，国名乃至地名的变更也因

---

① 刘优:《缅甸：名称背后的故事》,《地图》2008年第6期，第131页。

② The Economist, "Should You Say Myanmar or Burma?", 20 Dec 2016, https://www.economist.com/the-economist-explains/2016/12/20/should-you-say-myanmar-or-burma.

此被赋予了崇高的政治意义。

但与此同时我们也应该看到,在缅甸的案例中,清除殖民主义的残余,似乎并不构成更名的全部理由。毕竟,当军政府于1989年颁布《表述变更法》时,缅甸已经独立40余年了。在军政府调整国家译名的背后,还有更加迫切的国内政治需要。其中最突出的一个考量就是,军政府的决策者们相信,新的英文名称"Myanmar"会对缅甸的民族和解进程有所助益。作为国家旧称的"Burma",与"缅族人"的英语表述太过接近——在英语中,缅族人被写为"the Burmans"或者"the Bamans"。然而,根据缅甸军政府的统计,在缅甸,除缅族人以外还生活着134个少数民族,缅族人仅占缅甸总人口的68%左右,其他主要少数民族还包括掸族、克伦族、若开族、孟族等等。在这样的前提下,以"Burma"作为整个国家的名称,有强化族群不平等、推崇缅族主导地位的嫌疑。也正是出于这个原因,很多少数民族都欣然接受了新的国家译名。[1]

虽然军政府有这样的考量,但新的译名是否真正起到了促进缅甸民族和解的作用,则是一个完全不同的问题。事实上,缅族与很多少数民族之间积怨已久,从独立以来,缅甸就面临着严峻的少数民族武装叛乱,分离主义运动在很长一段时期里持续挑战着缅甸的国家统一。在一定程度上,这种强大的离心趋势是由缅甸的地理特征和历史决定的。从地理来看,缅甸整个国家三面环山:北部是高山地区,西部有著名的若开山脉,东部则是掸邦高原。缅甸的主要少数民族聚居于山区,缅族人则多居住于国土中部的平原与河谷地区。尽管少数民族人口仅占总人口的1/3,但其居住的区域则占全国总面积的60%。

---

[1] Lowell Dittmer, "Burma vs. Myanmar: What's in a Name?" in Lowell Dittmer ed., *Burma or Myanmar*, New Jersey: World Scientific, 2010, p. 2.

从公元 11 世纪开始，缅族人先后建立了蒲甘、东吁、贡榜三个封建王朝，但缅族王朝从未完全征服过边疆地区的少数民族。比如，若开族在 15 世纪建立的妙乌王朝延续了 300 余年，直至 18 世纪才被缅族人征服，而掸族也始终保持了高度的地方自治。①

1948 年缅甸独立后，很快就陷入了内战。在一些少数民族看来，新成立的中央政府并没有兑现早先的承诺：在缅甸获得独立前，昂山将军曾与部分少数民族的代表签订了著名的《彬龙协议》，协议赋予少数民族极大的自治权，甚至承诺如果少数民族对联邦存在不满，可于 10 年后通过在少数民族邦区内举行公投，选择脱离联邦。可以说，《彬龙协议》的签署是缅甸得以建国的前提条件。然而，《彬龙协议》的要旨并没有在 1947 年缅甸宪法中得到全面体现。缅甸独立后不久，吴努政府又开始通过一系列举措，试图削弱少数民族的自治权，同时力图重塑少数民族的身份认知，构建一个与国家版图边界相吻合的缅甸民族。比如，吴努政府一方面推动佛教的国教化，另一方面在各少数民族邦强制推行缅语在政府机构和学校中的使用，这都引起了少数民族的担忧和怨愤。② 一些少数民族走向了武装叛乱的道路。

随着 1962 年政变的发生和奈温军政府执政的开始，缅甸中央政府与少数民族的关系进一步恶化。在处理少数民族问题上，军政府更加倾向于强制力的使用。在对武装叛乱的镇压方面，奈温政府开始推行所谓的"四断政策"（4 cuts），强制少数民族村民从山区迁出，以此切断少数民族武装"食物、资金、情报、战斗人员"的来源。1974

---

① 李贵梅：《缅甸历史上缅族王朝民族关系治理困境探析》，《东南亚纵横》2016 年第 1 期，第 85 页。

② 刘务：《1988 年以来缅甸民族国家构建》，社会科学文献出版社 2014 年版，第 56、59—66 页。

年缅甸颁布新宪法，进一步抛弃了1947年宪法规定的联邦结构，也不再承认少数民族的自决权。虽然奈温政府对少数民族武装的打击取得了短暂的胜利，但严苛的政治制度设计和少数民族政策，导致了更加激烈的反抗，少数民族武装组织也在被短暂镇压后迅速增加。到了20世纪80年代末，几乎所有的边境地区都被反叛武装所控制。其中，由十数支少数民族武装联合组成的民族民主阵线（NDF）控制了整个泰缅边境地区，并因其反共立场而受到泰国政府的资助，不断壮大。[1]

严峻的民族关系形势，迫使军人政权着手调整其民族政策，而缅甸国家政权的又一次巨变则为全面的政策调整奠定了基础——1988年9月18日，以国防军总参谋长苏貌上将为首的军人宣布接管国家政权，并成立了新的国家权力最高机构"国家法律与秩序恢复委员会"。[2]

不同于奈温政府，新军人政权推行了一系列怀柔政策，变更国家译名的举措正是在这样的背景下出台的。除了这种富有象征意义的文字变革，军政府还为少数民族武装提供了更多的经济诱饵。例如，默许少数民族武装从事自然资源的开发和出口，乃至毒品走私等；赋予一些少数民族聚居的地区以"特别行政区"的地位，少数民族武装的

---

[1] Tom Kramer, "Ethnic Conflict in Burma: The Challenge of Unity in a Divided Country" in Lowell Dittmer ed., *Burma or Myanmar: The Struggle for National Identity*, Singapore: World Scientific Publishing Co., 2010, pp. 57 – 58.

[2] 对于1988年的这次权力变迁，与其将其称为"政变"，不如将其视为军人政权的"再生"。正如有学者指出的，如果没有奈温本人的支持，这次权力变迁根本不可能发生。此外，奈温仍在今后的很长一段时间内，持续对新军人政权发挥着影响力。下文将会谈到，奈温政权在经济政策方面的失败导致了缅甸社会的动荡，引起了民众对于军人政权的不满，而这次权力变更，使得军人得以继续掌握国家政权。David I. Steinberg, *Burma/Myanmar: What Everyone Needs to Know*, Oxford: Oxford University Press, 2010, p. 82.

领导人成为"特区主席",还可以享受政府薪金等。① 从 1989 年开始,一批少数民族武装与军政府签署了停火协议,反叛武装内部也开始出现进一步的分化。

然而,值得强调的是,停火协议的签订并不意味着和平的到来,更不能等同于民族和解的实现。② 一方面,很多少数民族武装组织在很大程度上保存了自身的完整性,一旦感到自身利益受到中央政府的威胁,就可能再次"揭竿而起"。曾经备受中国媒体关注的、有"果敢王"之称的彭家声就在 1989 年与军政府签订了停火协议,并开始担任"掸邦第一特区"的主席。然而,2008 年,当缅甸政府试图将彭家声的部队收编入政府的边防军时,彭家声领导的缅甸民族民主同盟军再次与政府军爆发了冲突。③ 事实上,这类的"停停打打"已经成为很多少数民族武装与政府关系中的常态。另一方面,除武装组织以外,少数民族人民的社会地位和政治权利也没有得到很好的保障。虽然在 1990 年举行的大选中,一些新成立的少数民族政党赢得了议席,但选举结果最终并没有得到军政府的承认。

从这个角度上讲,缅甸国家译名变更所反映出的,是缅甸军政府民族政策的调整。而在下一节中,我们还将进一步发现,译名变更的背后,还有着一项由新军人政府发起的、庞大的意识形态再造工程。

---

① 刘务:《1988 年以来缅甸民族国家构建》,社会科学文献出版社 2014 年版,第 144—145 页。

② Tom Kramer, "Ethnic Conflict in Burma: The Challenge of Unity in a Divided Country" in Lowell Dittmer ed. , *Burma or Myanmar: The Struggle for National Identity*, Singapore: World Scientific Publishing Co. , 2010, p. 59.

③ Enze Han, "Geopolitics, Ethnic Conflicts along the Border, and Chinese Foreign Policy Changes toward Myanmar", *Asian Security*, Vol. 13, No. 1, 2017, p. 64.

◇◇ 新军人政权的意识形态工程

当新军人集团在1988年接管国家权力时，军人执政已经在缅甸遭遇了严重的挑战。不仅是在民族关系方面，奈温政府所推行的错误的经济政策，也给缅甸带来了严重的危机。从1987年开始，缅甸就出现了大规模的示威游行。抗议到1988年8月达到高潮，这就是缅甸历史上著名的"8888民主运动"，昂山素季正是在这次运动中被推上了缅甸政治舞台。为了平息国内社会的不满，新军人政府在上台后很快就颁布了《政党注册法》，缅甸社会的民主热情被进一步释放出来，在几个月的时间里，235个政党注册成立，具有军方背景的缅甸社会主义纲领党也改组为新的"民族团结党"。然而，1990年大选的结果对于新军人政权而言，无异于是一次彻头彻尾的羞辱：昂山素季领导的民盟赢得了485个席位中的392席，而民族团结党仅赢得了10个席位，其获得的席位甚至不及代表掸族和若开族利益的两个少数民族政党，后者分别赢得了23个和11个席位。对于这样的结果，并不想将权力交出的新军人政府只能借口称，选举的目的是选举制宪人员，并为国家制定新的宪法，而不是议会选举和产生新政府。由此，缅甸开始了长达18年的制宪进程。

也是从1990年大选开始，缅甸政局正式形成了"三足鼎立"的局面，这三股政治势力包括新军人政府、少数民族武装以及以昂山素季和民盟为代表的民主政党。正如有学者指出的，新军人政权不得不在两条战线上同时出击，应对城市中民主党派以及山区、边境地区少数民族武装带来的双重挑战。① 更令军政府焦虑的是，两股反对力量甚至还出现了结盟的趋势。②

正是在这样的国内政治背景下，新军人政权开始了大规模的意识形态再造工程，希望以此强化自身的执政合法性。译名的更改只是意识形态工程中的一小步，但同时也是标志性的措施之一。也是出于这个原因，人类学学者、缅甸问题专家古斯塔夫·豪特曼将新军人政府的意识形态工程，戏称为缅甸的"缅甸化"（Myanmafication）。豪特曼敏锐地注意到，新军人政权的重要举措包括，重新发掘缅甸的历史文化，强调缅甸文化悠久的历史，以及与众不同的特质，并将自己的合法性植根于这个"古老"的文明中。为此，新军人政府不仅投入大量的资源重新修建佛塔、博物馆、宫殿等，恢复其历史原貌，还大力资助考古活动，力求证明"一个文明"的存在，也就是所谓的"缅甸文明"（Myanmar culture）。在军政府看来，这个古老的文明将超越和涵盖全部135个族群，成为缅甸民族团结的基础。③

"缅甸文明"的重新发现，还使新军人政府得以摆脱"昂山将军"这个历史包袱。作为缅甸民族主义运动的领导者、缅甸现代国家（尤其是缅甸军队）的建立者，昂山将军一直在缅甸人民心中享有崇高的地位。由他主导签订的《彬龙协议》更是受到很多少数民族和武装组织的推崇。然而，对于军政府而言，《彬龙协议》给予少数民族

---

① 刘务：《1988 年以来缅甸民族国家构建》，社会科学文献出版社 2014 年版，第 143 页。

② Tom Kramer, "Ethnic Conflict in Burma: The Challenge of Unity in a Divided Country" in Lowell Dittmer ed., *Burma or Myanmar: The Struggle for National Identity*, Singapore: World Scientific Publishing Co., 2010, p. 67.

③ Gustaaf Houtman, "Remaking Myanmar and Human Origins", *Anthropology Today*, Vol. 15, No. 4, 1999, pp. 13, 15.

过多的自治权利，这是对缅甸民族统一以及中央政府权力的威胁。更重要的是，随着昂山的女儿——昂山素季逐渐成为缅甸的民主偶像，"昂山"这一政治符号和革命遗产变得更加不能为军政府所用。[①] 为此，新军人政府政权还关闭了与昂山将军有关的博物馆等公共设施。[②] 正是在这样的背景下，新的意识形态工程，以及新的执政合法性的构建，也变得紧迫且至关重要。

在这场围绕合法性展开的斗争中，新军人政府对缅甸国家进行了一次"再造"。经过"8888民主运动"以及奈温政府的倒台，新军人政府认为国家已经到了崩溃的边缘。正如国家法律与秩序恢复委员会主席苏貌所言："国家机器已经停止运转"，而新军人政府要做的就是"从创伤中建造一个国家"。

在一系列除旧立新的举措中，比变更国家译名更受瞩目的是缅甸首都的搬迁。2005年11月4日，仰光的数百名公务员接到上级通知：用三天时间收拾行装，搬迁到缅甸的新首都——位于仰光以北、曼德勒省最南端的彬马那。军政府甚至严禁公务员辞职，并宣布将把因不愿搬迁而辞职的公务员处以三年监禁。[③] 缅甸迁都的决定让很多人感到困惑，这是因为，仰光不仅是缅甸独立以来的首都，而且从殖民时期开始，仰光就是缅甸政治、经济、文化活动的中心。次年3月，缅甸国家和平与发展委员会（于1997年由最高权力机构国家法律与秩序恢复委员会改组而来）正式公布了新首都的名

---

① Gustaaf Houtman, "Remaking Myanmar and Human Origins", *Anthropology Today*, Vol. 15, No. 4, 1999, p. 15.

② Donald M. Seekins, "The State and the City: 1988 and the Transformation of Rangoon", *Pacific Affairs*, Vol. 78, No. 2, 2005, p. 269.

③ 李晨阳：《缅甸"迁都"揭秘》，《世界知识》2005年第23期，第30页。

字——内比都，意为"皇城"。宗教与历史符号也被进一步发掘和利用，为这座新的首都"加持"：内比都不仅树立起三个缅族国王阿努律陀、莽应龙、雍笈牙的巨大雕像，还仿照仰光大金塔修建了新的金塔。

和译名变更一样，迁都的背后是军政府对国内与国际政治困局的一个回应。不同于位于伊洛瓦底江三角洲的仰光，内比都地处整个国家的中部，临近掸邦、克耶邦、克伦邦等少数民族聚居的地区，这就使得中央政府更便于施展对少数民族邦的控制。正如缅甸新闻部部长觉山对记者所言："随着政府对边境地区和边远村庄民族发展政策的推进，将政府的行政（中心）搬迁至更居中的地点，并将其置于交通网络中，变得十分必要。"[①]

更重要的是，包括仰光、曼德勒在内的大城市，还是大规模社会运动集中爆发的地方。事实上，城市的这一"革命传统"早在殖民时期就已经形成，仰光曾是反殖民运动的中心。对于军政府而言，城市也是民主政党和反对派聚集的地方。[②] 在1988年的民主运动中，仰光大金塔这样的标志性建筑物是抗议群众集会的地方，昂山素季位于仰光大学路54号的居所甚至成了民众竞相"朝拜"的民主圣地。相反，内比都则是一座完全由军政府在短短几年时间里建成的、全新的行政中心，无论是到仰光还是曼德勒，都需要数小时的车程。从这个意义上讲，新的首都让军政府得以隔绝反对派，更有利于政

[①] Daniel Gomà, "Naypyidaw vs. Yangon: The Reasons Behind the Junta's Decision to Move the Burmese Capital" in Lowell Dittmer ed., *Burma or Myanmar? The Struggle for National Identity*, New Jersy: World Scientific, 2010, p. 195.

[②] Donald M. Seekins, "The State and the City: 1988 and the Transformation of Rangoon", *Pacific Affairs*, Vol. 78, No. 2, 2005.

权的安全。①

此外，不利的国际环境也是促使军政府迁都的因素之一。很多西方媒体都猜测，新军人政权的迁都是出于对美国军事入侵的担忧。从掌权以来，新军人政权就面临着强大的国际压力。对于这一点，我们还将在下一节里进行详细的说明。与邻近安达曼海的仰光相比，内比都则更具有战略纵深。同时，政府信息泄露也一直是军政府的心头大患，新军政府相信，仰光活跃着大量外国情报人员，怀疑的目标甚至包括各国的外交人员。② 这也在很大程度上解释了，为什么迁都后各国使馆仍继续留在仰光。

◇◇ 制裁 VS 接触

正如本文开头所指出的，不同国家政府对于缅甸的称呼，以最直观的方式暴露了国际社会在缅甸问题上存在的巨大分歧。在针对新军人政府的指责和制裁中，美国的作用尤为明显。在国家法律与秩序恢复委员会成立后的很长一段时间里，美国驻缅甸大使都拒绝与新政权领导人会面，以避免给外界留下认可军政府合法性的印象。在此后的30年间，除了坚持以"Burma"称呼缅甸，美国还开始了针对缅甸的一轮又一轮制裁。同时，公开呼吁军政府承认1990年大选，并将权

---

① 本段内容参考了 Daniel Gomà, "Naypyidaw vs. Yangon: The Reasons Behind the Junta's Decision to Move the Burmese Capital" in Lowell Dittmer ed., *Burma or Myanmar? The Struggle for National Identity*, New Jersy: World Scientific, 2010。

② Maung Aung Myoe, *The Road to Naypyitaw: Making Sense of the Myanmar Government's Decision to Move Its Capital*, National University of Singapore, Asia Research Institute, Singapore, 2006.

力移交给民盟，也成为美国在处理对缅甸关系时的常规操作。然而，这样的对缅政策却受到很多人的批评，因为常年的制裁并没有达到预期的目标，没有促进缅甸的政治转型。相反，强硬的对缅政策反而进一步刺激了缅甸军方高级官员的民族主义情绪，也让很多人相信美国可能武力入侵缅甸。不仅如此，由一些民盟成员组成的缅甸流亡政府——缅甸联邦民族联合政府，还将总部设在了美国。反对派长期游说美国政要，对此，一位美国的缅甸问题专家甚至批评说，美国政府的"对缅政策实际上是由昂山素季制定的"。① 可以说，制裁所达到的结果，只是粗暴地切断了美国与缅甸的联系。而国际政治中的一个基本原理就是，要想施加影响力（influence），首先就要和对方建立联系（connection），关系网络越密集，影响力才会越大。② 美国的对缅政策则从反面证明了这个观点的正确。

与以美国为代表的西方国家不同，东盟国家在处理与缅甸的关系上，走了一条截然不同的道路。新军人政府执政后的3个月，泰国陆军司令差瓦立就出访缅甸，成为第一位到访的外国领导人。③ 对于泰国来说，缅甸政局的稳定直接关系到泰国的边境安全。同时，致力于成为中南半岛经济中心的泰国，也离不开缅甸的合作。④ 这一政策后来被泰国政府总结为"建设性接触"（constructive engagement）政策。

---

① David Steinberg, "The United States and Myanmar: A 'Boutique Issue'?" *International Affairs*, Vol. 86, No. 1, 2010, p. 185.

② Anne-Marie Slaughter, *The Chessboard and the Web: Strategies of Connection in a Networked World*, New Haven and London: Yale University Press, 2017, p. 2.

③ Amitav Acharya, *Constructing a Security Community in Southeast Asia: ASEAN and the Problem of Regional Order*, London and New York: Routledge, 2001, p. 103.

④ Leszek Buszynski, "Thailand and Myanmar: The Perils of 'Constructive Engagement'", *The Pacific Review*, Vol. 11, No. 2, 1998.

在该政策的指导下，泰国不仅成为缅甸加入东盟倡议的提出者和推动者，泰国政府甚至允许缅甸军队跨境，利用泰国领土打击缅甸的少数民族叛乱组织。① 由于泰国的推动，"建设性接触"政策后来进一步升级成为东盟整体的对缅政策，缅甸也于 1995 年获得东盟观察员身份，并于两年后正式成为东盟成员国。

从东盟的视角来看，无论是西方国家所强调的民主还是人权，都无法通过外部施压强加在缅甸身上。对于所谓的"建设性接触"政策，印尼的一位外交官曾这样解释："我们并没有角号齐鸣，（或是）采取公开声明，而是安静地、以东盟的方式告诉缅甸政府：'看，你们有麻烦了，让我们来帮助你。但是你需要做出一些改变，你不能像这样继续下去了。'"②

东盟对缅甸所持的接触立场，在很大程度上反映出该组织对于不干预原则的坚持。正如东盟成员国反复强调的，一个国家的民主水平和人权状况不应该成为衡量成员资格的标准。尽管如此，东盟也因接纳缅甸而承受了西方的强大压力。出于对缅甸人权状况的不满，在缅甸加入东盟的同一年，欧盟取消了与东盟高级官员的会议；次年，欧盟又决定对东盟出口的工业与农业产品执行制裁，欧盟与东盟的关系也因此跌入谷底。③

需要进一步澄清的是，东盟给予缅甸成员国的身份，并不意味着前者对后者人权状况的视而不见。此后的发展表明，允许缅甸成为东

---

① Leszek Buszynski, "Thailand and Myanmar: The Perils of 'Constructive Engagement'", *The Pacific Review*, Vol. 11, No. 2, pp. 293, 95.

② Amitav Acharya, *Constructing a Security Community in Southeast Asia: ASEAN and the Problem of Regional Order*, London and New York: Routledge, 2001, p. 103.

③ Anthony Forster, "The European Union in South-East Asia: Continuity and Change in Turbulent Times", *International Affairs*, Vol. 75, No. 4, 1999, p. 752.

盟成员国，实际上强化了缅甸与其他东南亚国家的联系，也使得东南亚国家可以利用东盟这一平台，促进缅甸的政治改革。正如前面讲到的，建立"联系"是施加"影响"的前提，这也是所谓"接触"政策的精髓。在这一点上，一个很好的例子就是，在2005年的东盟峰会上，成员国公开敦促缅甸军政府释放政治犯并加快民主改革。更让外界吃惊的是，缅甸甚至同意东盟派遣代表团对其国内的民主进程进行评估。在其他成员国的压力下，缅甸被迫放弃了2006年担任东盟主席的资格。① 此后，缅甸的政治转型明显加快：2008年，缅甸新宪法颁布。2010年，缅甸依据宪法举行了多党制大选，迈出了军人向文官政府移交国家权力过程中的重要一步。

2021年2月，在民盟执政5年并再次赢得大选后，缅甸军方又一次接管了权力，缅甸政局的走向也成为摆在东盟面前的一个难题。同年4月24日，东盟领导人就缅甸问题召开峰会，各方达成五点共识。虽然缅甸问题可能无法在短时间内得到解决，但和西方国家以及其他国际组织相比，东盟仍是最有可能在该问题上发挥影响的一方。

◇ 小结

在本文里，我们探析了缅甸国家译名背后所涉及的政治斗争。可以看出，译名变更的背后既有军政府与少数民族武装、民主政党之间的争斗，同时也折射出新军人政府少数民族政策的调整，译名的变更

---

① Ruukun Katanyuu, "Beyond Non-Interference in ASEAN: The Association's Role in Myanmar's National Reconciliation and Democratization", *Asian Survey*, Vol. 46, No. 6, 2006, p. 839.

还是新军人政府所发起的、庞大的意识形态工程的一个重要组成部分。此外，对于不同译名的采用，更反映出国际社会在对待缅甸军政府时，所采取的截然不同的政治立场和外交路线。而缅甸政局及其对外关系的演变，也进一步向我们揭示了制裁的有限作用，以及接触政策的必要性。

参考文献

中文文献

李晨阳:《缅甸"迁都"揭秘》,《世界知识》2005 年第 23 期。

李贵梅:《缅甸历史上缅族王朝民族关系治理困境探析》,《东南亚纵横》2016 年第 1 期。

刘伉:《缅甸:名称背后的故事》,《地图》2008 年第 6 期。

刘务:《1988 年以来缅甸民族国家构建》,社会科学文献出版社 2014 年版。

英文文献

Acharya, Amitav, *Constructing a Security Community in Southeast Asia: Asean and the Problem of Regional Order*, London and New York: Routledge, 2001.

Buszynski, Leszek, "Thailand and Myanmar: The Perils of 'Constructive Engagement'", *The Pacific Review*, Vol. 11, No. 2, 1998.

Dittmer, Lowell, "Burma Vs. Myanmar: What's in a Name?", in Lowell Dittmer ed., *Burma or Myanmar*, New Jersey: World Scientific, 2010.

Forster, Anthony, "The European Union in South-East Asia: Continuity and Change in Turbulent Times", *International Affairs*, Vol. 75, No. 4, 1999.

Gomà, Daniel, "Naypyidaw VS Yangon: The Reasons Behind the Junta's Decision to Move the Burmese Capital", in Lowell Dittmer ed.,

Burma or Myanmar? The Struggle for National Identity, New Jersy: World Scientific, 2010.

Han, Enze, "Geopolitics, Ethnic Conflicts Along the Border, and Chinese Foreign Policy Changes toward Myanmar", *Asian Security*, Vol. 13, No. 1, 2017.

Houtman, Gustaaf, "Remaking Myanmar and Human Origins", *Anthropology Today*, Vol. 15, No. 4, 1999.

Katanyuu, Ruukun, "Beyond Non-Interference in Asean: The Association's Role in Myanmar's National Reconciliation and Democratization", *Asian Survey*, Vol. 46, No. 6, 2006.

Kramer, Tom, "Ethnic Conflict in Burma: The Challenge of Unity in a Divided Country", in Lowell Dittmer ed., *Burma or Myanmar: The Struggle for National Identity*, Singapore: World Scientific Publishing Co., 2010.

Myoe, Maung Aung, *The Road to Naypyitaw: Making Sense of the Myanmar Government's Decision to Move Its Capital*, National University of Singapore, Asia Research Institute, Singapore, 2006.

Seekins, Donald M., "The State and the City: 1988 and the Transformation of Rangoon", *Pacific Affairs*, Vol. 78, No. 2, 2005.

Slaughter, Anne-Marie, *The Chessboard and the Web: Strategies of Connection in a Networked World*, New Haven and London: Yale University Press, 2017.

Steinberg, David, "The United States and Myanmar: A 'Boutique Issue'?", *International Affairs*, Vol. 86, No. 1, 2010.

Steinberg, David I., *Burma/Myanmar: What Everyone Needs to Know*, Oxford: Oxford University Press, 2010.

10

菲律宾对外政策为何总在变？

自从 2016 年 6 月宣誓就职菲律宾总统以来，罗德里戈·杜特尔特就频频因其出位的言论吸引国际舆论的关注。尽管一些西方媒体和学者对他评价不高，但杜特尔特却颇受菲律宾民众的欢迎——他在菲律宾的民意支持率长期维持在 80% 以上，这是很多西方政治家难以企及的。与此同时，杜特尔特给中国人民也留下了不错的印象，大家普遍认为，这是一位总体上对华友好的外国领导人。

杜特尔特对中国的友好立场体现在很多方面。中国是杜特尔特当选总统以后出访的第一个东盟以外的国家。仅仅在任期前半段，他就先后 5 次访问中国。对于极具争议的南海问题，杜特尔特采取了较为务实的合作态度，低调地处理前任阿基诺三世（2010—2016 年在任）的遗产，也就是所谓的"南海仲裁案"。在双方的努力下，中国与菲律宾建立起南海问题双边磋商机制。而中菲关系的改善也为中国与东盟之间的合作扫除了重要障碍，中国与东盟国家就"南海行为准则"（CoC）的谈判取得了一系列进展。2018 年 11 月，习近平主席出访菲律宾期间，两国元首决定建立中菲"全面战略合作关系"，这也将双边关系提升到一个全新的高度。

如果将杜特尔特与阿基诺三世做一个对比，我们很快就会发现，2016 年的菲律宾大选和随之而来的最高领导人的更迭，给菲律宾的对华政策带来了本质的变化。让人记忆犹新的中菲黄岩岛对峙就发生在阿基诺三世的任期之内：2012 年 4 月 11 日，菲律宾海军在黄岩岛附近抓捕中国渔民，被及时赶到的中国海监船制止，随后双方发生对峙。此后，阿基诺三世采取了一系列举措，想拉上整个东盟乃至国际社会共同抗衡中国。在 2012 年 7 月召开的东盟外长会议上，菲律宾执意将中菲黄岩岛争端写入联合公报，结果这一提议遭到柬埔寨等国反对，并直接导致东盟外长会议45年来首次未能发表联合公报。[①] 次年，阿基诺三世政府又不顾中国的反对，正式向国际海洋法法庭提出诉讼，要求对中国在南海的主张提出仲裁。可以说，正是阿基诺三世政府在南海问题上的一系列挑衅举动，导致中菲双边关系跌至历史低点。

从阿基诺三世到杜特尔特，菲律宾的对华政策并不是第一次发生如此戏剧化的转向。沿着时间线往前追溯，我们会进一步发现，在阿基诺三世之前，菲律宾还有过一位"对华友好"的领导人，那就是女总统阿罗约。很多人曾将阿罗约执政的时期（2001—2010年）称为中菲关系的"黄金时期"。在此期间，中菲合作不仅在经济领域取得了明显的成绩，在南海问题上也向"共同开发"迈出过重要的一步：在2004年阿罗约访华期间，中国与菲律宾曾签署协议，同意由双方的国家石油公司在南海具有主权争议的地区收集地震数据，这意味着双方具有联合考察石油资源储量的意愿。不仅如此，中菲协议的达成还在事实上给越南造成了压力，后者随即要求加入，双边协议就此变为三边协议。这样的举措无论是在当年还是在当下来看，都是具有突破性意义的。

通过这样一段简短的回顾，我们可以说，在过去的20年间，菲律宾的对华政策经历了一个"V"字形的转变，而这其中的两次变化都与菲律宾总统的更迭有着密切的关系。此外，虽然菲律宾和美国签署了《共同防御条约》，是美国的盟国，但菲律宾的对美政策也绝非一成不变。杜特尔特执政后，菲美安全合作就出现了明显的疏离，杜特尔特多次威胁要终止菲美访问部队协议，这与阿基诺三世时期，菲

---

① 环球网：《东盟外长会在争吵中结束　首次未发联合公报》，2012年7月14日，http://world.huanqiu.com/exclusive/2012-07/2912505.html。

律宾与美国的紧密合作形成了鲜明对比。这种明显且具有规律性的变化，在错综复杂的国际政治中似乎并不多见。对此，我们不禁要追问，菲律宾的对外政策为何缺乏连贯性？总统又在菲律宾的外交政策制定中发挥着什么样的作用？要回答这些问题，我们需要对菲律宾的国内政治有更加深入的了解。

◇◇ 超级总统

在审视一个国家的政治制度时，我们往往会按照立法机构与行政机构的关系来对政体进行区分，这就是人们常说的"总统制""议会制"，以及兼具两者特征的"半总统半议会制"。相对于其他两种政体，总统制下的行政首脑具有最大的权力，① 菲律宾就是一个总统制国家。事实上，菲律宾是最早确立总统制的亚洲国家，② 这和它被殖民的历史有着密切的关系。1898 年美西战争后，美国就从西班牙手中夺取了菲律宾，并开始在这里建立自己的殖民统治。1907 年，美

---

① 补充一点政治学的基本知识，不同政治制度下的行政首脑之所以有权力大小的区别，主要是因为其合法性的来源不同：在总统制下，总统往往是由选民直接选举出来的，这就使总统具备了独立于立法机构的合法性来源。同时，宪法中对总统的任期也有明确的规定。除非总统有非常严重的违宪或违法行为，否则议会不能通过弹劾中止总统的任期。不仅如此，总统往往还有更大的通过行政命令立法的权力，这也使得总统可以站在与议会更加对等的位置上，与后者讨价还价。相反，在议会制下，首相则是由议会选举出来的，一般来自于议会中占多数席位的政党或政党联盟。这也意味着首相的合法性来自于议会，必须享有议会的支持，并很有可能因为一些具有争议的政策（或者执政表现不佳），而被议会通过不信任投票解除职务。

② Mark R. Thompson, "The Predisency: A Relational Approach", in Mark R. Thompson and Eric Vincent C. Batalla eds., *Routledge Handbook of the Contemporary Philippines*, New York: Routledge, 2018, p. 118.

国将"美式民主"引入菲律宾,后者开始实行两院制和全国性选举,并在 1935 年获得自治地位后产生了第一位总统。

虽然在建立时效仿了美国的政治制度,但菲律宾总统所拥有的权力却远远大于美国总统。这首先就和菲律宾宪法有着密切关系,有学者曾设立了一整套指标,对宪法赋予总统的权力进行衡量。结果发现,美国总统的得分仅为 2,而菲律宾总统的得分则高达 6。[1] 即便是在整个世界范围内,菲律宾总统的权限之大也是屈指可数的。正是因为宪法中的一些规定极大地强化了总统相对于立法和司法机构的权力,有人才将菲律宾的总统制称为"超级总统制"(hyper-presidentialism)。[2]

菲律宾总统所拥有的一项重要的权力,就是制定和执行政府预算。虽然由行政机构制定的预算需要得到国会的批准,但根据宪法的规定,国会不能增加预算的总金额,而只能调整预算的分配。不仅如此,一旦总统对国会修改后的预算有所不满,依然可以行使"部分否决权"(partial veto)。需要说明的是,"部分否决权"实际上是一项非常强大的权力,因为与"全案否决权"(package veto)相比,它给了总统更大的灵活性——总统可以让预算中令自己满意的部分先行通过,同时否决自己不满意的部分。[3] 而对于议员来说,尤其是那些代

---

[1] Yuko Kasuya, "A Framework for Analysing Presidential-Legislative", in Yuko Kasuya ed., *Presidents, Assemblies and Policy-Making in Asia*, London: Palgrave Macmillan, 2013, p. 20.

[2] Suan Rose-Ackerman, Diane A. Desierto, and Natalia Volosin, "Hyper-Presidentialism: Separation of Powers without Checks and Balances in Argentina and the Philippines", *Berkeley Journal of International Law*, Vol. 29, No. 1, 2011.

[3] Takeshi Kawanaka, "Trading Compromises: Interaction of Powers in the Philippine Presidential System", in Yuko Kasuya ed., *Presidents, Assemblies and Policy-Making in Asia*, London: Palgrave Macmillan, 2013, p. 95.

表地方利益的众议员，究竟能为自己的省份争取到多少国家拨款，这直接关系到未来能否再次当选。为此，很多议员都会尽量与总统协调立场，比如确保总统所支持的法案尽快在国会通过。

不仅如此，菲律宾宪法一些原本旨在减少总统权力的规定，在事实上反而巩固了总统相对于议会的优势地位。宪法关于"总统不得连任"的规定就是很好的例子。这一规定的产生与菲律宾的历史有着密切关系：1965年当选菲律宾总统的费迪南德·马科斯，曾通过执行"军管法"来维持自己的专制统治。1986年，马科斯政权在大规模的群众抗议中倒台，菲律宾得以恢复民主政治。为了防止下一位独裁者的出现，1987年的菲律宾宪法直接规定总统不得连任，但出于维护国家政策延续性的目的，宪法又将总统任期从4年延长至6年。菲律宾众议员的任期则只有三年，且可以连任3届。在讨价还价的过程中，一方是不想连任但掌握财政大权的总统，另一方是想要连任、同时需要财政支持的众议员，显然，前者的腰杆会硬得多。①

因此，我们会发现菲律宾政治中经常出现的一个奇特现象，那就是议员的大范围"倒戈"——每当新总统上任后，很多原本属于反对党的议员，就会纷纷选择加入新总统所在的政党。在2016年5月举行的大选结束时，杜特尔特所领导的"民主—人民力量党"仅获得了3个众议院议席，而在杜特尔特就职的一个月后，该党所控制的众议院议席就增加到93个。前任总统阿基诺三世所在的"自由党"则损失惨重，其旗下的115名众议员中，有多达80位选择了"跳槽"，这

---

① Emmanuel S. de Dios, "Executive-Legislative Relations in the Philippines: Continuity and Change", in Colin Barlow ed., *Institutions and Economic Change in Southeast Asia: The Context of Development from the 1960s to the 1990s*, Cheltenham: Edward Elgar, 1999, p. 140.

也让自由党成为议会中的少数派。①

松弛的党纪是长期以来困扰菲律宾政党的重要问题，这也进一步强化了总统的个人权力。一方面，松散的政党让总统可以更有机会瓦解议会内的反对势力，通过"财政拨款""内阁职务"等诱饵来吸引议员倒戈，支持自己的政治盟友出任众议院和参议院的议长，②并在议会中构建一个基于个人关系的、临时性的利益联盟……这些做法都极大地削弱了立法机构的地位，使其无法对行政机构进行更有效的监督与制衡。

另一方面，政党的欠发达也意味着总统很少受到来自自己政党的约束。相反，在决策制定时，总统个人的偏好和施政纲领往往会起到决定性的作用。很多成熟的政党都有自己的意识形态体系和明确的施政纲领，这为政党的长期发展提供了保障。一旦执政，这些政党所推行的政策也能体现出一定的连贯性。但在菲律宾，政党却缺少这样的意识形态基础。相反，菲律宾的政党繁多，往往是"因人而设"，即围绕着个别有潜力的候选人而组成。这就导致了菲律宾政党极高的"出生率"和"死亡率"——每逢大选，菲律宾就会涌现出很多新政党，而不少政党也会因为没有获得任何席位而解散。③同时，因为缺少制度化的政党，以及长远的发展规划，总统的更迭也往往带来国家

---

① Paolo Romero, "It's Final: LP to Be Minority", https://www.philstar.com/headlines/2016/07/20/1604752/its-final-lp-be-minority.

② Diana J. Mendoza and Mark R. Thompson, "Congress: Separate but Not Equal", in Mark R. Thompson and Eric Vincent C. Batalla eds., *Routledge Handbook of the Contemporary Philippines*, New York: Routledge, 2018, p. 109.

③ Allen Hicken, "The Political Party System", in Mark R. Thompson and Eric Vincent C. Batalla eds., *Routledge Handbook of the Contemporary Philippines*, New York: Routledge, 2018, p. 41.

政策的调整。

一般来说，与税收等其他社会政策相比，就外交政策制定而言，行政分支所面临的来自立法与司法分支的限制会更为有限，包括总统、外交部、国防部在内的机构往往能对外交政策的制定和执行发挥更大的影响。在菲律宾的行政分支内部，总统的权力更是无人能及。对此的一个重要体现就是，总统所拥有的任命权。除对部长、大使和军方高级将领的任命，需要国会的"任命委员会"批准以外，菲律宾总统还有权任命多达1万名的中低层官员，且无须通过国会的审查和批准。[1] 此外，一旦国会对高级官员的任命提出疑义，总统也可以以"试用"的名义任命他所青睐的人选，并不断更新任命，让"试用"一直延续下去。[2] 任命权让总统可以在各个行政部门安插自己的亲信，从而进一步巩固自己的支持基础。前总统阿罗约就曾将多名退休的军队将领任命为驻外大使，这成为她保证军队支持的一个重要手段。

◇ "强大"的总统与不连贯的政策

在上一节中，我们从宪法的规定和政治的实际运作两个方面，审视了菲律宾总统所具有的权力。但我们仍需要做出一些必要的澄清：我们虽然将菲律宾的总统称为"超级总统"，但这样的论断是在横向

---

[1] Suan Rose-Ackerman, Diane A. Desierto, and Natalia Volosin, "Hyper-Presidentialism: Separation of Powers without Checks and Balances in Argentina and the Philippines", *Berkeley Journal of International Law*, Vol. 29, No. 1, 2011, p. 306.

[2] Suan Rose-Ackerman, Diane A. Desierto, and Natalia Volosin, "Hyper-Presidentialism: Separation of Powers without Checks and Balances in Argentina and the Philippines", *Berkeley Journal of International Law*, Vol. 29, No. 1, 2011, p. 303.

比较的视野下做出的。我们可以说在国内政治中，菲律宾总统的权限超过了包括美国总统在内的很多总统。然而，这并不意味着，菲律宾总统在政策制定中就可以随心所欲，而不受到任何限制。

事实上，历任菲律宾总统总在与形形色色的政治力量进行着激烈的博弈。国会所享有的监督权、司法机构享有的司法审查权，以及民意支持率的变化都将影响总统的决策，甚至会威胁到总统的执政地位。我们还会看到，就连前一任总统的施政纲领以及效果，也会在很大程度上影响现任总统的决策。

这就引出了另一个更加重要的问题，那就是菲律宾总统所具有的这种"相对强大的权力"，对于政策的制定与执行来说究竟意味着什么？就以本章想要重点探讨的外交政策为例，如果对菲律宾的外交立场进行更深入的研究，我们就会发现，这种"相对强大的权力"不仅没有促进菲律宾政府持之以恒地追寻一个既定目标的，反而导致了外交立场的明显摇摆。

过去的经验表明，菲律宾总统所具有的"相对强大的权力"是一把双刃剑，这种权力强大到可以使总统主导外交政策的制定，但却没有强大到足以保证政策的最终落实，或者延续。比如，就一项国际合作而言，在合作的初期，双方的协议可能因为获得了总统的支持而顺利达成；然而，在协议的执行过程中，却经常陷入菲律宾国内政治的泥沼。那些长期被"超级总统"挤压的反对派，会煽动国内的民族主义情绪，批评总统滥用权力，最终可能导致国际合作的中断。这在敏感的国际议题上表现得尤其明显。

不仅如此，与官僚机构通过制度化的渠道所制定的政策不同，由总统个人主导制定的外交政策，往往反映了其个人的偏好。一旦总统的任期结束，就可能引发外交政策定位的根本调整，因为继任者可能有完全不同的政策偏好或施政纲领，同时也会利用手中的超级权力，制定更加符合其自身利益的新政策。继任者甚至可能通过攻击前任的外交政策来提升自己的合法性、打击前任留下的残余势力。

◇◇ 阿罗约的"遗产"

正如文章开篇所讲到的，在阿罗约执政期间，中菲关系经历了快速的发展。然而，阿罗约在国内的执政地位却并不稳固，这也为菲律宾外交政策的调整埋下了伏笔。2004年，阿罗约以3.48%的微弱优势赢得总统大选，此后，其在国内的支持率就一路下跌，她甚至被称为菲律宾历史上"最不受欢迎的总统"。这主要是因为阿罗约任期内出现的一系列丑闻，比如，她的丈夫曾被曝出使用假名开立银行账户，并动用阿罗约100多万美元的竞选资金从事洗钱活动；她的长子及妹夫也被指责为菲律宾最大的非法赌博业提供庇护；她本人则因为干预大选，以及利用本应发给农民的化肥基金从事竞选活动而广受指责。在2005年的一项民意调查中，62%的被调查者表示阿罗约应该辞职，85%的人认为阿罗约应该被弹劾。[1] 事实上，在她的任期内，阿罗约几乎每年都会面临弹劾动议。

面对来自反对者压力，阿罗约却巧妙地利用手中的权力，在议会中扶植和收买盟友，并凭借这些盟友的支持，屡次挫败了部分议员弹

---

[1] Social Weather Station, "Response to Garci Tapes Crisis: SWS Telephone Survey in Metro Manila, June-August 2005", August 26, 2005, http://www.sws.org.ph/pr050827_2005%20Research%20Forum_Metro%20Manila%20telephone%20surveys%20on%20Garci%20Tapes.pdf.

劲她的尝试。即便是在危机时刻，她也成功地保证了军队高层对她的支持，从而没有像马科斯和她的前任埃斯特拉达总统一样，被大规模的示威游行赶下台。

与此同时，阿罗约还积极利用外交方面取得的成果，来弥补她在国内政治中的失分。她频繁地进行国际访问，并极力促成菲律宾与其他国家的经济合作。在她任期内，阿罗约曾12次访问中国，两国签订了多达83个双边协议，这几乎是此前20余年间中菲所签订的双边协议的两倍。[1] 仅在2007年举办的博鳌论坛期间，菲律宾与中国就签订了总价值19亿美元的商业合同。在经济合作以外，正如前文提到的，2005年菲律宾还与中国和越南达成了联合收集海洋地震数据的"三方协议"。一旦联合开发南海油气资源的设想成为现实，将有力缓解菲律宾所面临的能源短缺问题。

然而，随着阿罗约腐败丑闻的不断发酵，她所主持签订的国际协议也遭到非议，反对者指责她在国际合作中为自己和政治盟友谋求利益。一些外国企业在菲律宾投资的大型项目，在落地的过程中，也受到阿罗约反对者的抨击和阻挠，最终被迫取消，成了菲律宾国内斗争中的牺牲品。[2]

待到2010年菲律宾大选，时任参议员的阿基诺三世准确地拿捏了民意，打出了"没有腐败，就没有贫困"的竞选口号，并最终赢得

---

[1] Bobby M. Tuazon, "Duterte's 'Pivot to China': Independent Foreign Policy?" in Temario C. Rivera, Roland G. Simbulan, and Bobby M. Tuazon eds., *Probing Duterte's Foreign Policy in the New Regional Order: Asean, China, and the U.S.*, Quezon City: Center for People Empowerment in Governance, Integrated Development Studies Institute, 2018, pp. 56 – 57.

[2] 查雯：《菲律宾对华政策转变中的国内政治因素》，《当代亚太》2014年第5期，第120—139页。

了大选。在上台后，阿基诺三世屡屡攻击阿罗约政府的南海政策，并通过极端言论煽动菲律宾民众的民族主义情绪。对于阿基诺三世来说，在南海问题上的强硬立场，有助于他划清与阿罗约政府的界限，同时树立自己"清廉""不被收买""坚决捍卫国家利益"的形象。

尽管阿基诺三世高举"反腐"与"民族主义"的旗帜，但在这两面旗帜下进行的，实际上是一场针对阿罗约残余政治势力的清算活动。这一点在针对最高法院首席大法官雷纳托·科罗纳的弹劾案中表现得尤为突出。科罗纳是阿罗约的重要政治盟友，2010年5月，阿罗约下台前不顾阿基诺三世的反对，坚持任命科罗纳为最高法院大法官。对于阿罗约来说，在最高法院里安排一个自己的盟友，这将为自己撑起一把保护伞。因为一旦卸任，阿罗约就将失去总统所拥有的豁免权，并可能因为此前的腐败行为遭到指控。

而科罗纳的当权也的确成了阿基诺三世及其家族的心头大患。科罗纳一方面阻挠对阿罗约的调查，另一方面对阿基诺三世发起进攻。阿基诺家族在菲律宾政治地位显赫，其母亲科拉松·阿基诺曾在1986—1992年出任菲律宾总统。不仅如此，阿基诺家族还在菲律宾北部的打拉省拥有菲国内最大的甘蔗种植园。但阿基诺家族与佃农之间存在着激烈的土地纠纷，已经持续了50年。仅在2004年的一次佃农罢工中，就有7名抗议者被军警打死。2011年11月，科罗纳执掌的最高法院裁定，将种植园3/4的土地分给6296名佃农，由于部分土地已经被阿基诺家族出售，法院判决阿基诺家族向佃农提供高达3000万美元的经济补偿。[①] 但科罗纳很快遭到阿基诺的回击，他被指控未如实公布个人银行存款，并被由阿基诺三世和自由党所主导的国会弹

---

① 许春华：《菲律宾："政治清算"牵动家族政治》，《南风窗》2012年第5期，第69页。

劲，最终下台。

◇杜特尔特带来的新转变

尽管阿基诺三世凭借"没有腐败，就没有贫困"的竞选口号赢得了总统宝座，然而此后6年间，这场反腐运动的成效却让许多菲律宾人不满。2015年菲律宾的一项民意调查显示，仅有13%的受访者认为阿基诺主导的反腐运动是"成功的"，41%的受访者对反腐运动的成效感到"不确定"，高达46%的受访者表示反腐运动没有兑现阿基诺竞选时许下的诺言。[1] 不仅如此，越来越多的菲律宾民众开始意识到，阿基诺的反腐运动政治色彩浓烈，被绳之以法的往往是他的反对者。[2] 更重要的是，普通人的生活境遇并没有在阿基诺三世在任期间得到明显的改善，失业率始终居高不下，不充分就业的比率一度超过22%,[3] 有40%的菲律宾人表示，自己面临食品短缺的问题。[4]

不仅是社会底层，菲律宾的中产阶级也同样生活在不安与焦虑之

---

[1] "46% of Filipinos Think Aquino Failed to Curb Corruption: Radio Veritas", Inquirer. net, July 23, 2015, http://newsinfo.inquirer.net/707271/46-of-filipinos-think-aquino-failed-to-curb-corruption-radio-veritas.

[2] Richard Javad Heydarian, "Duterte and the Global Rise of Strongmen", *The Diplomat*, June 30, 2016, http://thediplomat.com/2016/07/duterte-and-the-global-rise-of-strongmen/.

[3] Philippine Statistics Authority, "Household Population 15 Years Old and Over by Employment Status, July 2002 – April 2015", http://www.nscb.gov.ph/secstat/d_labor.asp.

[4] Social Weather Station, "First Quarter 2016 Social Weather Survey: Families Rating Themselves as Mahirap or Poor Falls to 46%; Families Who Were Food Poor Falls to Record-Low 31%", May 30, 2016, http://www.sws.org.ph/swsmain/artcldisppage/? artcsyscode = ART-20160527154559.

中。到过菲律宾的人可能都会对这个国家糟糕的基础设施和社会治安有所体会。马尼拉的尼诺—阿基诺机场，曾被评为世界上最差的机场。① 另据菲律宾政府估计，马尼拉首都区的交通拥堵每年都会给菲律宾经济造成高达30亿美元的损失。② 菲律宾人到海外务工的情况非常普遍，事实上，菲律宾约有1100万海外务工人员，这超过了菲总人口的10%。然而，菲律宾不仅机场设施落后，同时国内重要城市之间也缺乏应有的交通大干线，这给回家探亲的菲律宾劳工造成极大的困扰，这些新兴的中产阶级急切地要求政府做出改善。然而，阿基诺三世却在很多重要问题上无所作为，并往往因为缺乏决断力和工作效率低而饱受指责。

正是在这样的背景下，杜特尔特才在2016年的菲律宾大选中脱颖而出。不同于阿基诺三世，杜特尔特并非出身于政治世家，甚至从未当选过参议员。但杜特尔特却有着丰富的地方治理经验，他曾多次出任菲律宾第三大城市——达沃市的市长。在他的铁腕治理下，达沃市犯罪率锐减，成为菲律宾最安全的城市之一。③ 出任达沃市市长期间，杜特尔特就展现出较强的决断力。比如，他要求任何市政府文件的处理过程不可超过72小时，并精简办事流程，任何政府许可的签

---

① Louis Bacani, "NAIA 1 Rated World's Worst Airport Again", Philstar, October 17, 2013, http://www.philstar.com/nation/2013/10/17/1246260/naia-1-rated-worlds-worst-airport-again.

② Chi Liquicia, "Manila Traffic: The Agony, without the Ecstasy", Latitude News, August 14, 2014, http://www.latitudenews.com/story/manila-traffic-the-agony-without-the-ecstasy/.

③ "Davao City Crime Rate Lower Compared to Metro Manila, Naga-Cayetano", Inquirer.net, November 28, 2015, http://newsinfo.inquirer.net/743352/davao-city-crime-rate-lower-compared-to-metro-manila-naga-cayetano.

发只需要5—7个签名。① 同时，杜特尔特主张通过非司法手段打击犯罪，民间治安组织大行其道，法外处决事件频繁发生。② 有调查称，被市长杜特尔特下令私下处决的嫌疑人可能超过1000名。③

杜特尔特以"严厉打击犯罪""改善政府公共服务""继续反腐改革"为竞选纲领，迎合了选民需求。竞选期间，杜特尔特言辞激烈，甚至扬言要"射杀"所有罪犯。④ 尽管其言行极富争议，但杜特尔特却赢得了多数选民的支持，很多选民认为杜特尔特不按常规出牌、行事果断，这与做事拖沓、效率低下的阿基诺三世政府形成了鲜明对比。选民们期待杜特尔特的当选能为菲律宾政坛和整个社会带来明显变化。

杜特尔特的国内施政目标也为其外交政策定下了基调，这首先就表现在打击犯罪活动引发的人权问题，以及菲律宾与西方国家关系的降温上。由于菲律宾司法程序烦冗，政府官员腐败，黑白勾结现象严重，刑事案件的侦破与审理往往进程缓慢。因此，急于兑现竞选承诺的杜特尔特，选择继续支持非司法手段的采用。据菲律宾媒体统计，杜特尔特就任后的1个多月时间里，就有至少500人在禁毒行动中被

---

① "Davao City Crime Rate Lower Compared to Metro Manila, Naga-Cayetano", Inquirer. net, November 28, 2015, http://newsinfo.inquirer.net/743352/davao-city-crime-rate-lower-compared-to-metro-manila-naga-cayetano.

② Yen Makabenta, "US Govt: Duterte behind the Davao Death Squad", *The Manila Times*, April 25, 2016, http://www.manilatimes.net/us-govt-duterte-behind-the-davao-death-squad/258377/.

③ Fr. Amado Picardal, "The Victims of the Davao Death Squad: Consolidated Report 1998 – 2015", *CBCP News*, http://www.cbcpnews.com/cbcpnews/? p=76531.

④ "Duterte to Order 'Shoot-to-Kill' for Criminals, Reinstate Death Penalty", Inquirer. net, May 16, 2015, http://newsinfo.inquirer.net/785766/duterte-to-order-shoot-to-kill-for-criminals-reinstate-death.

打死，超过50万名吸毒人员迫于高压向政府自首。对于杜特尔特政府的这一举措，西方国家屡屡表示"关切"。可以说，当时的奥巴马政府在一定程度上低估了打击犯罪活动对于杜特尔特政府的重要性。西方国家对杜特尔特政府"法外杀戮"的批评，也招致了杜特尔特的不满和抵制，并导致菲律宾与西方国家关系的恶化。

更重要的是，杜特尔特仍急切地希望为其经济发展计划，尤其是庞大的基础设施建设计划，寻找资金来源。杜特尔特就职后就宣布将在2022年以前把基础设施投入提升至菲律宾GDP的7%，并使自己任期的6年成为基础设施建设的"黄金年代"。在这样的施政目标下，杜特尔特越来越将中国的"一带一路"倡议视为菲律宾发展的机遇。同时他也认识到只有在南海问题上采取更加灵活和务实的态度，才能搬走中菲关系发展中最重要的障碍物。这样的考量在很大程度上解释了菲律宾对华政策的第二次转向。

除了国内政治的因素，个人因素也影响了杜特尔特的外交定位。与历任菲律宾总统不同，杜特尔特出生于菲律宾南部。历史上，在菲南部的棉兰老和苏禄地区居住的主要是穆斯林。对于西班牙和美国的殖民统治以及天主教的扩张，南部穆斯林曾发起过顽强的抵抗。杜特尔特的祖母同样是穆斯林，杜特尔特深受其影响，具有强烈的反殖民主义倾向。在学生时代，他就同情越南共产党，反对美国在越南的战争行为，他的大学老师何塞·马利亚·西松还是菲律宾共产党的重要领导人。[1] 杜特尔特曾说过，自己是菲律宾历史上第一个"左翼"总统。不仅如此，杜特尔特还曾向媒体披露，自己在少年时期遭到美国神父的猥亵。另有媒体报道说，他在担任达沃市市长期间，曾经被美

---

[1] 马博：《杜特尔特"疏美亲中"政策评析：国家利益与个人偏好》，《国际论坛》2017年第4期，第36页。

国拒绝过签证申请。杜特尔特本人也曾提及，他有一次访问巴西，在过境美国时因为丢失了一份旅行文件，而遭到美国海关官员的盘问，这使他非常愤怒。可能正是出于这些不愉快的经历，杜特尔特才会高调地宣布，自己永远不会访问美国。可以说，类似的成长背景和个人经历都塑造了杜特尔特的反美倾向，影响了他的外交政策偏好。

◇◇ 小结

在本文中，我们回顾了过去近20年间菲律宾对外政策的不连贯性，并探析了背后的原因。我们发现，菲律宾的总统在国家外交政策制定中发挥着无人能及的主导作用。"超级总统"的产生既与菲律宾宪法的规定有关，也是政治运作的结果。总统的财政权、任命权，以及欠发达的政党都强化了他的地位，使其在与国会进行的博弈中处于优势位置，同时，也让总统可以牢牢地掌控整个行政分支。然而，正是因为总统主导了外交政策的制定，菲律宾的外交政策也被打上了总统个人的烙印。随着新一届大选的举行，或出于政治斗争的目的，或出于新的施政纲领的需要，新任总统往往会对外交政策做出调整。在很多时候，调整的幅度还会相当明显。

参考文献

中文文献

马博:《杜特尔特"疏美亲中"政策评析:国家利益与个人偏好》,《国际论坛》2017年第4期。

查雯:《菲律宾对华政策转变中的国内政治因素》,《当代亚太》2014年第5期。

许春华:《菲律宾:"政治清算"牵动家族政治》,《南风窗》2012年第5期,第69页。

英文文献

Dios, Emmanuel S. de, "Executive-Legislative Relations in the Philippines: Continuity and Change" in Colin Barlow ed., *Institutions and Economic Change in Southeast Asia: The Context of Development from the 1960s to the 1990s*, Cheltenham: Edward Elgar, 1999.

Ellao, Janess Ann J, "Spratlys Agreement Unconstitutional: Joint Mrine Seismic Undertaking Is Void", Bulatlat, https://www.bulatlat.com/2008/03/15/spratlys-agreement-unconstitutional-joint-marine-seismic-undertaking-is-void/.

Hicken, Allen, "The Political Party System", in Mark R. Thompson and Eric Vincent C. Batalla eds., *Routledge Handbook of the Contemporary Philippines*, New York: Routledge, 2018.

Kasuya, Yuko, "A Framework for Analysing Presidential-Legislative", in Yoko Kasuya, ed. , *Presidents, Assemblies and Policy-Making in Asia*, London: Palgrave Macmillan, 2013.

Kawanaka, Takeshi, "Trading Compromises: Interaction of Powers in the Philippine Presidential System", in Yuko Kasuya ed. , *Presidents, Assemblies and Policy-Making in Asia*, London: Palgrave Macmillan, 2013.

Mendoza, Diana J. , and Mark R. Thompson, "Congress: Separate but Not Equal", in Mark R. Thompson and Eric Vincent C. Batalla eds. , *Routledge Handbook of the Contemporary Philippines*, New York: Routledge, 2018.

Romero, Paolo, "It's Final: LP to Be Minority", https://www.philstar.com/headlines/2016/07/20/1604752/its-final-lp-be-minority.

Rose-Ackerman, Suan, Diane A. Desierto, and Natalia Volosin, "Hyper-Presidentialism: Separation of Powers without Checks and Balances in Argentina and the Philippines", *Berkeley Journal of International Law*, Vol. 29, No. 1, 2011.

Thompson, Mark R. , "The Predisency: A Relational Approach", in Mark R. Thompson and Eric Vincent C. Batalla eds. , *Routledge Handbook of the Contemporary Philippines*, New York: Routledge, 2018.

Tuazon, Bobby M. , "Duterte's 'Pivot to China': Independent Foreign Policy?", in Temario C. Rivera, Roland G. Simbulan and Bobby M. Tuazon eds. , *Probing Duterte's Foreign Policy in the New Regional Order: Asean, China, and the U. S.* , Quezon City: Center for People Empowerment in Governance Integrated Development Studies Institute, 2018.

11

越南是如何实现国家统一的?

1975年4月30日，随着西贡"越南共和国"总统府的大门被坦克撞开，南越政权覆灭。从严格意义上讲，推翻南越政权的并不是"越南民主共和国"（也就是我们通常所说的北越），而是1969年由南方各爱国力量组成的"越南南方共和国临时革命政府"。依照北越政府的说法，是临时革命政府领导了推翻南越政权的军事行动，而北越人民军仅仅是为南方的盟友们提供了支持。[1] 1976年7月，新一届越南人民议会正式宣布，南北两个政府合并，越南社会主义共和国成立，这也标志着越南完成了事实以及法律意义上的统一。

站在今天回看历史，我们已经将一个统一甚至是具有扩张倾向的越南视为一个必然。尤其是考虑到，在统一后不到4年的时间里，越南就对柬埔寨进行了入侵，我们的这种思维倾向还会进一步被强化。但当我们回到冷战的大背景下，并站在20世纪50年代或60年代的立足点上，重新审视越南的统一问题，我们就会发现，这其中存在着很多不确定性。

假如我们将越南与朝鲜做个对比，这种不确定性还会变得更加明显。越南与朝鲜，同属于第二次世界大战后出现的"民族分裂国家"，冷战对峙使原本统一的政治实体分裂为被国际社会所承认的两个主权国家，但越南却得以在冷战结束前就实现了统一。事实上，"越南是二战后民族分裂国家中第一个完成统一，也是唯一采取武力统一的国家"。[2] 这种特殊性，使我们有充足的理由将越南的统一"问题化"。

---

[1] Justin Corfield, *The History of Vietnam*, London: Greenwood Press, 2008, p. 101.
[2] 夏路：《越南武力统一的"复合权力结构"探析——兼论其对中国和平统一的启示》，《东南亚研究》2011年第4期，第10页；韩献栋、董向荣：《当代国家统一的几个问题——基于越南、德国、也门等国家统一进程的比较研究》，《政治学研究》2015年第3期，第15—23页。

换言之，越南究竟如何实现了国家统一？这构成了一个具有研究价值的"谜题"（puzzle）。

下一节将对越南的历史进行一个简短的回溯，我们很快就会发现，一个南北分裂的越南实际上才是"历史的常态"。不同的地理特征、自然气候、文化背景，以及历史经历，都给越南的南方和北方造成了明显的差异，同时也给统一后的越南国家带来了更多挑战。毕竟，"统一"不仅是政治、军事、外交上的统一，同时还需要思想、经济发展模式的统一。统一后的越南究竟面临什么样的挑战？而在应对这些挑战时，越南又有什么样的经验教训？这也是本文要回答的问题。

◊ 分裂——历史的常态

如果以今天越南的版图为衡量标准，我们会发现这个国家在历史上长期处于分裂状态。越南版图南北狭长，呈 S 状，南北距离达到 1650 公里，东西方向最窄处则仅有 50 公里。这样的地理特征在一定程度上决定了，建立在北方的政权中心很难对南部进行有效的统治。从公元 2 世纪开始，今天越南的中部到南部就存在着一个名为"占婆"的古王国，[①] 更南端的湄公河三角洲则由高棉人占据，在 15 世纪以前曾是著名的吴哥王国的一部分。与深受儒家文明影响的越南北部不同，占婆与湄公河三角洲一带更多地受到印度文明的影响。套用今天时髦的"文明冲突"理论，历史上的越南正处于两大文明交锋的前线，而越南人所建立的封建王朝也确实与占婆战事不断。

---

① 中国古籍将其称为林邑，又称占城。

从 15 世纪开始，越南人的势力开始不断向南扩张，占婆的领土逐渐被侵占，直至 17 世纪末彻底被越南的阮氏所灭。① 而在湄公河三角洲一带，柬埔寨国力衰微，希望借助越南人的保护抗衡来自暹罗的威胁，于是允许越南在湄公河三角洲一带设立关税口岸。此后，越来越多的越南人开始移民到此。②

尽管越南人的政治力量不断南扩，但其内部却仍处于封建割据状态，16 世纪末形成了阮氏与郑氏两大封建集团南北对峙的局面，后黎朝皇帝被架空。1771 年，越南南方爆发了由平民阮氏三兄弟领导的农民起义，经过十余年的战争先后击败了阮氏、郑氏，并完全粉碎了后黎朝皇帝的复国企图，最终建立了西山朝，这也是第一支将统治范围扩张到越南全境的政治力量。③ 但三兄弟却将越南由北至南一分为三，分而治之，整个西山朝仅存续了二十余年就被推翻。

正因如此，越南历史学家只是将西山朝视为越南统一的"催化剂"，并把 1802 年才建立的阮朝作为越南真正的统一。④ 阮朝的开国皇帝嘉隆帝以位于越南中部的顺化为首都，并效仿清朝建立行政管理制度，同时下令沿海岸线在西贡、顺化与河内之间修建了官道，总长度接近 2100 公里，骑马可以在 18 天内走完，官道沿途建有碉堡，这样的举措使得中央统治得到进一步加强。⑤

然而，从建立开始，阮朝的独立和统一就受到外部宗教与殖民势

---

① 余富兆：《越南历史》，军事谊文出版社 2001 年版，第 118 页。
② David Chandler, *A History of Cambodia*, Colorado: Westview Press, 2008, p. 97.
③ 余富兆：《越南历史》，军事谊文出版社 2001 年版，第 142 页。
④ D. R. SarDesai, *Vietnam: The Struggle for National Identity*, Oxford: Westview Press, 1992, pp. 29 – 30.
⑤ D. R. SarDesai, *Vietnam: The Struggle for National Identity*, Oxford: Westview Press, 1992, p. 29.

力的挑战。从 17 世纪开始，来自法国的天主教牧师开始在越南（尤其是南部和沿海地带）活动与传教。① 到 18 世纪末的时候，南方皈依天主教的越南人已经达到 60 万人，北方的信众也达到 20 万人。② 阮朝的第二位皇帝明命帝在位期间（1820—1841 年）开始限制法国传教士的活动，甚至处死了多名牧师。然而，顺化朝廷抵制天主教的举措，也给早已觊觎越南领土的法国提供了机会。1858 年，法国联合西班牙以保护传教士为借口攻打并占领了距顺化不远的岘港，又于次年侵占了西贡。1862 年，在强大的军事压力下，顺化朝廷只得与法国签订条约，向法国割让了西贡及周边三省。仅仅 5 年后，法国又占领了湄公河三角洲以西的三个省份。③ 法国人将这些领土合并，于 1867 年建立了法属交趾支那，而顺化朝廷则失去了整个越南南部，越南再次处于分裂状态。

　　法国在中南半岛扩张的脚步并未就此停歇，并在 1887 年最终完成对越老柬三国的吞并，法属印度支那正式成立。但是，这并不意味着越南被再次整合。相反，法国在越南的殖民统治反而加剧了越南的南北分化。如前文所述，交趾支那是最早被法国人占领的地区，法国人入侵后，很多越南官员都仓皇逃回顺化朝廷，结果导致政府职位空

---

① Peter C. Phan, "Christianity in Vietnam Today (1975 – 2013): Contemporary Challenges and Opportunities", *International Journal for the Study of the Christian Church*, Vol. 14, No. 1, 2014, p. 3.

② D. R. SarDesai, *Vietnam: The Struggle for National Identity*, Oxford: Westview Press, 1992, p. 32.

③ Peter C. Phan, "Christianity in Vietnam Today (1975 – 2013): Contemporary Challenges and Opportunities", *International Journal for the Study of the Christian Church*, Vol. 14, No. 1, 2014, p. 22.

悬，于是法国人开始更加直接地介入殖民地的事务。① 值得一提的是，此后成立的法属印度支那被分为五个区，即东京（越南北部）、安南（越南中部）、交趾支那（越南南部）、老挝，以及柬埔寨，其中只有交趾支那是由法国人直接统治的，而老挝、柬埔寨、安南与东京则为"受保护国"，其原有的官僚制度被保留。借用历史学家霍尔的话："交趾支那是印度支那五个分区中唯一可与殖民地等同的分区"，这里不仅设有法籍行政长官，政府中法籍官员的比例也要远远高于其他几个分区。②

法国人将直接统治与间接统治相混合所带来的一个后果就是，以西贡为中心的越南南方西化程度明显更高。当法国人开始在交趾支那推行法式现代化教育，并大量开设教授法语的双语学校时，在北方的东京和安南，私塾仍是主要的教育机构，儒家经典依然受到很多精英的推崇。③ 不仅如此，在殖民时期，越南就形成了南北两个经济单元，前者以西贡为中心，后者则以河内与海防为中心。两个经济单元相互隔绝的一个表现就是，南方和北方分别存在自己的铁路网络，而第一条连接南北两个区域的线路直至1936年才实现通车。④ 不仅如此，南北经济也呈现出不同的特点：北方经济更加自给自足，农民的市场活动非常有限；而在南方，法国人则将交趾支那变成了农产品和其他原

---

① Eric Gojosso, "The Territorial Administration of French Cochinchina", *Lex Localis-Journal of Local Self-Government*, Vol. 13, No. 1, 2015, p. 24.

② [英] D. G. E. 霍尔：《东南亚史》下册，商务印书馆1982年版，第860—861页。

③ [英] D. G. E. 霍尔：《东南亚史》下册，商务印书馆1982年版，第861页。另参见冯野《1884年至1975年越南南北分裂对社会差异的影响》，《云南开放大学学报》2014年第2期，第73页。

④ Melanie Beresford, *National Unification and Economic Development in Vietnam*, New York: St. Martin's Press, 1989, pp. 18, 33.

材料的出口中心。① 在下文中我们还将看到，这样的经济发展模式的差异还将在 1954 年越南南北分治后进一步加深。

可以说，交趾支那的特殊地位持续影响着越南的统一进程。日本宣布战败后，胡志明领导的越南独立同盟会（简称"越盟"）发动了"八月革命"，宣布越南民主共和国成立，保大皇帝退位并移居香港。1946 年 3 月，胡志明曾一度与法国通过谈判达成协议：法国承认越南是自由国家，但仍将留在法兰西联邦内。然而，双方却在交趾支那的地位问题上争执不下，法国认为交趾支那是法国的领土。② 同年 11 月，双方军队在海防发生冲突，第一次印度支那战争爆发。1949 年，在法国人的扶持下，保大皇帝在西贡再次登基，越南国成立，③ 而越南民主共和国政府则控制着越南的大部分农村与山区。

1954 年的日内瓦会议给法国在东南亚的殖民统治画上了句号。根据会议的最后宣言，越南将以北纬 17 度为分界线分为南北两部分。对于这条分界线，宣言特别强调了它的"临时性"，并要求越南于 1956 年通过举行全国大选产生单一政府、实现国家的统一。正如有学者所指出的，日内瓦会议并不是要创造两个独立的国家，相反是创

---

① Melanie Beresford, *National Unification and Economic Development in Vietnam*, New York: St. Martin's Press, 1989, pp. 17 – 20.

② 高嘉懿：《第一次印度支那战争与冷战——中国的援越抗法与美国的缘法反共》，《军事历史研究》2009 年第 4 期，第 85 页。事实上，直到 1949 年，法国才最终同意将交趾支那与安南、东京合并，交趾支那的地理名称也改为了"九龙江平原"。参见唐桓：《越南的下高棉民族分离主义问题》，《世界民族》2006 年第 2 期，第 33 页。

③ 高嘉懿：《第一次印度支那战争与冷战——中国的援越抗法与美国的缘法反共》，《军事历史研究》2009 年第 4 期，第 82—83 页；Arthur J. Dommen, *The Indochinese Experience of the French and the Americans: Nationalism and Communism in Cambodia, Laos, and Vietnam*, Bloomington: Indiana University Press, 2001, pp. 188 – 190.

造一个国家内的两支政治力量,即越盟与保大政权。① 然而,正如我们后来看到的,预期中的全国大选并没有举行。美国总统艾森豪威尔曾一语道破其背后的原因,他在回忆录中写道:"在我与所有了解印度支那事务的人的谈话与通信中,所有人都认为,如果举行大选,80%的越南人都会选择胡志明,而不是保大皇帝作为国家元首。"② 这当然是美国及其在南越的盟友所不能接受的。大选的缺位,也使越南错失了通过和平手段实现统一的机会。

在分治的前提下,越南南北社会的差异持续加大。日内瓦会议结束后,越南内部就出现了大规模的移民潮。大约20万人从南方迁入北方,同时,在美国和南越政府的鼓励与支持下,有70万—100万的天主教徒由北越迁居南越。美国及南越政府相信,天主教人口的增加将帮助南越抵抗北方的共产主义势力。③ 但这种做法无疑又进一步加深了越南南北社会的差异与隔阂。在此后的几年中,南北两个政府建立起完全不同的政治与经济制度。北方的越南民主共和国效仿苏联建立起社会主义制度,并于1960年完成对农业及工商业的社会主义改造。④ 而南方的越南共和国则效仿美国建立了三权分立的政治制度,

---

① David W. P. Elliott, *The Vietnamese War*: *Revolution and Social Change in the Mekong Delta*: *1930–1975*, London: M. E. Sharpe, 2007, p. 85.

② D. R. SarDesai, *Vietnam*: *The Struggle for National Identity*, Oxford: Westview Press, 1992, p. 71.

③ Peter C. Phan, "Christianity in Vietnam Today (1975–2013): Contemporary Challenges and Opportunities", *International Journal for the Study of the Christian Church*, Vol. 14, No. 1, 2014, p. 5, footnote 10; Jessica Elkind, "'The Virgin Mary Is Going South': Refugee Resettlement in South Vietnam, 1954–1956", *Diplomatic History*, Vol. 38, No. 5, 2014, pp. 987–990.

④ 黄云静:《全国统一后越南政府消除南北发展差异的措施及其效果》,《南洋问题研究》2010年第1期,第52页;冯野:《1884年至1975年越南南北分裂对社会差异的影响》,《云南开放大学学报》2014年第2期,第72页。

并且保留有官僚资本主义、民族主义等多种经济成分，农村也实行土地私有制。①

更重要的是，越南不可避免地被卷入冷战的洪流，并最终成为"热战"最惨烈的前线。值得一提的是，在第一次印度支那战争爆发初期，美国一直在印度支那问题上持较为中立的态度。作为在第二次世界大战中崛起的新霸主，美国并不支持法国这样的老牌殖民国家重返殖民地。但美国的这一立场很快发生了变化，随着1949年中华人民共和国的成立，美国决策圈开始从"抵制共产主义在东亚蔓延"的视角审视越南问题。1950年，中国与苏联先后宣布承认越南民主共和国，这给西方世界带来很大触动，美国随即宣布承认保大政权。②这成为美国印度支那政策的转折点，而1950年6月朝鲜战争的爆发，使美国的立场变得更加强硬。从1950年开始，美国加大了对保大以及此后的南越政府的援助，并逐渐在越南战场中越陷越深。③

◇ 一场消耗战的产生

越南可以赢得统一的一个直接原因就是美国从东南亚的撤退，我

---

① 黄云静：《全国统一后越南政府消除南北发展差异的措施及其效果》，《南洋问题研究》2010年第1期，第52页；冯野：《1884年至1975年越南南北分裂对社会差异的影响》，《云南开放大学学报》2014年第2期，第72页。

② 高嘉懿：《第一次印度支那战争与冷战——中国的援越抗法与美国的缘法反共》，《军事历史研究》2009年第4期，第82—83页。

③ Gary R. Hess, "The First American Commitment in Indochina: The Acceptance of the 'Bao Dai Solution'", Diplomatic History, Vol. 2, No. 4, 1978; Gary R. Hess, Vietnam: Explaining America's Lost War, West Sussex: Blackwell Publishing Ltd, 2015, p. 6.

们甚至可以说，是美国对南越政府的"抛弃"，使北越通过武力统一全国成为可能。在1968年的美国总统大选中，作为共和党候选人的尼克松向选民承诺要结束越南战争，并为美国谋求"体面的和平"和"光荣的停战"。而实现这一目标的关键措施就是将美军从越南战场撤出，让南越政权承担自卫责任，这就是战争的"越南化"。1969年8月，尼克松不顾南越政府的反对，宣布了第一个撤军计划。到了1972年5月，驻越美军已经从高峰时期的53万减少到6.9万。[①] 同时，为了避免战场因美军撤出而出现"一边倒"的局面，尼克松政府一方面资助南越政府快速扩军，另一方面加大了针对北越和前线地区的轰炸，以此迫使后者在和平谈判中做出妥协，北越和著名的胡志明小道也是在这一时期经受了最猛烈的空袭。

据中情局的一名前雇员揭露，尼克松政府提出的所谓"体面的和平"其核心实际上是"体面的间隔"（decent interval），即让南越政权在美国撤出后有一段生存期——如果南越政府在美国撤出后几天就垮塌，美国无疑会背上"抛弃盟友"的罪名；而如果南越政府又坚持了10年，那人们就不会将它的倒台归罪于美国。[②] 南越方面当然也看出了美国的意图，但在美国的压力下，南越政府只能被动接受一切。1973年1月，美国草草签署了《巴黎协定》，结束了越南战争。值得注意的是，该协定并没有规定北越军队必须从南越撤离，而此时南越还有数以十万计的北越军队，其在南方所建立的解放区可以用星罗棋

[①] 赵学功：《略论尼克松政府的越南战争政策》，《东南亚研究》2003年第4期，第15页。

[②] Justin Corfield, *The History of Vietnam*, London: Greenwood Press, 2008, p. 88.

布来形容，这也意味着南越政权的垮塌仅仅是个时间问题。①

美国之所以急于脱手越南这块烫手山芋，主要是因为越南战场上的消耗战给美国带来了极大的人员伤亡与经济损失，并且造成了美国社会的严重分裂。到1971年年底，美军已经有4.5万人在越南战场上丧生，30万人受伤，美国政府为越战支付了超过1500亿美元。而根据麻省理工学院的一项测算，如果将后续的士兵复员开支等都算进来，美国的越战开支将超过7500亿美元，如果按当下的美元价值计算，这一数字还将翻上好几倍。②更重要的是，从1965年美军大规模介入越南战场开始，美国国内就爆发了愈演愈烈的反战运动，这直接影响到1968年的总统大选及此后美国外交政策的走向。因此，很多美国鹰派都坚信，美国之所以输掉越战，主要是由于国内的媒体和反战人士"从背后给军方捅了一刀"，美国是输在了国内战线上。③

即使如此，依然有一系列问题值得我们进一步追问。比如，为什么美国无法在短时期内结束战斗？更具体地来讲，由1954年日内瓦会议所确定的南北分治的局面，是如何演变为一场使美国泥足深陷的消耗战的？对此，美国的一些鹰派人士认为，越战的失败要归罪于美国政府，后者为这场战争制定了错误的战略。在鹰派看来，无论是轰炸北越还是在南方的"平叛行动"，都是以守住17度线为最终目标，相反，美国原本可以采取更具有进攻性的战略，战争的结局也可能就

---

① 邵笑：《从巴黎协定的签订看尼克松政府时期的美（南）越同盟关系》，《历史教学问题》2010年第1期，第101—103页。

② D. R. SarDesai, *Vietnam: The Struggle for National Identity*, Oxford: Westview Press, 1992, p. 86.

③ Gary R. Hess, *Vietnam: Explaining America's Lost War*, West Sussex: Blackwell Publishing Ltd, 2015, pp. 14–15.

此被完全改写。① 但是，对于这样的观点，我们也要提出一个更为根本的问题，那就是这场消耗战为什么发生在 17 度线以南？为什么从战争爆发之初，美国与南越政府就被置于被动的位置，而北越却获得了主动权？只有在回答这些问题后，我们才能更好地了解越南实现国家统一的关键。

要回答上述问题，需要我们对南越政权建立之初的历史有更深刻的了解。在大多数历史叙事中，南越政府往往被描述为既腐败且无能，其军队也是缺乏战斗力的，这被认为是导致北越胜利的主要原因之一。然而，如果我们站在 1954 年的视角上审视南越政权，我们就会发现，当时的很多迹象都显示，一个强势的国家似乎正在南越形成。在日内瓦会议尚未结束时，法国扶持的保大政府就任命吴庭艳出任总理。上任后吴庭艳很快施展出强硬的政治手腕，并在 1955 年通过举行公投废除了保大皇帝的皇位，由自己出任越南共和国的总统。不仅如此，吴庭艳还发起大规模的"清洗共产党"运动，大量留在南方的越盟成员遭到逮捕。越盟原有的组织结构被破坏殆尽，同时，南越政府对于农村地区的控制也得到前所未有的加强。② 这些举措使吴庭艳得到美国艾森豪威尔政府的赏识，美国方面将其视为"意志坚定的反共斗士"，甚至公开宣布"美国将向吴庭艳政府提供一切可能的援助，而且只向他的政府提供"。③

然而，让吴庭艳政府始料未及的是，其对于革命力量的"成功"

---

① Gary R. Hess, *Vietnam：Explaining America's Lost War*, West Sussex：Blackwell Publishing Ltd, 2015, p. 14.

② David W. P. Elliott, *The Vietnamese War：Revolution and Social Change in the Mekong Delta：1930 – 1975*, London：M. E. Sharpe, 2007, p. 86.

③ D. R. SarDesai, *Vietnam：The Struggle for National Identity*, Oxford：Westview Press, 1992, p. 68.

镇压，反而成就了后者在日后更加快速的发展。[1] 这首先是因为，"清洗运动"所造成的恐怖高压极大地激发了南方党员的生存与斗争欲望，后者不断向河内的党中央发出组织武装起义的要求。相反，河内方面则始终认为起义时机不成熟，明确禁止武装行动，并要求地方党员遵守日内瓦协定。[2] 然而，随着日内瓦会议所承诺的大选变得越来越遥不可及，河内最终于1959年1月确定了在南方通过起义夺取政权的路线。

与此同时，吴庭艳政府在农村地区推行的诸多政策也引发了普通农民的不满。他所推行的"反向土地改革"将此前由越盟分配给贫农的土地又再次交还给地主。[3] 此外，为了加强对农村人口的控制、遏制共产主义的蔓延，吴庭艳政府推出了"战略村庄"计划，强制农民搬迁到指定地点集中生活，大量房屋和农田被毁。[4] 政府的安保法令也开始被地方官员所滥用，有的农民仅仅因为报告地方官员的腐败行为，就被作为共产党逮捕。[5] 对地方官员和政府的憎恨在很大程度上解释了，为什么大量民众加入了反对南越政府的起义。应该说，正是这一时期基层党员以及民众的革命热情，促使河内下定决心，通过武装起义赢得国家统一。

---

[1] D. R. SarDesai, *Vietnam: The Struggle for National Identity*, Oxford: Westview Press, 1992, pp. 112–113.

[2] D. R. SarDesai, *Vietnam: The Struggle for National Identity*, Oxford: Westview Press, 1992, p. 112.

[3] Melanie Beresford, *National Unification and Economic Development in Vietnam*, New York: St. Martin's Press, 1989, p. 50.

[4] David W. P. Elliott, *The Vietnamese War: Revolution and Social Change in the Mekong Delta: 1930–1975*, London: M. E. Sharpe, 2007, p. 105.

[5] David W. P. Elliott, *The Vietnamese War: Revolution and Social Change in the Mekong Delta: 1930–1975*, London: M. E. Sharpe, 2007, p. 103.

同样需要强调的是，地方官员公器私用的镇压手段又何尝不是对吴庭艳的效仿？从其上任开始，吴庭艳就开始打着反共的旗号打击一切可能威胁其统治的政治力量。很多文献都将南越（尤其是湄公河三角洲）称为"狂野的南方"，这主要是因为越南南方在民族构成和宗教文化方面都呈现出极大的多样性，并且活跃着各种宗教组织和帮派，其中既有越南的本土新兴宗教高台教、和好教，又有具有黑社会性质的平川派。这些组织都曾参加过南方的去殖民化运动，具有为数众多的追随者和不容忽视的政治影响力，它们极力谋求在后殖民时代的政府中占据一席之地，[1] 然而，这样的愿望很快随着吴庭艳的上台而落空。吴庭艳本人来自天主教家庭，为了巩固自己的权力，他在政府和军队内部大量提拔天主教徒，并将自己的家庭成员安排在最重要的岗位上，其中包括他的多位兄弟，其他宗教与政治势力则被排除在政府之外。同时，吴庭艳采取了各种手段瓦解和分化各宗教组织和帮派，矛盾的累积最终导致1955年武装冲突的爆发——吴庭艳的政府军与平川派等组织的武装力量在西贡激战了一个月。尽管"西贡战争"最终以政府军的胜利告终，但宗教组织和帮派的残余力量却转而支持由河内领导的武装起义。[2]

1960年年底，越南南方民族解放阵线成立，这使越南共产党得以更好地团结南方的一切革命力量，[3] 从而在南越境内开展游击战。据一位党员回忆，解放阵线实际由共产党领导，以越南南方民族

---

[1] Jessica M. Chapman, *Cauldron of Resistance: Ngo Dinh Diem, the United States, and 1950s Southern Vietnam*, Ithaca and London: Cornell University Press, 2013, p. 28.

[2] Jessica M. Chapman, *Cauldron of Resistance: Ngo Dinh Diem, the United States, and 1950s Southern Vietnam*, Ithaca and London: Cornell University Press, 2013, p. 189.

[3] 当时越南共产党还在使用"越南劳动党"这一名称。

解放阵线为名义，是为了避免被指责为"破坏日内瓦协定"。[1] 和好教、高台教的一些分支机构成为解放阵线的最早支持者。[2] 从1960年开始，通过一系列武装起义，解放阵线在南方开辟了很多解放区。

需要澄清的是，我们虽然将关注的焦点放在1954—1960年的这一时间段上，但这并不意味着革命自1960年开始就一路高歌地走向了胜利，也并不意味着，吴庭艳政府的腐败是导致越南统一的唯一因素。随着消耗战的持续，交战双方都在人员与物资的动员上遇到越来越多的困难。而作为最终胜利者的河内政府，也并非没有在战术的选择上犯过错误。比如，为了打破双方相持不下的僵局，北越部队和南方游击队在1968年年初针对南越的一些城市发动了著名的"春节攻势"，但却很快被击败，北越部队伤亡惨重。同样需要强调的是，来自苏联和中国的源源不断的援助，以及外交战线上的博弈等多种因素，均构成了河内得以实现全国统一的关键条件。

我们之所以将关注焦点放在战争爆发前的这段时间，主要是因为，正是这几年中的一系列政治与军事发展，决定了整个越南战争的基本形态，即这是一场在南越境内开展的消耗战。当美国地面部队于1965年直接加入战场中来的时候，其面对的是一个被游击战袭扰得疲惫不堪、即将崩溃的南越政府。在这样的情况下，美国只能设定一个防御性的目标，即帮助南越守住17度线，而实现这个目标的手段则是，对南越的村庄逐一展开平叛行动，这样的战略与战术注定会给美国带来难以承受的成本。相反，对于河内而言，虽然北越部队无法

---

[1] David W. P. Elliott, *The Vietnamese War: Revolution and Social Change in the Mekong Delta: 1930–1975*, London: M. E. Sharpe, 2007, pp. 135–136.

[2] Jessica M. Chapman, *Cauldron of Resistance: Ngo Dinh Diem, the United States, and 1950s Southern Vietnam*, Ithaca and London: Cornell University Press, 2013, p. 189.

在主要战役中获得军事胜利,但维持这种"僵局"并将消耗战继续下去,这本身就是一种胜利。因此,在反思越战教训时,很多美国学者都认为,越战对于美国而言根本就是一场"无法获胜的战争",失败源于"美国站在了历史的对立面上"。[1]

通过追溯越南战争的起源,我们可以得出这样的结论,尽管吴庭艳政府的严酷举措在最初一段时间里收获了令美国政府满意的成效,但却很快事与愿违地点燃了南方革命的导火索。而吴庭艳自己最终也成了这些政策的牺牲品:1963 年,吴庭艳政府因阻挠佛教庆典引发了佛教群体的大规模抗议活动,抗议活动中一名佛教高僧当街自焚,这一事件极大地震动了全世界,尤其是引发了美国社会的强烈谴责。在国内压力下,美国政府开始认真考虑更换其在南越的代理人。11 月 1 日,在美国的默许下,早已对吴庭艳不满的部分军人发动政变,吴庭艳和他的胞弟吴庭瑈也在政变中被乱枪打死。[2] 然而,对于此后形成的军人政权而言,其执政合法性则更加堪忧,南北两个越南也已经走上了通往战争的道路。

◇ 危险的胜利主义

回到本文开头的一幕,1975 年 4 月西贡的失败已经近在眼前。美国的第七舰队的航母停靠在越南南方的海岸,美国希望此举能对河内

---

[1] Gary R. Hess, *Vietnam: Explaining America's Lost War*, West Sussex: Blackwell Publishing Ltd, 2015, p. 17.

[2] Justin Corfield, *The History of Vietnam*, London: Greenwood Press, 2008, pp. 70 - 73.

形成威慑，使其不要对西贡发动进攻。同时，美国的军机不断在西贡起降，并将大批南越政府官员及其家属运送到航母上。4月29日，也就是西贡被攻克的前一天，美国出动了70架直升机，在一天内撤出了7000余人，其中既包括美国公民，也有大量越南人。人们争先恐后地爬上美国大使馆的屋顶，力图挤上直升机的场景，已经成了很多纪录片和电影中的一幕，美国军方还戏剧性地将航空母舰上的直升机推下大海，"以为难民留出更多空间"。有数据显示，共有20万越南人在解放前夕逃出南越，很多人都定居在了美国。① 这些撤离人员不仅带走了大量财富，同时也在宣示着他们对河内的敌视。

当然，逃亡人员仅占旧政府任职人员的极少数：越南共和国政府留下了110万人的部队、50万准军事人员、12万名警察、35万名公务员等待收编。此外，如何调和南北两种截然不同的发展模式，也是河内急需解决的问题：在全国统一时，北方早已完成农业与工商业的社会主义改造，重工业得到优先发展，但轻工业规模小，农业生产水平也相对落后；相反，南方则是资本主义经济，商业较为发达，同时由于实行土地私有制，土地拥有者更乐于对农用机械进行投资，使农业生产效率高于北方。② 这些差异都意味着，尽管军事和政治意义上的国家统一已经完成，但河内仍面临着一个不稳定的南方社会。如何实现思想意识和制度，尤其是经济发展模式的统一，都是河内必须面对的挑战。

---

① 本段内容参考了 Justin Corfield, *The History of Vietnam*, London: Greenwood Press, 2008, pp. 100 – 101。

② 黄云静:《全国统一后越南政府消除南北发展差异的措施及其效果》,《南洋问题研究》2010年第1期，第53页；Melanie Beresford, *National Unification and Economic Development in Vietnam*, New York: St. Martin's Press, 1989, p. 59。

河内首先选择的路线是照搬北方的模式，对南方社会进行彻底改造。1976年年底召开的越共"四大"颁布了五年发展计划，提出要在1980年以前完成对南方的社会主义经济改造。其在农业集体化方面设立的目标尤为宏大，根据计划，南方将进行全面的劳动力再分配和人口迁徙，农村地区将建立250个10万人口规模的大型公社，而这一农业集体化进程最终将释放出400万劳动人口，这些劳动人口将被迁入新开辟的经济发展区，大部分新区位于北部和西部的交界地区，并在战争中受到过严重的轰炸。在决策者看来，这项计划将有利于人口的平均分布和不同地区的均衡增长，同时还能使政府更好地实现对社会的管控。[1]

但河内的乐观想象很快被现实击碎，农业集体化的尝试遭到了南方农民的强烈抵制。尤其是在湄公河三角洲一带，这里的农户要比越南北部和中部的农户更为富裕。他们不仅拥有属于自己的、面积更大的土地，还拥有一定的农业生产机械，并且经常将剩余的农产品在市场上出售，这都意味着集体化生产的优势无法在他们身上得到体现。结果，由政府强制推行的集体化，不仅没有提高农业生产效率，反而导致很多农民的弃耕和少耕。[2] 1976年，在湄公河三角洲的9个省中，政府所设定的粮食收购计划仅完成50%，到了1977年，完成比例又出现进一步下滑，[3] 五年计划所规定的目标大部分都没有完成，

---

[1] D. R. SarDesai, *Vietnam: The Struggle for National Identity*, Oxford: Westview Press, 1992, pp. 101-102; Melanie Beresford, *National Unification and Economic Development in Vietnam*, New York: St. Martin's Press, 1989, p. 105.

[2] 黄云静：《全国统一后越南政府消除南北发展差异的措施及其效果》，《南洋问题研究》2010年第1期，第54页。

[3] Melanie Beresford, *National Unification and Economic Development in Vietnam*, New York: St. Martin's Press, 1989, p. 113.

而且越南经济还遭遇了严重的问题,甚至出现了粮食和日常用品的短缺。① 1979年,越南经济出现了零增长。② 鉴于此,中央政府不得不减缓集体化进程,并开始推行一系列新经济政策,比如扩大企业的自主权,鼓励农民将产品运到城市出售等,希望借此提高生产者的积极性。③

但新政策并未从根本上解决越南的经济问题,这不仅是因为改革措施不彻底,更是因为同一时期的越南又将自己陷于另一场国际危机中。20世纪70年代中期开始,越南与柬埔寨的关系持续恶化,双方因边界纠纷爆发出一系列小规模冲突,并最终升级为1978年年底越南对柬埔寨的入侵。④

从军事意义上来讲,越南入侵柬埔寨是一次非常成功的战争——越南军队仅用两周的时间就夺得了柬埔寨的首都金边,并由此开始了对柬埔寨长达十年的占领。尽管如此,这次战争却给越南带来了沉重的经济负担,以及严重的国际政治后果。这样的扩张行为招致国际社会的谴责和制裁,并直接导致中越关系的进一步恶化。1979年2月,中国对越自卫反击战爆发。此外,越南与美国关系正常化的可能也完全消失。越南失去了重要的国际援助来源,以及良好的经济发展环

---

① 黄云静:《全国统一后越南政府消除南北发展差异的措施及其效果》,《南洋问题研究》2010年第1期,第54页。
② Grant Evans and Kelvin Rowley, *Red Brotherhood at War: Vietnam, Cambodia and Laos since* 1975, London and New York: Verso, 1990, p. 147.
③ Grant Evans and Kelvin Rowley, *Red Brotherhood at War: Vietnam, Cambodia and Laos since* 1975, London and New York: Verso, 1990, p. 148.
④ Grant Evans and Kelvin Rowley, *Red Brotherhood at War: Vietnam, Cambodia and Laos since* 1975, London and New York: Verso, 1990, pp. 81–85.

境。到了1986年，越南国内一年的通货膨胀率就已经达到700%。①正如有学者指出的，"没有任何经济政策可以抵消柬埔寨战争带来的物质影响。不管前提条件是什么，如果没有这一悲剧，越南后来的经济表现将会好得多"。②

对所有尚未完全实现统一的国家而言，越南的经历中都有必须学习和吸取的经验和教训。正如前文所说的，北越的胜利是多重因素导致的。吴庭艳政府的腐败及其对南方社会的压迫、统一战线的形成、美国在战略选择上的失误，以及中国和苏联给北越提供的援助和在外交战线上的支持，都影响了战争最终的结果。虽然，我们不能否定北越领导人和人民在争取国家统一过程中所做出的努力和牺牲，但同样需要强调的是，对战争结果产生根本性影响的多是"结构性"因素。这也是为什么有人在评价越南统一战争时，将北越的胜利称为"预置的胜利"（triumphs by default）。③

相反，在完成统一之后，如何对待具有不同制度的南方，这在很大程度上则是越南政府的自主选择。遗憾的是，刚刚实现统一的越南弥漫着胜利主义情绪。中央政府没有给南方社会留出充分的时间以完成过渡和适应，更没有创造不同制度并存的可能，反而是在仓促之中开始了对南方的改造。④ 此后出现的经济问题则进一步证明，这样的

---

① John H. Esterline, "Vietnam in 1986: an Uncertain Tiger", *Asian Survey*, Vol. 27, No. 1, 1987, p. 93.

② Gabriel Kolko, "Vietnam since 1975: Winning a War and Losing the Peace", *Journal of Contemporary Asia*, Vol. 25, No. 1, 1995, p. 9.

③ Gabriel Kolko, "Vietnam since 1975: Winning a War and Losing the Peace", *Journal of Contemporary Asia*, Vol. 25, No. 1, 1995, p. 5.

④ D. R. SarDesai, *Vietnam: The Struggle for National Identity*, Oxford: Westview Press, 1992, p. 100.

胜利主义倾向是极其危险的。可以说，军事与政治意义上的统一仅仅是国家统一的第一步，如何实现南北两套制度和两个社会的融合，是一个更具挑战性的新议题。

不仅如此，国家统一必然带来领土边界的变化，从而可能引发与周边邻国的纠纷。更重要的是，一个统一的、更加强大的国家的出现，还将不可避免地给地区和国际局势带来改变。如何正确评估自身的实力、处理好与其他国家的关系，也是对越南的考验。我们看到，在应对这些挑战时，越南并不算成功。边界之争是越柬战争的导火索，而其爆发的深层次原因则是柬埔寨红色高棉政权对越南扩张主义的担忧。长久以来，包括波尔波特和西哈努克亲王在内的很多柬埔寨精英都对越南充满怀疑，认为后者企图吞并柬埔寨，建立"印度支那联邦"，这种焦虑在越南实现统一后进一步加剧。[①] 而越南此后对柬埔寨的入侵和占领无疑为这一指责提供了佐证。从 1945—1975 年，越南断断续续经历了近 30 年的战争，统一之后出现的柬埔寨问题，又使越南在普遍的国际谴责与孤立下度过了十年，这进一步加剧了越南经济发展的迟滞，也给其他尚未完成统一的国家上了一课。

◇ 小结

在本文中，我们探寻了越南实现国家统一的过程。考虑到其他分裂的民族国家，以及越南历史上的南北分治，我们就会发现越南的统一实际上是一个非常值得研究的问题。众所周知，越南统一是军事胜

---

① Grant Evans and Kelvin Rowley, *Red Brotherhood at War: Vietnam, Cambodia and Laos since 1975*, London and New York: Verso, 1990, p. 88.

利的结果,但对于南越政权和美国为何输掉了越南战争,学者却众说纷纭。通过一系列追问,我们提出一个更加根本的问题,那就是这场战争的基本形态究竟是如何确立的?对此,我们把目光集中在战争爆发前的几年,南越吴庭艳政权力图剿灭一切反对力量的尝试,反而促进了革命力量的形成。最终,南北分治的格局演变成一场主要在南方展开的消耗战。在本章的最后一部分,我们还探讨了越南在实现统一以后遇到的一系列问题。这也使我们更加深刻地体会到,军事和政治的统一绝非一个国家在统一过程中所面对的全部问题。如何对待不同的制度、不同的意识形态,以及如何处理好国家版图改变可能带来的国际政治影响,都是统一后国家所面临的挑战。

参考文献

中文文献

冯野：《1884 年至 1975 年越南南北分裂对社会差异的影响》，《云南开放大学学报》2014 年第 2 期。

高嘉懿：《第一次印度支那战争与冷战——中国的援越抗法与美国的缘法反共》，《军事历史研究》2009 年第 4 期。

韩献栋、董向荣：《当代国家统一的几个问题——基于越南、德国、也门等国家统一进程的比较研究》，《政治学研究》2015 年第 3 期。

黄云静：《全国统一后越南政府消除南北发展差异的措施及其效果》，《南洋问题研究》2010 年第 1 期。

邵笑：《从巴黎协定的签订看尼克松政府时期的美（南）越同盟关系》，《历史教学问题》2010 年第 1 期。

唐桓：《越南的下高棉民族分离主义问题》，《世界民族》2006 年第 2 期。

夏路：《越南武力统一的"复合权力结构"探析——兼论其对中国和平统一的启示》，《东南亚研究》2011 年第 4 期。

余富兆：《越南历史》，军事谊文出版社 2001 年版。

赵学功：《略论尼克松政府的越南战争政策》，《东南亚研究》2003 年第 4 期。

［英］D. G. E. 霍尔：《东南亚史》下册，商务印书馆 1982 年版。

英文文献

Beresford, Melanie, *National Unification and Economic Development in Vietnam*, New York: St. Martin's Press, 1989.

Chandler, David, *A History of Cambodia*, Colorado: Westview Press, 2008.

Chapman, Jessica M., *Cauldron of Resistance: Ngo Dinh Diem, the United States, and 1950s Southern Vietnam*, Ithaca and London: Cornell University Press, 2013.

Corfield, Justin, *The History of Vietnam*, London: Greenwood Press, 2008.

Dommen, Arthur J., *The Indochinese Experience of the French and the Americans: Nationalism and Communism in Cambodia, Laos, and Vietnam*, Bloomington: Indiana University Press, 2001.

Elkind, Jessica, "'The Virgin Mary Is Going South': Refugee Resettlement in South Vietnam, 1954 – 1956", *Diplomatic History*, Vol. 38, No. 5, 2014.

Elliott, David W. P., *The Vietnamese War: Revolution and Social Change in the Mekong Delta: 1930 – 1975*, London: M. E. Sharpe, 2007.

Esterline, John H., "Vietnam in 1986: an Uncertain Tiger", *Asian Survey*, Vol. 27, No. 1, 1987.

Evans, Grant, and Kelvin Rowley, *Red Brotherhood at War: Vietnam, Cambodia and Laos Since 1975*, London and New York: Verso, 1990.

Gojosso, Eric, "The Territorial Administration of French Cochinchina", *Lex Localis-Journal of Local Self-Government*, Vol. 13, No. 1, 2015.

Hess, Gary R., "The First American Commitment in Indochina: The Acceptance of the 'Bao Dai Solution'", *Diplomatic History*, Vol. 2, No. 4, 1978.

Hess, Gary R., *Vietnam: Explaining America's Lost War*, West Sussex: Blackwell Publishing Ltd, 2015.

Kolko, Gabriel, "Vietnam since 1975: Winning a War and Losing the Peace", *Journal of Contemporary Asia*, Vol. 25, No. 1, 1995.

Phan, Peter C., "Christianity in Vietnam Today (1975 – 2013): Contemporary Challenges and Opportunities", *International Journal for the Study of the Christian Church*, Vol. 14, No. 1, 2014.

SarDesai, D. R., *Vietnam: The Struggle for National Identity*, Oxford: Westview Press, 1992.

12

老挝，在夹缝中求生存

老挝或许是东盟国家中被研究最少的国家，这不仅是因为老挝的经济相对落后，更是因为从殖民时期开始，这个国家的历史就与它的主要邻国——越南紧紧联系在一起。它或是被看作法属印度支那的一部分，或是被视为印度支那战争中的一个次要战场，又或是被认为是越南的效仿和追随者，这都导致了老挝相关研究的稀缺。

一些战略学者常说，"地理决定命运"。这句话对于老挝而言，可以算是十分贴切。老挝是东南亚唯一的内陆国家，其所处的地理位置让老挝很难在国际事务中做到"独善其身"。老挝北面与中国云南省的滇西高原和缅甸接壤，南面直达柬埔寨。从地图上看，老挝地理给人们带来的最直观的感受就是，这是一块地处泰国与越南之间的狭长地带，其西侧的湄公河与东侧的长山山脉，大致勾勒出老挝与泰国、越南的边界。这种由地理特征造成的视觉上的挤压感也在很大程度上折射出，老挝这个国家所承受的强大的地缘政治压力。可以说，在东南亚的所有国家中，没有哪个国家的命运像老挝一样，如此深刻地受到大国政治以及周边国家权力斗争的影响。

在本文中，我们将一同探索老挝在大国政治的夹缝中求生存的曲折历史。老挝如何被殖民者改造成印度支那的一部分？冷战时期，老挝的中立主义尝试又为何屡屡失败，并最终被卷入越南战争？与越南的特殊关系又给老挝带来了什么样的影响？下文将对这些问题做出解答。

◇◇ 从傣泰世界到印度支那

历史上，老挝的古王国始终受到来自现今泰国、缅甸、越南境内各王国的军事威胁。16 世纪中期,正是在勃固(由孟族人建立的王朝,位于现今的缅甸)的军事压力下,澜沧王国(1353—1707 年)将首都从琅勃拉邦迁到万象,但这仍未能改变澜沧王国的命运,它最终还是沦为勃固的附属国。[1] 在经历了一段复兴后,17 世纪末的澜沧王国又因王位继承争端,分裂为琅勃拉邦、万象、占巴塞这三个弱小且敌对的王国。它们之间的争斗,不断招致邻国的干预。在接下来的一个多世纪里,三个王国先后变成了暹罗的附属国。[2]

在这里,一座佛像背后的故事,或许可以帮助我们更好地了解老挝曲折的历史经历:今天到曼谷旅游的游客都会参观一处著名景点,那就是位于大皇宫内的玉佛寺,这里供奉着一尊身披金缕衣的碧玉佛像。这座佛像正是被曼谷王朝的开国国王昭披耶却克里(即拉玛一世)在 1778 年的一次针对万象的战争中掠走的。从那以后,玉佛就成了曼谷王朝的守护神,并被誉为泰国的"镇国之宝",而位于万象的曾经被用来供奉玉佛的玉佛寺则被空置。1827 年,在万象国王阿奴针对曼谷王朝发起的起义失败后,暹罗军队几乎完全将万象摧毁,万象居民也被迫迁往曼谷周边地区居住,以便接受控制。[3] 万象的玉佛寺就此荒废,直至 20 世纪上半叶才被改建为一座博物馆。[4]

在 19 世纪中南半岛的政治版图上,我们甚至无法找到现代老挝

---

[1] Grant Evans, *A Short History of Laos: The Land in Between*, NSW: Allen & Unwin, 2002, pp. 18 – 19; Martin Stuart-Fox, *The Lao Kingdom of Lan Xang: Rise and Decline*, Bankok: White Lotus Co. Ltd., 1998, pp. 79, 84 – 85.

[2] Martin Stuart-Fox, *The Lao Kingdom of Lan Xang: Rise and Decline*, Bankok: White Lotus Co. Lted. 1998, p. 103.

[3] Martin Stuart-Fox, *The Lao Kingdom of Lan Xang: Rise and Decline*, Bankok: White Lotus Co. Lted. 1998, p. 112.

[4] [英] 格兰特·埃文斯:《老挝史》,郭继光、刘刚、王莹译,东方出版中心 2011 年版,第 27 页。

的身影：阿奴王起义失败后，暹罗吞并了万象与占巴塞王国的大部分领土；而现今老挝东北地区的地方政权也转而效忠越南朝廷。[1] 可以说，今天我们所看到的老挝国家版图，在很大程度上是由法国殖民者勾勒的，一些法国殖民者甚至将自己标榜为老挝的解放者，因为如果不是法国人的到来，老挝各王国的领土将被暹罗和越南吞噬殆尽。

自 1858 年占领越南中部城市岘港之后，法国在中南半岛的殖民范围就开始快速扩展。到了 19 世纪 60 年代，法国已经占领了越南南部，作为中南半岛昔日霸主的暹罗，也在法国的压力下开始放弃周边的附属国，柬埔寨最先成为法属保护国。1885 年中法战争结束后，法国从清王朝手中夺取了越南的宗主权，法属印度支那成立，范围囊括了今天的越南以及柬埔寨。此后，法国殖民者很快又将目光投向今天的老挝，声称长山山脉以西、湄公河以东的领土原本就是属于越南和柬埔寨王国的附属国，后被暹罗所攫取，并以此为理由要求暹罗归还。在遭到暹罗拒绝后，法国于 1893 年发起了军事行动，法国军舰沿湄南河逼近曼谷。在这样的情况下，暹罗只得放弃对老挝的宗主权，老挝就此被纳入了法属印度支那。

然而，对于琅勃拉邦的统治者而言，法国殖民者的到来可能并不完全是一件坏事。琅勃拉邦的年轻国王西萨旺·冯就是法国殖民者的忠实拥趸，一方面，他无力管理自己的国家，琅勃拉邦朝廷常年处于入不敷出的境地；另一方面，法国的殖民统治给他带来了名义与物质上的好处，前者不仅为他的王位提供了有力的保障，还给他修建了新

---

[1] Grant Evans, *A Short History of Laos: The Land in Between*, NSW: Allen & Unwin, 2002, p. 35.

的宫殿，设置了私人预算，[1] 并极大地扩充了琅勃拉邦的版图。1899年，殖民政府将琅勃拉邦王国与其他几块领土合并，自澜沧王国分崩离析以来，老挝又一次成为一个统一的行政单位。[2]

法属印度支那成立所带来的另一个重要变化就是，一个新的次区域的形成。事实上，无论是从民族、语言还是宗教来看，老挝与越南之间都存在着明显的差异，而前者与泰国之间则体现出更大的相似性。比如，民族学学者之间就存在这样一个广泛的共识，那就是老挝的主体民族老族，和泰国的主体民族泰族具有相同的起源，被统称为傣泰民族，属于这一分支的还有中国的傣族、越南西北地区的泰族、缅甸的掸族等。[3] 此外，老挝语与泰语也十分接近，尽管双方都对各自的文字进行了标准化，但今天的老挝人和泰国人仍能十分顺畅地进行对话。更重要的是，历史上，老挝境内的各王国与今天泰国境内的各王国保持着密切的联系，这些王国均信奉上座部佛教，这都与深受中华文明影响的越南形成鲜明的对比。

然而，随着法属印度支那的建立，殖民政府越来越强调越老柬之间的联系。比如，在殖民政府主持编定的历史教科书中，老族的起源与占婆（曾存在于现今越南南部的王国）联系起来，而其与更广泛的傣泰世界的联系则被极大地弱化了。[4] 不仅如此，在殖民政府的鼓励

---

[1] Grant Evans, *A Short History of Laos: The Land in Between*, NSW: Allen & Unwin, 2002, p. 47.

[2] Arthur J. Dommen, *The Indochinese Experience of the French and the Americans: Nationalism and Communism in Cambodia, Laos, and Vietnam*, Bloomington: Indiana University Press, 2001, pp. 23 - 24.

[3] 何平：《傣泰民族起源再谈》，《民族研究》2006年第5期，第85—93页。

[4] Grant Evans, *A Short History of Laos: The Land in Between*, NSW: Allen & Unwin, 2002, p. 72.

下，大批越南人移民至老挝。同时，越南也成为仅次于法国的、深受老挝精英所青睐的留学目的地。在下文中，我们很快就会看到，这些变化都从根本上改写了老挝的历史。在整个去殖民化进程中，老挝的命运紧紧地与越南联系在一起，而这样的革命历史又决定了1975年以后老挝政治与外交的走向。

西萨旺·冯国王一生都支持法国殖民者，也正因为如此，老挝也成为法国所控制的殖民地中最为平静的一个。当然，并非所有老挝人都对被殖民的现实感到满意。和其他所有殖民地一样，在老挝最先感受到歧视和屈辱的是受过一定教育的本地精英。让这些老挝精英最难以接受的则是，印度支那的法国殖民官员将不同民族的亚洲人进行了标签化的概括，在后者看来，越南人是"有才智且骄傲的"，而老挝人则"粗心大意、贪图享乐"。[1] 于是，很多在老挝定居的越南移民受到了法国人的青睐，并在殖民政府中获得了工作岗位。有历史资料显示，直到1937年，老挝殖民政府中的老挝公务员仅占54%，其余绝大部分为越南人。[2] 法国人任用越南人管理老挝的做法，在很大程度上激发了老挝政治精英和知识分子的民族意识。事实上，直到今天，这仍会刺激很多老挝人的神经——我的一位向来少言寡语的老挝学生，就曾在课后对我所复述的这段历史提出过抗议。

在老挝人民族主义意识觉醒的过程中，佩差拉亲王是一位发挥了重要作用的关键人物，他被认为是现代老挝的缔造者。佩差拉亲王的父亲汶孔曾任琅勃拉邦扎卡林国王的副王（国王的副手和最高顾问）。

---

[1] Pierrre Brocheux and Daniel Hemery, *Indochina: An Ambiguous Colonization, 1858-1954*, California: University of California Press, 2009, p. 192.

[2] Pierrre Brocheux and Daniel Hemery, *Indochina: An Ambiguous Colonization, 1858-1954*, California: University of California Press, 2009, p. 284.

在扎卡林国王去世后，汶孔一度有望继承王位，但却因其与暹罗的紧密联系而遭到法国人的怀疑，最终后者选择了年轻的、有"花花公子"之称的西萨旺·冯继承王位。汶孔去世后，副王的位置一度空缺，而佩差拉亲王则从总督办公室的一名书记员做起，并因高贵的出身和自身的才干得到晋升，逐渐成为殖民政府中最有权力的老挝人。他不仅重新获得了副王的头衔，还成为老挝的第一位首相。佩差拉亲王致力于改革老挝的公务员系统，并不断向殖民当局施压，希望能以老挝人替代越南公务员。他与他的助手还整理出版了诸多老挝经典文献，并编写了老挝历史以及语法书等，[1] 这都有助于老挝民族主义的觉醒。[2]

佩差拉亲王日益上升的权力和他的民族主义立场，也使他与宫廷站在了对立面上：包括西萨旺·冯国王在内的一批贵族相信，法国给老挝提供的保护对这个国家的生存而言必不可少；而佩差拉虽然与法国殖民者合作，但他却是一个坚定的民族主义者。尤其是在第二次世界大战期间，在经历日本的占领和目睹法国维希政府的软弱后，佩差拉亲王开始尝试为老挝谋求一个没有法国人的未来。他甚至暗中联系泰国政府，提出建立"泰—老"邦联的可能。[3] 日本战败后，佩差拉亲王与宫廷的关系迅速恶化，并被解除了副王与首相的职务，但他随即加入了"自由老挝运动"（the Lao Issara），后者的很多成员与泰国

---

[1] Søren Ivarsson and Christopher E. Goscha, "Prince Phetsarath (1890–1959): Nationalism and Royalty in the Making of Modern Laos", *Journal of Southeast Asian Studies*, Vol. 38, No. 1, 2007, pp. 62–63.

[2] Pierrre Brocheux and Daniel Hemery, *Indochina: An Ambiguous Colonization, 1858–1954*, California: University of California Press, 2009, pp. 283–284.

[3] Søren Ivarsson and Christopher E. Goscha, "Prince Phetsarath (1890–1959): Nationalism and Royalty in the Making of Modern Laos", *Journal of Southeast Asian Studies*, Vol. 38, No. 1, 2007, p. 63.

政界保持着密切联系,并曾经是"自由泰运动"的参与者。[1] 佩差拉亲王加入后,"自由老挝运动"很快成立了新政府,同时宣布老挝独立,西萨旺·冯国王被迫退位。然而,老挝独立的时机并未成熟,随着法国人在盟军的支持下重返老挝。自由老挝政府被迫于1946年春天流亡泰国,西萨旺·冯国王也重新获得了王位直至1959年逝世。

◇ 中立主义的失败

第二次世界大战结束后,所有在老挝保有利益的国家都很快找到了自己的代理人。在上文中,我们已经了解了琅勃拉邦宫廷的亲法立场,以及以佩差拉亲王和部分自由老挝运动成员的亲泰立场,尽管这两支政治力量在看待法国殖民者时持不同意见,但他们有一个共同的担忧,那就是不断得到壮大的"越南独立同盟会"(简称越盟),以及未来可能出现的由越南主导印度支那、甚至整个中南半岛的局面。

越盟于1941年由胡志明创立,是印度支那共产党领导的爱国统一战线组织。[2] 正如前文提到的,在殖民政府的鼓励下,大量越南人

---

[1] Søren Ivarsson and Christopher E. Goscha, "Prince Phetsarath (1890 – 1959): Nationalism and Royalty in the Making of Modern Laos", *Journal of Southeast Asian Studies*, Vol. 38, No. 1, 2007, p. 69.

[2] 印度支那共产党于1930年在共产国际的指示下成立,成立后的很长一段时间里,其在老挝与柬埔寨几乎没有建立基层组织。同时,为了更好地争取中间力量,印支共也尽可能地隐蔽自己在越盟的实际领导作用。参见时殷弘《胡志明与越南革命(1920—1945)》,《暨南学报(哲学社会科学)》1996年第18卷第2期,第53页。1951年,印度支那共产党解散,并由越老柬三国分别建立共产党。1955年,老挝人民党(即现老挝人民革命党的前身)正式成立。参见 Geoffrey C. Gunn, *Political Stuggles in Laos (1930 – 1954)*, Bangkok: Editions Duang Kamol, 1988, p. 266.

移民老挝，同时也有很多老挝精英赴越南留学，这构成了越盟在老挝得到发展的基础。在老挝的越南人群体中，越盟获得了越来越多的支持者。1945年8月，日本宣布无条件投降后，越盟成功地发动了八月革命，建立了越南民主共和国。这也让一些老挝人开始相信，越盟可以为老挝的独立事业提供更多支持。"自由老挝运动"失败后，很多成员转而加入越盟，这其中最著名的就是有"红色亲王"之称的苏发努冯。①

苏发努冯亲王是佩差拉亲王同父异母的弟弟，一直在越南工作，并娶了一名越南妻子。② 自由老挝政府成立后，苏发努冯亲王在越盟的护送下回到老挝，③ 并因为与佩差拉亲王的关系，获得了自由老挝政府外交部长和国王部长的职位。但在自由老挝政府流亡泰国以后，在究竟如何实现老挝独立的问题上，苏发努冯亲王却与其他自由老挝政府的领导人产生了越来越多的分歧，并最终决裂。④ 1949年年底，苏发努冯亲王来到河内。⑤ 对于希望在老挝拓展势力的越盟而言，获得来自老挝皇室成员的支持一直是越盟梦寐以求的事情，但越盟始终未能如愿以偿地争取到更具威望的佩差拉亲王的支持。事实上，即便

---

① 关于越盟对自由老挝运动成员的吸纳，参见 Geoffrey C. Gunn, *Political Stuggles in Laos* (1930 – 1954), Bangkok: Editions Duang Kamol, 1988, pp. 250, 254。

② Grant Evans, *A Short History of Laos: The Land in Between*, NSW: Allen & Unwin, 2002, p. 86.

③ Pierrre Brocheux and Daniel Hemery, *Indochina: An Ambiguous Colonization, 1858 – 1954*, California: University of California Press, 2009, p. 354.

④ Søren Ivarsson and Christopher E. Goscha, "Prince Phetsarath (1890 – 1959): Nationalism and Royalty in the Making of Modern Laos", *Journal of Southeast Asian Studies*, Vol. 38, No. 1, 2007, p. 74.

⑤ Geoffrey C. Gunn, *Political Stuggles in Laos* (1930 – 1954), Bangkok: Editions Duang Kamol, 1988, p. 256.

是苏发努冯亲王，也一直对外隐瞒其加入共产党的事实。直至1975年，老挝人民党最终掌握了政权，佩差拉亲王等皇室成员仍不能相信苏发努冯竟然加入了共产党。归根结底，这还是因为普通老挝人对越南人充满怀疑，而老挝人的佛教信仰也让共产主义力量在老挝的发展受到了限制。

同一时期，印度支那共产党还获得了另外一位重要成员，那就是未来老挝的党和国家领导人——凯山·丰威汉。凯山·丰威汉的母亲是老挝人，父亲是越南人。凯山·丰威汉青年时期开始就在越南学习生活，并在胡志明的引导下加入了印度支那共产党。此后，他领导创立了老挝人民军。无论是苏发努冯亲王还是凯山·丰威汉，他们的经历都向我们说明，早期老挝独立运动领导人在个人层面上与越南发生的各种联系，为日后数十年中两个国家所保持的特殊关系打下了基础。

1946年抵抗法国再殖民的第一次印度支那战争爆发。越南共产党人开始投入大量人力和物力资源，指导老挝和柬埔寨的共产党人建设基层党组织和发展武装力量。到1954年日内瓦会议前夕，活跃在老挝的越南共产党人和战斗人员已经超过1.7万。他们在老挝建立起一条南北贯通的补给通道，这就是著名的"胡志明小道"的前身。[①]待到1964年对美战争爆发后，这条通道还将发挥更大的作用。在同一时期，越南共产党人还取得了另一项成就，那就是老挝"巴特寮（Pathet Lao）"政府与武装力量的建立。在北越的不断援助下，巴特寮和北越军队取得了一系列军事胜利。1951年，苏发努冯亲王对外宣布，老挝1/3的领土已经由巴特寮所控制，巴特寮具备了与老挝皇

[①] Christopher E. Goscha, "Vietnam and the World Outside: The Case of Vietnamese Communist Adviers in Laos (1948–62)", South East Asia Research, Vol. 12, No. 2, 2004, p. 150.

家政府分庭抗礼的实力。[1]

1954 年，在北越政府的要求下，巴特寮代表参加了日内瓦会议。根据日内瓦会议协议的精神，老挝将会成为一个主权独立与完整的国家，并将保持中立立场，拒绝加入任何军事联盟。而对巴特寮十分关键的一项协议内容则是，他们获得了在老挝华潘（原名桑怒）和丰沙里两省合法集结的权利，直至与皇家老挝政府达成最终和解，这两省正位于老越边境。日内瓦会议对巴特寮的意义是十分重大的：一方面，协议给予了巴特寮稳定的根据地。此后，在北越专家的指导下，老挝共产党人以上述两省为基地，不断招收新的党员和战斗力量。到 1956 年，巴特寮部队的规模已经超过 7500 人，这也为日后老挝共产党夺取政权打下了初步的基础。[2] 另一方面，巴特寮的参会也意味着其地位获得了其他国家的承认，同时也获得了日后参与老挝大选、组成政府的资格。[3]

在受到越南影响的同时，老挝也在经受着来自西方世界的"拉扯"。鉴于来自老挝国内的日益高涨的抗争，法国人开始给予老挝更多的自治权。1947 年，随着新宪法的颁布，皇家老挝政府正式成立，老挝成为法兰西联邦的一部分。1953 年，皇家老挝政府最终接管了整个国家，老挝获得独立。尽管如此，独立后的老挝经济依然困难，政府甚至没有足够的财政收入以保障自身的运转，这迫使皇家老挝政

---

[1] Geoffrey C. Gunn, *Political Stuggles in Laos* (1930–1954), Bangkok: Editions Duang Kamol, 1988, p. 260.

[2] Vatthana Pholsena, "The (Transformative) Impacts of the Vietnam War and the Communist Revolution in a Border Region in Southeastern Laos", *War & Society*, Vol. 31, No. 2, 2012, p. 172.

[3] Geoffrey C. Gunn, *Political Stuggles in Laos* (1930–1954), Bangkok: Editions Duang Kamol, 1988, p. 278.

府开始寻求足以替代法国的外部援助。

也是从这个时候开始，美国开始越来越多地插手印度支那。当时的艾森豪威尔政府对所谓的"多米诺骨牌理论"深信不疑，即认为一旦越南倒向社会主义阵营，其他东南亚国家以及更广泛地区内的国家也将相继"倒下"，而在这些"骨牌"当中，老挝无疑是至关重要的一块。用艾森豪威尔总统的话来讲，"失去老挝就像失去'瓶子的软木塞'"。[1] 为了避免这样的情况出现，美国不仅没有签署日内瓦会议的最终宣言，反而在会议结束后不久，就成立了旨在遏制共产主义在东南亚蔓延的东南亚条约组织（SEATO），并开始加大对皇家老挝政府的援助。很快，由皇家政府执掌的老挝成为全世界唯一一个全部军费开支均由美国支付的国家。[2] 然而因为缺乏有效的监管，美国经济援助中的很大一部分流入了少数官僚和商人手中，这加重了皇家老挝政府的腐败，以及老挝社会不同阶层经济地位的分化。[3]

在冷战的大背景下，以及强邻与区域外大国的频繁干预下，老挝的国内政治也变得跌宕起伏。日内瓦会议结束后，老挝政治中形成了左、中、右三股力量。其中，梭发那·富马亲王通常被视为老挝中立主义的代表人物，他是佩差拉亲王的亲弟弟，同时也是苏发努冯同父异母的兄长。这三位兄弟在第二次世界大战后老挝的政治中，扮演了至关重要的角色。和其他两位亲王一样，梭发那·富马亲王也曾加入

---

[1] Seth Jacobs, *The Universe Unraveling: American Foreign Policy in Cold War Laos*, Ithaca and London: Cornell University Press, 2012, p. 2.

[2] Seth Jacobs, *The Universe Unraveling: American Foreign Policy in Cold War Laos*, Ithaca and London: Cornell University Press, 2012, p. 4.

[3] Grant Evans, *A Short History of Laos: The Land in Between*, NSW: Allen & Unwin, 2002, p. 101; Seth Jacobs, *The Universe Unraveling: American Foreign Policy in Cold War Laos*, Ithaca and London: Cornell University Press, 2012, pp. 114–115.

自由老挝政府，并在运动失败后流亡泰国。然而，与"红色亲王"苏发努冯的选择不同，在老挝获得自治后，梭发那·富马选择与皇家老挝政府和解，并在1951—1975年4度出任皇家老挝政府的首相。1956年年初，梭发那·富马通过与苏发努冯的不断谈判，成功地与巴特寮达成协议，后者同意归还其控制的两个省，接受皇家老挝政府军队的整编，并最终通过选举进入政府参政议政，[①] 中立主义者一度看到了政治和解的曙光。

然而，日内瓦会议所带来的曙光转瞬即逝。老挝的政治精英很快发现，在外力的不断拉扯下，中立的道路变得愈发艰难。在1958年举行的选举中，由巴特寮成员组成的"老挝爱国阵线"取得了胜利，苏发努冯亲王因其皇家出身和较高的知名度，获得了最多的选票。这一结果让美国感受到老挝共产主义所带来的威胁，于是美国通过停止对老援助来迫使梭发那·富马辞职。此后上台的新政府迅速将老挝爱国阵线的领导人排挤出政府，以富米·诺萨万上校为代表的亲美右翼势力快速上升，并控制了整个政府。作为回应，巴特寮也开始在北越的支持下，抵制政府整编命令，并开始频繁进行军事调动。[②] 中立主义者的第一次尝试以失败告终。

老挝在中立主义道路上的第二次尝试，以1960年的一次军事政变为契机。1960年，信奉中立主义的、以贡勒上尉为首的军人发动政变，但遭到富米的反击，老挝陷入内战危机。处于被动局面的贡勒

[①] Grant Evans, *A Short History of Laos: The Land in Between*, NSW: Allen & Unwin, 2002, p. 101; Seth Jacobs, *The Universe Unraveling: American Foreign Policy in Cold War Laos*, Ithaca and London: Cornell University Press, 2012, p. 107.

[②] Grant Evans, *A Short History of Laos: The Land in Between*, NSW: Allen & Unwin, 2002, pp. 110–114.

和梭发那·富马开始与巴特寮接近,并寻求来自苏联的军事援助。这一动向引起了美国政府的警觉,与此同时,由富米领导的皇家老挝政府军战斗力的缺乏,以及来自苏联和中国的压力,都促使新上任的肯尼迪政府调整其老挝政策,美国变得更加乐于接受一个中立的老挝政府。[1] 在这样的背景下,第二次旨在解决老挝问题的日内瓦会议于1962年夏天召开,各方同意由左、中、右三方共同组成联合政府,并再次由梭发那·富马出任首相和国防部部长。但是,第二届同盟政府很快于1964年垮台,老挝也已经来到了战争的边缘。

对于美国来说,无论是艾森豪威尔政府,还是肯尼迪政府,都曾投入大量时间研究和讨论老挝问题,并向老挝提供了巨额的经济与军事援助,但让美国战略界不满的是,老挝并没有增加美国在越南战场上的胜算。事实上,一些新近的历史研究发现,无论是美国外交官还是决策层,都将皇家老挝政府视为不可靠的盟友,这种怀疑甚至上升为对老挝人国民性的质疑与不屑。比如,一些美国一线情报人员的报告就提到,皇家部队的军官与士兵缺乏战斗意志,在行军中,一些人甚至脱离队伍去游泳或者采摘野花,肯尼迪也将富米称为"a total shit(一个彻头彻尾的废物)"。[2] 让很多美国人不解的是,为什么信仰佛教的老挝人对"共产主义威胁"并不在意,或者说,"他们为什么不愿为自己的自由而奋斗"。而另一方面,被派往巴特寮的北越顾问也时常抱怨老挝人作风松散、士气低落。事实上,老挝人时常"被

---

[1] Lawrence Freedman, *Kennedy's Wars: Berlin, Cuba, Laos, and Vietnam*, New York and Oxford: Oxford University Press, 2000, pp. 295-299.

[2] Seth Jacobs, *The Universe Unraveling: American Foreign Policy in Cold War Laos*, Ithaca and London: Cornell University Press, 2012, p. 7.

越南人的纪律和严格吓住"。① 在一场战斗中,巴特寮与皇家部队的士兵竟然因为庆祝泼水节而停止作战。②

老挝人的这种"懒散"让美国人(或许还有越南人)感到难以理解,甚至是愤怒。然而,这些外来力量所没有意识到的是,对于大多数普通老挝人而言,他们本来就是在被动地参与一场不属于自己的战争。无论是美国人所提倡的"为了自由世界而战斗",还是一些越南人所想象的"印度支那联邦",都不是老挝人的梦想。

然而,对于这样一场不属于自己的战争,老挝却付出了惨痛的代价。有数据显示,在1964—1973年,美国战机在印度支那战场执行了58万余次轰炸任务,这相当于在9年时间里,每8分钟就有一次轰炸。而如果按人均来计算,老挝成为这个世界上被轰炸最多的国家,1967年,美军共执行了5万余次的针对胡志明小道的轰炸任务,到了1969年,美军对老挝出动的战机接近15万架次,更重要的是,这些轰炸完全是无差别的。③

◇ 后革命时期的老挝

巴特寮与皇家老挝政府最终于1973年2月达成停火协议,并同

---

① Grant Evans, *A Short History of Laos: The Land in Between*, NSW: Allen & Unwin, 2002, p. 132.

② Lawrence Freedman, *Kennedy's Wars: Berlin, Cuba, Laos, and Vietnam*, New York and Oxford: Oxford University Press, 2000, p. 295.

③ Vatthana Pholsena, "The (Transformative) Impacts of the Vietnam War and the Communist Revolution in a Border Region in Southeastern Laos", *War & Society*, Vol. 31, No. 2, 2012, p. 173.

意组成联合政府。停火协议的达成当然首先要归功于外部环境的变化——在此前一个月,美国和北越在巴黎进行的和平谈判终于取得成果,双方签署了结束越南战争的和平协定。尽管联合政府得以组建,但新旧两股势力间不可调和的矛盾和实力对比决定了,第三届联合政府就像前两次一样,注定是难以维持的。随着美军轰炸的停止,巴特寮迅速扩大军事优势,并最终接管了整个政府。1975年12月,老挝人民民主共和国宣布成立,苏发努冯担任国家主席,凯山·丰威汉出任总理。包括国王在内的数万名皇室成员,以及旧政府的官员被送往北部山区接受"再教育"。[1]

此后,无论是在国内政策还是在外交政策上,老挝都开始效仿和跟随越南。越南在老挝的安全、政治和社会生活中所扮演的突出作用,甚至让很多观察者怀疑老挝正在经受新一轮的殖民。比如,老挝各部门都在接受越南专家的指导,其人数达到6000名左右;[2] 老挝的小学生教科书、干部教育材料以及政治宣传手册,统统由越南语翻译而来;老挝每年还会庆祝胡志明的诞辰,以纪念其对老挝革命的贡献。[3] 老挝与越南的特殊关系还被以条约的形式固定下来,1977年两国签署了为期25年的《老越友好合作条约》。同年,越南军队再度进驻老挝,帮助老挝剿灭苗族叛乱。有资料显示,在老挝的越南部队曾

---

[1] [英]格兰特·埃文斯:《老挝史》,郭继光、刘刚、王莹译,东方出版中心2011年版,第158页。

[2] Martin Stuart-Fox, "Laos: The Vietnamese Connection", *Southeast Asian Affairs*, 1980, p. 206.

[3] Grant Evans, *A Short History of Laos: The Land in Between*, NSW: Allen & Unwin, 2002, pp. 188-189.

一度达到5万人。① 正如老挝问题专家马丁·斯图亚特·福克斯所言，从外交政策到经济计划再到军事安全，在所有决策制定的领域中，老挝都依靠越南的指挥。②

这种对越南的紧密追随，在很大程度上妨碍了老挝国家利益的实现。在对外关系方面，老挝的自主性遭到严重限制。随着越南入侵柬埔寨的发生，以及中越关系的急剧恶化，老挝也一度加入越南公开对中国进行舆论攻击，③原本已经得到些许改善的对泰关系也进一步恶化。老挝的财政开支有70%依靠国际援助，④但与越南的结盟使得老挝所接受的国际援助锐减，这反而进一步加重了老挝对越南和苏联的依赖。在国内经济发展方面，在越南的影响下，作为农业国家的老挝也开始在20世纪70年代后期尝试农业集体化。到1978年年底，老挝建立起1300多个合作社，然而，合作社的建立却导致农业产量的下降，很多农民通过将产品走私往泰国、移居国外或边远地区来抵制合作社，这都迫使老挝政府在1979年终止了集体化进程。⑤ 有数据显示，在1975—1980年期间，大量中产阶级选择逃出老挝，到1980年为止，外逃人口达到总人口的10%，其中绝大部分是知识分子与技术

---

① Grant Evans and Kelvin Rowley, *Red Brotherhood at War*: *Vietnam*, *Cambodia and Laos Since 1975*, London and New York: Verso, 1990, p. 64.

② Martin Stuart-Fox, "Laos: The Vietnamese Connection", *Southeast Asian Affairs*, 1980, p. 208.

③ Martin Stuart-Fox, "Laos: The Vietnamese Connection", *Southeast Asian Affairs*, 1980, pp. 191–195.

④ Martin Stuart-Fox, "Laos: The Vietnamese Connection", *Southeast Asian Affairs*, 1980, p. 205.

⑤ [美]罗纳德·布鲁斯·圣约翰：《柬埔寨、老挝和越南的经济改革：早期发展阶段结束》，《南洋资料译丛》1998年第3期，第62页。

人员，这严重影响了老挝经济的发展。①

1979年，老挝政府叫停了农业集体化，并开始对国有企业实行经济权力下放，1986年第四次党的全国代表大会召开后，老挝又开启了更大步伐的经济改革。一方面，经济改革的决定是在国内经济出现严重困难的情况下做出的；另一方面，老挝的转变也受到了外界因素的推动，戈尔巴乔夫的"新思维"和其他社会主义国家的改革潮流，都影响了老挝人民革命党的领导人。②值得一提的是，在经济改革的问题上，老挝先于越南迈出了第一步。20世纪80年代后期的越南因对柬埔寨的入侵和占领而受到国际社会的广泛谴责和制裁，同时庞大的军费开支极大地耗费了越南的国力，国内经济形势不容乐观。1986年年底，越南开始了自己的革新开放，并放松了对老挝的控制。到1989年年底，越南撤走了驻扎在老挝的数万人的部队。③

随着柬埔寨战争的最终结束，印度支那地区迎来了数十年未有的和平环境，而老挝的国家自主性也得到了前所未有的加强。虽然老挝与越南的特殊关系并未在友好合作条约到期后终结，④但老挝得以与更多的国家开展经济与政治合作，与包括中国、泰国在内的主要邻国，以及与西方国家的关系都出现了明显改善。1997年，老挝正式成为东盟成员国。与此同时，包括世界银行、亚洲开发银行在内的国

---

① Grant Evans, *A Short History of Laos: The Land in Between*, NSW: Allen & Unwin, 2002, p.178；[泰]素拉猜·西里盖著，蔡文枞译：《1975年以后的老挝》，《东南亚研究》1986年第2期，第118页。

② 中函：《老挝调整内外政策及其面临的问题》，《东南亚研究》1990年第1期，第57页。

③ Grant Evans, *A Short History of Laos: The Land in Between*, NSW: Allen & Unwin, 2002, p.199.

④ 方芸：《革新开放以来老挝与越南特殊关系的新发展》，《东南亚纵横》2010年第1期，第44—50页。

际机构也参与到老挝的经济发展中。2013年，老挝还成为世界贸易组织的第158个成员国。老挝提出的发展目标是，将自身从一个"陆锁国"（land-locked country）变为一个"陆联国"（land-linked country）。

在评价老挝当下的内政与外交政策时，很多西方学者将其概括为"发展至上"（econophoria），并警告称这样的政策可能会给老挝社会的可持续发展带来危害。① 但这种发展主义，也从一个侧面反映出老挝自主性的提升，老挝终于可以根据自身的经济发展需要来确定外交政策了。尽管与其主要邻国相比，老挝的综合国力仍十分有限——今天的老挝是东盟国家中GDP总量最小的国家，但地区主要国家在老挝所保有的利益，及其对老挝所构成的影响力，在很大程度上形成了相互制衡的局面。虽然生活在大国的夹缝之中，但更加平衡的对外关系，显然可以在一定程度上帮助老挝获得更大的选择空间。

另一方面，老挝的传统文化也从20世纪90年代开始得到复兴。很多人注意到，老挝人民革命党开始倡导佛教，党的领导人不仅频繁参加佛教节日，同时也开始资助佛像的建造和寺庙的修复。② 根据1991年通过的新宪法，老挝国徽上原有的红星、斧头和镰刀被位于万象的著名佛教建筑物塔銮所取代。2003年，万象树立起巨大的法昂国王（澜沧王国的开创者）的雕像，并举行了盛大的纪念法昂国王的活动和佛教仪式，老挝人民革命党的主要领导人出席了这次活动。活动规格之高、民众反响之热烈，引起了全世界媒体的关注，很多西

---

① Brendan M. Howe and Seo Hyun Rachelle Park, "Laos: The Dangers of Developmentalism?", *Southeast Asian Affairs*, 2015.

② Grant Evans, *A Short History of Laos: The Land in Between*, NSW: Allen & Unwin, 2002, p. 204.

方媒体都感到惊讶,并纷纷揣测其背后的政治含义。[1] 人民革命党显然已经开始从老挝自身的传统文化和宗教中,挖掘民族与国家认同的要素,而老挝人的民族主义热情也被进一步激发出来。

◇ 小结

在本文中,我们追溯了从澜沧王国时期开始的老挝历史。不难发现,这个国家独特的地理位置和国情决定了,我们几乎无法在不谈及对外关系的情况下来探讨老挝的历史。今天我们习惯将越老柬三国作为一个次区域而相提并论,但实际上"印度支那"这个概念本身就是殖民主义的产物,法国殖民者将原本属于傣泰世界的老挝剥离出来,并将其紧紧地与越南联系在一起。第二次世界大战结束后,老挝虽然获得了独立,但却很快被卷入了抗击法国和美国的两场印度支那战争中,老挝所做出的中立主义尝试也屡屡失败。但正是在这个过程中,老挝完成了自身的革命,并于1975年建立了社会主义国家。此后,老挝国家的自主性仍在很大程度上受到其与越南"特殊关系"的限制,这一局面直至20世纪80年代末才有所改变。当下的老挝正在追求更加平衡的对外关系,但与此同时,我们也应该看到,作为一个国力薄弱的内陆国家,老挝也迈开了融入全球经济的步伐。

---

[1] [英]格兰特·埃文斯:《老挝史》,郭继光、刘刚、王莹译,东方出版中心2011年版,第199页。

参考文献

中文文献

方芸：《革新开放以来老挝与越南特殊关系的新发展》，《东南亚纵横》2010 年第 1 期。

何平：《傣泰民族起源再谈》，《民族研究》2006 年第 5 期。

时殷弘：《胡志明与越南革命（1920—1945）》，《暨南学报（哲学社会科学）》1996 年第 18 卷第 2 期。

中函：《老挝调整内外政策及其面临的问题》，《东南亚研究》1990 年第 1 期。

［美］罗纳德·布鲁斯·圣约翰：《柬埔寨、老挝和越南的经济改革：早期发展阶段结束》，《南洋资料译丛》1998 年第 3 期。

［泰］素拉猜·西里盖：《1975 年以后的老挝》，蔡文枞译，《东南亚研究》1986 年第 2 期。

［英］格兰特·埃文斯：《老挝史》，郭继光、刘刚、王莹译，东方出版中心 2011 年版。

英文文献

Brocheux, Pierrre, and Daniel Hemery, *Indochina: An Ambiguous Colonization, 1858 – 1954*, California: University of California Press, 2009.

Dommen, Arthur J., *The Indochinese Experience of the French and the Americans: Nationalism and Communism in Cambodia, Laos, and Vietnam*, Bloomington: Indiana University Press, 2001.

Evans, Grant, *A Short History of Laos: The Land in Between*, NSW: Allen & Unwin, 2002.

Evans, Grant, and Kelvin Rowley, *Red Brotherhood at War: Vietnam, Cambodia and Laos Since 1975*, London and New York: Verso, 1990.

Freedman, Lawrence, *Kennedy's Wars: Berlin, Cuba, Laos, and Vietnam*, New York and Oxford: Oxford University Press, 2000.

Goscha, Christopher E., "Vietnam and the World Outside: The Case of Vietnamese Communist Advisers in Laos (1948 – 1962)", *South East Asia Research*, Vol. 12, No. 2, 2004.

Gunn, Geoffrey C., *Political Struggles in Laos (1930 – 1954)*, Bangkok: Editions Duang Kamol, 1988.

Howe, Brendan M., and Seo Hyun Rachelle Park, "Laos: The Dangers of Developmentalism?", *Southeast Asian Affairs*, 2015.

Ivarsson, Søren, and Christopher E. Goscha, "Prince Phetsarath (1890 – 1959): Nationalism and Royalty in the Making of Modern Laos", *Journal of Southeast Asian Studies*, Vol. 38, No. 1, 2007.

Jacobs, Seth, *The Universe Unraveling: American Foreign Policy in Cold War Laos*, Ithaca and London: Cornell University Press, 2012.

Pholsena, Vatthana, "The (Transformative) Impacts of the Vietnam War and the Communist Revolution in a Border Region in Southeastern Laos", *War & Society*, Vol. 31, No. 2, 2012.

Stuart-Fox, Martin, *The Lao Kingdom of Lan Xang: Rise and Decline*, Bankok: White Lotus Co. Ltd., 1998.

Stuart-Fox, Martin, "Laos: The Vietnamese Connection", *Southeast Asian Affairs*, 1980.

13

何以为家？柬埔寨的水上渔村

今天，凡是来柬埔寨旅游的人，绝大多数是出于对吴哥窟的向往。尽管很多游客会在初见吴哥窟的时候，被伟岸的庙宇和生动的雕刻所震撼，但几天的旅行难免会让人感到有些"审美疲劳"。因此，一些游客会抽出半天时间，离开暹粒一直向南，探访著名的洞里萨湖。

在高棉语中"洞里萨"意为"大湖"，而洞里萨湖也的确名副其实——它是东南亚最大的淡水湖。同时，洞里萨湖也被誉为湄公河的"天然蓄水池"，每逢旱季，洞里萨湖的水就会流入湄公河，而到了雨季，湄公河的河水又会倒灌回湖中。洞里萨湖面积的变化以最直观的方式反映出它惊人的蓄水能力，雨季时洞里萨湖的面积可以达到14500平方公里，蓄水量达到50—80立方千米，而在旱季时湖水面积则会缩小3/4以上，蓄水量仅为1—2立方千米,[①] 这让人不得不感叹大自然的奇妙。

然而，洞里萨湖最吸引游客的并不是它的自然风光，而是在湖上漂泊着的为数众多的水上人家。不得不承认的是，参观水上渔村并不是什么令人愉快的旅行经历。和村民的接触实际上早在进入渔村前就开始了：当游客乘坐的大船驶入渔村周边的水域时，便会有很多村民驾驶着"快艇"——更准确地讲，应该是装有发动机的舢板——开始竞相追逐大船。尽管他们仅仅是想向你兜售一些特产，但他们快速向大船逼近的方式，很容易让你联想到电影里看到的索马里海盗。坐在船上的还有不少当地的女童，她们衣衫褴褛，全身最醒目的是挂在脖子上的蟒蛇。这些女孩子若无其事地将蛇搭在肩上，用空洞的眼睛注

---

① Mekong River Commission, "Overview of the Hydrology of the Mekong Basin", Mekong River Commission, http://www.mekonginfo.org/document/0001968-inland-waters-overview-of-the-hydrology-of-the-mekong-basin.

视着游客，如果你按捺不住猎奇心而按下了相机快门，那么很快就会有成年人向你咆哮着要求付费。

所谓的水上渔村，是一大片漂在木筏、汽油桶上的简易建筑。在这里，似乎一切材料都可以被用来搭建房屋：塑钢板、凉席、塑料布……尽管简陋破败，但这些房屋最大的优势就在于自重轻，渔民可以驾驶一艘装有马达的小船，就把整个家轻松地拖走。渔村中最整齐的建筑是由国际组织援建的学校，但即便是这些公共设施也同样漂浮在水上。这里的村民多以捕捞洞里萨湖里的鱼虾为生，近年来旅游也成为很多村民收入的主要来源之一。由于渔村的排污方式就是简单地倾倒，所以渔村附近的湖水不仅浑浊，而且漂浮着很多垃圾，并泛着阵阵腥臭。生活污染、过度捕鱼、对周边雨林的砍伐、水坝的修筑、气候变化……这些问题都严重影响着洞里萨湖的生态环境。正是出于这样的原因，2016年，德国"全球自然基金会"将洞里萨湖评为"全球最受威胁的湖"。[1]

然而，这些给洞里萨湖带来"威胁"的水上渔民，他们自己又何尝不生活在威胁之中？由于贫困和恶劣的卫生条件，很多村民都患有慢性腹泻、营养不良，甚至有人死于疟疾。他们之所以生活在水上，并不是出于自主选择，更不是在遵循什么文化传统。相反，水上渔村的居民绝大多数是越南裔，之所以生活在水面上，是因为他们没有土地，更没有国籍。即便是选择漂泊，他们也随时面临被驱赶的命运。他们的水上之家正如吉普赛人的马车一样，是他们颠沛流离的人生缩影。

---

[1] Radio Free Asia, "Floating Villages on Cambodia's Tonle Sap Are Being Scuttled", 1 Sep. 2019, https://www.rfa.org/english/news/cambodia/floating-villages-in-cambodias-09012016153009.html.

这些越南裔的村民究竟来自何方？他们又如何成为被仇视和被驱赶的对象？这是本文要回答的问题。在下文中，你将很快发现，虽然这些水上渔民生活在柬埔寨社会的最底层，但正是因为他们的地位是如此的弱势，所以高层政治的变动每每都会给他们带来最剧烈的影响，甚至使他们的整个生活遭到倾覆。因此，他们的境遇也以最直接的方式反映了柬埔寨国家政治的走向，甚至还有柬埔寨与其主要邻国越南之间关系的起伏。这也是为什么我们要从水上渔村出发，带你了解柬埔寨这个国家。

◇ 作为"殖民者"出现的早期移民

究竟有多少越南人在洞里萨湖上过着漂泊的生活？对此，从来没有权威机构给出准确的统计。2016年越南媒体的报道认为，这里至少生活着5000个家庭。需要说明的是，洞里萨湖上的渔民事实上仅是柬埔寨越南人群体的一部分。这里所说的"越南人"并不是指在柬埔寨生活的越南公民，而是指柬埔寨的一个少数民族。柬埔寨是一个以高棉人为主体民族的国家，从2008年柬埔寨政府公布的人口普查数据来看，在该国1300余万人口中，高棉人的比例高达96%，主要的少数民族则包括占族穆斯林、越南人和华人，其中越南人口（简称"柬越人"）占总人口的0.54%。[1] 很多了解柬埔寨的人都知道，0.54%的比例显然是对"柬越人"数量的低估，对于低估背后的政治

---

[1] Ministry of Planning of Cambodia, "Population Census 2008", https://camnut.weebly.com/uploads/2/0/3/8/20389289/2009_census_2008.pdf. 注：民族划分以母语为依据。

原因，下文中将会做出更加详细的解释。

"柬越人"这一特殊的群体，往往因为其人权状况堪忧而受到国际社会的关注，并经常成为越南与柬埔寨双边关系中的一个重要议题。这些"柬越人"大多出生在柬埔寨，世世代代生活在这里，并且可以讲流利的高棉语，同时也将自己视为柬埔寨人。可以说，他们与越南的联系实际上仅仅局限于"族性"。[1] 然而，大多数"柬越人"却无法在柬埔寨获得基本的政治与社会权利。不同于其他少数民族，"柬越人"在柬埔寨社会中处于更加孤立的地位。比如，尽管高棉人与华人的通婚非常普遍，但高棉人与"柬越人"通婚的情况却较少发生。[2] 更加令人担忧的是，很多"柬越人"不仅无法获得柬埔寨的公民身份，同时还可能成为暴力活动的受害者。

那么，这些"柬越人"是从何而来的呢？他们的形成是不同历史时期越南人向柬埔寨移民的结果。与当下"柬越人"的弱势地位形成鲜明对比的是，早期的越南移民是以殖民者的身份出现在柬埔寨的土地上的。1693年，越南的封建集团阮氏通过武力吞并了位于今天越南中部以南的占婆王国，越南就此直接与柬埔寨接壤。[3] 而在越南国力不断上升的同时，17世纪的柬埔寨王国早已失去了吴哥时期的地区地位，并不断受到来自暹罗（泰国旧称）的军事威胁。在这样的情况下，柬埔寨转而向越南寻求支援。作为交换条件，从17世纪30年代开始，柬埔寨就允许越南在湄公河三角洲一带设立海关口岸。在此

---

[1] Jennifer S. Berman, "No Place Like Home: Anti-Vietnamese Discrimination and Nationality in Cambodia", *California Law Review*, Vol. 84, No. 3, 1996, p. 821.

[2] Ramses Amer, "Cambodia's Ethnic Vietnamese: Minority Rights and Domestic Politics", *Asian Journal of Social Science*, Vol. 34, No. 3, 2006, p. 402.

[3] 余富兆：《越南历史》，军事谊文出版社2001年版，第119页。

后的两百年中,大批越南人开始向肥沃的湄公河三角洲移民,越南人口逐渐形成了压倒性的优势,原本居住在这里的高棉人反而成为少数族群。① 一些越南人还沿洞里萨河向西北迁徙,来到洞里萨湖一带定居。②

可以说,从17世纪到19世纪上半叶的大部分时间里,柬埔寨都处于一个危险的平衡之中——王国面临着来自暹罗和越南两方面的威胁,并不得不向暹罗和越南同时朝贡称臣。③ 雪上加霜的是,柬埔寨宫廷逐渐分裂成"亲暹"与"亲越"两个派系,并依靠外部势力相互倾轧。内部纷争进而又为暹罗和越南创造了更多干预柬埔寨政治的机会,这导致了柬埔寨王国的进一步衰落。

这一点在安赞二世国王(1806—1834年在位)的身上就得到了最明显的体现。尽管在登上王位之初,安赞二世得到了暹罗的支持,但此后他却因为不满暹罗宫廷与其他王室成员的勾结,逐渐倒向了越南。④ 由于感到了来自宫廷内部的威胁,安赞二世甚至向越南皇帝提出要求,希望后者同意他征召在柬埔寨的越南人作为自己的私人卫队。⑤ 由此可以看出,当时的柬埔寨已经有大量越南人定居。而安赞二世出于对自身政治生存的担忧,不仅没有反对越南对柬埔寨的移民和渗透,反而加以利用,以此来平衡国内的反对势力。

---

① David Chandler, *A History of Cambodia*, Colorado: Westview Press, 2008, p. 97.
② Stefan Ehrentraut, "Perpetually Temporary: Citizenship and Ethnic Vietnamese in Cambodia", *Ethnic and Racial Studies*, Vol. 34, No. 5, 2011, p. 782.
③ 黄焕宗:《越南阮氏王朝侵略柬埔寨及其越南化政策的推行与失败》,《南洋问题研究》1990年第3期,第80页。
④ 黄焕宗:《越南阮氏王朝侵略柬埔寨及其越南化政策的推行与失败》,《南洋问题研究》1990年第3期,第80页。
⑤ David Chandler, *A History of Cambodia*, Colorado: Westview Press, 2008, p. 144.

安赞二世对越南的依赖和屈从最终使柬埔寨沦为越南的殖民地。越南人在柬埔寨势力的上升激发了高棉人的不满，由于越南官员大量征召高棉劳工修建运河，并对后者大加虐待，1820 年柬埔寨爆发了第一次反对越南的叛乱。① 但类似的叛乱并没能打消顺化朝廷继续掌控柬埔寨的念头，1834 年安赞二世病逝，这成为顺化朝廷进一步加强对柬埔寨控制的契机。在越南的操纵下，安赞二世的女儿安眉公主被选为女王，但其登基后就被幽禁宫中，不得参与政务，后来甚至被越南人绑架并押解回了顺化。与此同时，顺化朝廷开始大力推行使柬埔寨"越南化"的政策：前者不仅向柬埔寨派驻了大量越南官员，还令越南被判刑的罪犯移民到柬埔寨开疆拓土；② 柬埔寨的官员任免、经济政策等决策权统统落入越南官员手中；就连柬埔寨官员职位的名称、地区的名称也被更换，诸如"安南"之类的曾经由中国朝廷赐予越南的地名，被越南人用来给柬埔寨的地区命名。③

1841 年，柬埔寨爆发了更大规模的针对越南殖民的起义，起义由柬埔寨的高层官员领导，并得到了暹罗的支持，这次反抗行动逐渐演变成暹罗与越南之间的战争。最终曼谷和顺化于 1845 年达成协议：柬埔寨重新获得了独立，由暹罗人支持的安东取得王位，暹罗与越南各自获得了柬埔寨的部分领土，越南对湄公河三角洲一带的占领获得了暹罗的承认。④

此后，法国殖民者的到来阻止了越南对柬埔寨的再次入侵。事实上，安东国王甚至曾主动给法国人写信，希望借助法国人的力量抵抗

---

① David Chandler, *A History of Cambodia*, Colorado: Westview Press, 2008, p. 145.
② David Chandler, *A History of Cambodia*, Colorado: Westview Press, 2008, p. 155.
③ David Chandler, *A History of Cambodia*, Colorado: Westview Press, 2008, p. 151.
④ David Chandler, *A History of Cambodia*, Colorado: Westview Press, 2008, p. 86.

来自越南的威胁。1863年，刚刚继位不久的诺罗敦·安·吴哥就与法国人签署条约，柬埔寨正式成为法国的"受保护国"。作为对法国保护的回报，法国从柬埔寨获得了砍伐树木和开采矿产资源的权利。[①] 然而，具有讽刺意味的是，也正是在法国的鼓励下，又有大批越南移民涌入了柬埔寨。在这一点上，柬埔寨与老挝有着相似的经历，在法国人眼中，高棉人和老挝人都一样"懒惰"而且"缺乏组织性"，相反越南人则"更加勤劳""有效率"。[②] 因此，法国在柬埔寨设立的殖民政府和种植园雇用了大量的越南人，他们还获得了比高棉人更高的职位，这引起了高棉人（尤其是高棉精英）的强烈不满。

更重要的是，法国人的殖民统治最终导致柬埔寨彻底失去了湄公河三角洲一带的领土。正如前面的章节里所提到的，在中南半岛，法国殖民者最早攫取的领土就是湄公河三角洲，并将之命名为交趾支那。此后，交趾支那一直处于法国的直接管辖之下。1949年，法国国会通过决议，确认交趾支那属于越南，并将其"归还"给法国扶持的保大政权。随领土一同被吞并的还有大量高棉人口，依然生活在湄公河三角州一带的高棉人，则成了今天越南境内的少数民族。和在柬埔寨的"柬越人"一样，他们也面临着不同程度的经济与教育权利不平等的问题。[③] 时至今日，很多柬埔寨人仍将这一地区称作"下柬埔寨"，这一失去的领土也成为激发柬埔寨人反越情绪的主要因素之一。

[①] David Chandler, *A History of Cambodia*, Colorado: Westview Press, 2008, p.172.

[②] David Chandler, *A History of Cambodia*, Colorado: Westview Press, 2008, p.189; Jennifer S. Berman, "No Place Like Home: Anti-Vietnamese Discrimination and Nationality in Cambodia", *California Law Review*, Vol. 84, No. 3, 1996, pp. 828–829.

[③] 唐桓：《越南的下高棉民族分离主义问题》，《世界民族》2006年第2期，第35页。

正如有学者指出的，历史上来到柬埔寨的越南移民，并没有期待融入柬埔寨社会。相反，他们的到来与越南和法国对柬埔寨的殖民密切相关，无论是顺化朝廷还是法国，都试图将柬埔寨融入自己所带来的外来文化，并将自己的语言和制度施加在高棉人身上。[1] 柬埔寨的这段被殖民的历史，以及早期越南移民的特殊身份，为日后柬埔寨人仇越情绪的产生和爆发埋下了伏笔。历史积怨也成为当下"柬越人"在取得公民身份过程中所面对的最主要的障碍。

◇ "没有最坏，只有更坏"

柬埔寨最终于1953年获得了独立。从1953—1979年，柬埔寨先后出现过三个中央政权，经历过武装叛乱、军事政变以及社会革命，同时也被卷入了越南战争的漩涡。而"柬越人"则悲惨地发现，每一次政权变动都使他们的生存环境进一步恶化，很多人最终失去了家园甚至生命。

在独立后的很长一段时间里，诺罗敦·西哈努克都是柬埔寨最高权力的掌控者。在20世纪60年代，一位美国记者曾写下这样的话："柬埔寨就是西哈努克"；与之相似，一位法国作家也曾评述说："他就是国家"。[2] 西哈努克所享有的权利和威望，与他在为柬埔寨争取独立的过程中所发挥的重要作用密不可分。而这一政治资本，也使他

---

[1] Stefan Ehrentraut, "Perpetually Temporary: Citizenship and Ethnic Vietnamese in Cambodia", *Ethnic and Racial Studies*, Vol. 34, No. 5, 2011, p. 783.

[2] David Chandler, *A History of Cambodia*, Colorado: Westview Press, 2008, pp. 238-239.

有资格在柬埔寨独立后，继续引领整个国家的"民族构建"进程，甚至是重新为"高棉民族"寻找一个定义。

西哈努克创造性地对柬埔寨的少数族群进行了新的分类，很多学者认为，这种由他普及的分类法至今仍被柬埔寨人广泛使用，并从根本上影响了柬埔寨人对"民族"和"公民身份"的认知。① 根据这一分类，柬埔寨山地地区生活着的不同少数民族，均被划归到"高地高棉人"这一类别下，占族则被称为"高棉穆斯林"，生活在湄公河三角洲的高棉人被统称为"低地高棉人"（当然，这一地区已经归属于越南）。② 无疑，这种划分方法有助于构建一个统一的"高棉身份认同"，这使得民族的边界宽泛得足以覆盖整个主权国家，甚至是超越主权国家的边界。但是，这种划分方法也带来一个新的问题，那就是它将近代以来来到柬埔寨的移民排除在外，这当然也包括"柬越人"。

柬埔寨的独立唤起了高棉人的民族自豪感，这对想要进一步巩固自己执政地位的西哈努克而言，无疑是十分有利的。在独立后的柬埔寨，西哈努克成了高棉文化的积极倡导者，他希望唤起人民对吴哥王朝光辉历史的记忆，以及他们对柬埔寨未来发展的信心。③ 这种对高棉民族和高棉文化的骄傲，也直接影响了对"柬埔寨公民"的界定。1954年颁布的关于柬埔寨公民身份的法令，就将"柬埔寨公民"这个原本属于法律层面的概念与"高棉民族"等同了起来。比如，根据

---

① Stefan Ehrentraut, "Perpetually Temporary: Citizenship and Ethnic Vietnamese in Cambodia", *Ethnic and Racial Studies*, Vol. 34, No. 5, 2011, p. 783.

② Penny Edwards, *Cambodge: The Cultivation of a Nation, 1860–1945*, Honolulu: University of Hawai'i Press, 2007, p. 251.

③ 关于西哈努克与高棉民族主义的关系，参见 Kimly Ngoun, "From a Pile of Stones to a National Symbol: Preah Vihear Temple and Norodom Sihanouk's Politics of Postcolonial Nation-Building", *South East Asia Research*, Vol. 26, No. 2, 2018。

这一法令，归化公民除了要具有良好品行和在柬埔寨5年以上的居住经历外，还必须可以讲流利的高棉语，并且展现出自己"已充分被柬埔寨的礼仪、习俗和传统所同化"。① 法令还强调，外国人最终是否可以归化为公民，并不是一种"权利"，而是基于行政决策的"恩惠"。② 到了1963年，柬埔寨国会又一致通过建议，要求政府"原则上拒绝全部越南居民的归化申请"，原因是他们无法被同化。国会还建议成立相关委员会并赋予其权力，撤销那些不尊重柬埔寨习俗的归化公民的公民身份。③ 可以说，从柬埔寨独立之初，"柬越人"就被置于一个不利的法律地位上。

西哈努克对柬埔寨的统治因1970年的一场政变戛然而止，政变的发生与外部势力的介入有着直接关系。自独立后西哈努克就宣布柬埔寨奉行"中立"的外交政策，但同时接受美国援助。在冷战的背景下，这样的外交路线是一个微妙且极易被打破的平衡。从20世纪50年代末开始，柬埔寨与泰国和南越政权的关系就持续恶化，泰国与南越均持坚决"反共"的立场，并且与柬埔寨存在领土纠纷。此后，两国策划了一系列针对柬埔寨和西哈努克的入侵与颠覆行动，而在这些事件中，美国始终持默许甚至暗中支持的态度。④ 这引起了西哈努克的极大不满，作为回应，他的外交政策出现了"左转"的倾向：他不

---

① Christoph Sperfeldt, "Report on Citizenship Law: Cambodia", Italy: European University Institute, 2017, p. 5.

② Christoph Sperfeldt, "Report on Citizenship Law: Cambodia", Italy: European University Institute, 2017, p. 5.

③ Stefan Ehrentraut, "Perpetually Temporary: Citizenship and Ethnic Vietnamese in Cambodia", *Ethnic and Racial Studies*, Vol. 34, No. 5, 2011, p. 784.

④ 范丽萍：《导致1963年柬埔寨王国拒绝美援的诸因素分析》，《东南亚纵横》2010年第8期，第45—48页。

仅在1958年承认并出访新中国，还于1963年宣布停止接受美国援助，此后，西哈努克甚至一度断绝了与美国的外交关系。① 这一期间也正值越战不断升级，西哈努克相信，北越最终将成功统一全国，因此他默许北越部队在保密的前提下在柬埔寨境内活动。西哈努克希望以此换得统一后的越南对柬埔寨主权的尊重。②

然而，与美国的交恶却引起了柬埔寨右翼集团的不满，此前美国所提供的军事援助中很大一部分都被用来给军队发放津贴，援助的中止则直接触碰了军人集团的利益。③ 美国对柬埔寨发起的贸易制裁也加剧了整个国家的经济困境。④ 1970年3月，以首相、前国防部部长朗诺和副首相施里玛达亲王为首的右翼集团发动政变，建立了亲美反共政权，西哈努克也开始了流亡生活。

虽然朗诺的政变取得了成功，但西哈努克仍在柬埔寨人民中享有极高的威望，朗诺集团急需为政变找到合法性依据。于是，西哈努克与北越的秘密合作成为朗诺集团的突破口，后者开始煽动柬埔寨人的反越情绪，以此削弱西哈努克的地位，并强化自身的执政基础。朗诺一方面向北越发出最后通牒，要求越共在48小时内撤出柬埔寨领土——这样的"最后通牒"显然是不切合实际的；⑤ 另一方面，朗诺政府开始面向全社会征召"志愿军"，号召民众驱逐越南"侵略者"。

---

① 潘一宁:《越南战争时期美国对柬埔寨中立的干涉（1956—1971）》，《南洋问题研究》2010年第1期，第20—23页。

② 庞卫东:《冷战时期的印支形势与胡志明小道的兴起》，《史学月刊》2015年第8期，第136页。

③ David Chandler, *A History of Cambodia*, Colorado: Westview Press, 2008, p. 245.

④ 潘一宁:《越南战争时期美国对柬埔寨中立的干涉（1956—1971）》，《南洋问题研究》2010年第1期，第24页。

⑤ David Chandler, *A History of Cambodia*, Colorado: Westview Press, 2008, p. 251.

"柬埔寨领土内竟然有越南军队",这极大地激发了柬埔寨人的民族主义情绪,青年学生竞相报名参军,政府1万名的征兵目标得到了7万人的响应。① 然而,朗诺的军队完全不是身经百战的北越部队的对手,在接下来的军事行动中遭受了严重伤亡。

与此同时,朗诺还把矛头对准了更容易对付的"内部敌人",也就是"柬越人"。朗诺不断强调高棉种族的优越性和纯粹性,称高棉人就要具备"高棉的血液,高棉的传统,高棉的文化,高棉的语言,还需要诞生在这片我们高棉祖先留下的土地上",② 柬埔寨也被命名为"高棉共和国"。在进行种族主义宣传的同时,朗诺政府在柬埔寨发起了大规模的驱逐"柬越人"的行动。很多"柬越人"仅仅因为其民族身份,就被指责犯有叛国罪,并遭到圈禁,数千"柬越人"在朗诺军队的围捕行动中丧生。③ 朗诺政府还颁布了一系列歧视性的法令,比如,所有"柬越人"只能在上午7点至11点外出活动,公共和私人组织均被禁止雇佣"柬越人"等。④ 有数据显示,仅在1970年的一年时间里,在柬埔寨的45万"柬越人"中就有20万被迫逃往南越。⑤ 20世纪70年代后期,柬埔寨国内政治再次发生急剧变化,与越南的关系也不断恶化。大量"柬越人"逃往越南,在柬埔寨境内,"柬越人"一度不复存在。

---

① Justin Corfield, *The History of Cambodia*, Oxford: Greenwood Press, 2009, p. 72.

② Penny Edwards, *Cambodge: The Cultivation of a Nation, 1860 – 1945*, Honolulu: University of Hawai'i Press, 2007, p. 252.

③ Jennifer S. Berman, "No Place Like Home: Anti-Vietnamese Discrimination and Nationality in Cambodia", *California Law Review*, Vol. 84, No. 3, 1996, p. 831.

④ Ramses Amer, "Domestic Political Change and Ethnic Minorities: A Case Study of the Ethnic Vietnamese in Cambodia", *Asia-Pacific Social Science Review*, Vol. 13, No. 2, 2013, p. 88.

⑤ Christoph Sperfeldt, "Report on Citizenship Law: Cambodia", Italy: European University Institute, 2017, p. 6.

正如我们看到的，独立后的柬埔寨政治并不平静。西哈努克试图在两大阵营间左右逢源，保持一个微妙的平衡，但越南战争的爆发和升级还是不可避免地将柬埔寨裹挟其中。此后，无论是亲美的朗诺集团，还是激进的红色高棉，均出于不同的政治目的举起了反越的大旗。而这些高层政治的变动，无一不从根本上决定了"柬越人"的生存条件，他们所处的政治与社会环境也不断由"坏"向"更坏"发展，并最终成为国家的敌人和被屠杀的对象。

◇ 政治博弈的牺牲品

在越南的支持下，由韩桑林、洪森等人领导的柬埔寨人民共和国政府很快在金边成立。[①] 由此开始，又有大量越南人涌入柬埔寨。有估计称，在整个20世纪80年代，大约有30万—50万越南人移居柬埔寨。这一波移民潮中不乏新移民，但绝大多数是曾经不堪迫害逃离柬埔寨的"柬越人"，他们希望能在一个对越友好政府的统治下，过上安定的生活。此后，"柬越人"的人口数量迅速恢复到20世纪60年代的水平。[②] 然而，对普通的高棉人而言，他们一方面希望看到柬埔寨政局的稳定，但另一方面也对越南对柬埔寨的占领，以及柬埔寨的"越南化"感到厌恶。这种厌恶随时间的推移变得愈发强烈——在此后长达10年的时间中，有大约10万人的越南军

---

① 1989年改名为"柬埔寨国"。
② Ramses Amer, "Domestic Political Change and Ethnic Minorities: A Case Study of the Ethnic Vietnamese in Cambodia", *Asia-Pacific Social Science Review*, Vol. 13, No. 2, 2013, p. 90.

队驻扎在柬埔寨，同时柬埔寨政府各层级也都充斥着越南专家。①

正是因为了解国内民众的反越倾向，所以这一时期柬埔寨政府对于"柬越人"所采取的政策也是十分谨慎的。政府虽然允许"柬越人"尽快安居，恢复正常生活，但却并没有采取任何措施解决这些人的国籍问题，②这一做法也决定了"柬越人"日后的权益与地位。事实上，很多"柬越人"早已在此前的逃亡过程中遗失了自己的身份文件。有人回忆称他们此前在被驱赶时，没有携带任何个人物品和文件。而当他们返回柬埔寨时，他们已经失去了原有的土地，很多人就此开始了在水上渔村的生活。③在新政府的政策下，"柬越人"获许以"外国人"的身份居住在柬埔寨，但事实上他们成了名副其实的"没有国籍的人"。

当"柬越人"重返家乡时，柬埔寨的内战还未结束。红色高棉兵败后，逃往西北方向的泰缅边境，并建立了根据地，同时号召成立广泛的统一战线，抗越救国。1982年，"民主柬埔寨联合政府"成立，西哈努克出任主席，代表"高棉人民民族解放阵线"的宋双出任总理，代表红色高棉的乔森潘出任负责外交事务的副主席。④虽然这三支政治力量之间充满利益冲突，但却在"反越"这一问题上达成一致。

---

① Stefan Ehrentraut, "Perpetually Temporary: Citizenship and Ethnic Vietnamese in Cambodia", *Ethnic and Racial Studies*, Vol. 34, No. 5, 2011, p. 786.

② Christoph Sperfeldt, "Report on Citizenship Law: Cambodia", Italy: European University Institute, 2017, p. 7.

③ Lyma Nguyen and Christoph Sperfeldt, "A Boat without Anchors: A Report on the Legal Status of Ethnic Vietnamese Minority Populartions in Camboida under Domestic and International Laws Governing Nationality and Statelessness", Phnom Penh: Jesuit Refugee Service, 2012, p. 68.

④ 1981年，柬埔寨共产党宣布解散，放弃马克思列宁主义，成立民主柬埔寨党。

随着联合政府抵抗活动在军事、外交和政治层面的展开,"柬越人"问题也成为斗争的焦点之一。联合政府指责共和国政府是越南的傀儡政权,同时称大规模的越南移民正是"越南对柬埔寨殖民计划的一部分"。联合政府宣称,在柬埔寨的越南人已经达到80万—100万(20世纪80年代中期,柬埔寨总人口在700万左右)。[1] 但另一方面,共和国政府则对此提出反驳,称"柬越人"的数量不足6万。"100万"与"6万",这两种估算之间的巨大鸿沟无疑反映出两个政府间尖锐的矛盾,而"柬越人"问题也在此后持续影响着柬埔寨的和平进程。虽然越南已经于1989年9月完成了撤军,但联合政府内的各党派仍坚称,很多越南军人以平民的身份混居在"柬越人"群体中。[2]

1991年10月23日,经过漫长的谈判,柬埔寨各交战方和19个国家的外长在巴黎签署了和平协定,结束了13年的内战。根据该协定,联合国将在柬埔寨成立过渡时期权力机构,以监督停火和全国大选的举行。此后,联合国在柬埔寨展开了其成立以来最昂贵的一次维和行动——为期两年的维和行动总共花费了40亿美元。[3] 在国际社会的注视下,柬埔寨大选最终于1993年5月举行,西哈努克的长子拉纳烈亲王和他所领导的"奉辛比克党"在选举中取得胜利。然而,真正控制着柬埔寨各政府部门的洪森和人民党却拒绝承认这一选举结果。最终,人民党与奉辛比克党通过谈判达成妥协,组成了联合政府。因洪森拒绝接受"副首相"的称呼,柬埔寨出现了"第一首相"

---

[1] Ramses Amer, "Domestic Political Change and Ethnic Minorities: A Case Study of the Ethnic Vietnamese in Cambodia", *Asia-Pacific Social Science Review*, Vol. 13, No. 2, 2013, p. 90.

[2] Stefan Ehrentraut, "Perpetually Temporary: Citizenship and Ethnic Vietnamese in Cambodia", *Ethnic and Racial Studies*, Vol. 34, No. 5, 2011, p. 787.

[3] Justin Corfield, *The History of Cambodia*, Oxford: Greenwood Press, 2009, p. 114.

（由拉纳烈亲王担任）和"第二首相"（由洪森担任）并存的独特政治局面。1993年9月，柬埔寨国会通过新宪法，恢复了君主立宪制，西哈努克也再次登上王位。但这一微妙的政治平衡在短短几年后就被打破，1997年7月，洪森发动政变解除了拉纳烈亲王的职务，柬埔寨政治由此进入新的"洪森时代"。

对于生活在社会最底层的"柬越人"而言，选举政治的到来并不意味着他们的权利可以就此得到伸张。相反，他们再次被推到政治的风口浪尖之上，成为政治斗争的牺牲品。早在选举制度建立之初，"柬越人"是否应该被赋予选举权，就成为一个牵动所有政党利益的重要问题。一些人将"柬越人"视为"亲越"的洪森政府的潜在支持者。也是出于这个原因，最初由联合国临时权力机构起草的选举法，曾遭到柬埔寨很多政治派别的强烈反对，此后联合国临时权力机构只得收紧关于选民身份的规定，这就使"柬越人"失去了投票的资格。[1] 即便如此，反对派仍坚持称，洪森政府已经批准了很多越南人的公民身份，从而进一步扩大了自身的支持基础。在整个20世纪90年代，柬埔寨时常爆发针对"柬越人"的暴力袭击事件。[2] 每逢大选，在一些政党的煽动下，柬埔寨社会的反越情绪就会尤其高涨，暴力事件也变得更加频繁。

近年来，针对"柬越人"的暴力事件虽然有所减少，但是，很多"柬越人"（尤其是水上渔民）的国籍问题仍未得到解决。在现代社会中，缺少身份文件可以让一个人的生活举步维艰，"柬越人"就处

---

[1] Ramses Amer, "Domestic Political Change and Ethnic Minorities: A Case Study of the Ethnic Vietnamese in Cambodia", *Asia-Pacific Social Science Review*, Vol. 13, No. 2, 2013, p. 91.

[2] Ramses Amer, "Cambodia's Ethnic Vietnamese: Minority Rights and Domestic Politics", *Asian Journal of Social Science*, Vol. 34, No. 3, 2006, pp. 392–400.

于这样的境遇中。他们既不能从事正常的工作，也无法拥有自己的土地，他们甚至没有在银行开设账户的资格，仅有的现金使他们频频成为抢劫案的受害者。即便是生活在水面上，每逢雨季，洞里萨湖水位都会上涨，湖面也随之扩大。水上渔村的"柬越人"经常会被指控，称他们侵犯了湖岸周边高棉人的土地。① 更令人担忧的是，在水上渔村出生的孩子几乎没有出生证明，这意味着新一代"柬越人"（甚至是下一代"柬越人"）也可能就此失去了申请国籍的机会。

很多关注柬埔寨政治的人，尤其是西方的学者和媒体，经常会质疑柬埔寨民主的质量。质疑的一个依据就是，柬埔寨的选举从未产生过真正的政权更迭——从1997年政变发生后，洪森就一直担任首相直至今天。但同时需要警惕的是，柬埔寨所谓的"民主力量"也有黑暗的一面。在挑战洪森和人民党的主导地位时，很多反对派领导人都不约而同地求助于民族主义、求助于民众的反越情绪。在无法提出更加具有吸引力的施政主张的情况下，反对党经常选择将洪森和人民党描述为越南的"傀儡政权"，同时通过炒作"下柬埔寨"和"柬越人"的问题挑动选民的不满。② 在这样的国内政治背景下，"柬越人"成为政治斗争中的筹码，他们国籍问题的解决依旧看不到希望。从这个意义上讲，如何避免民主成为"多数人的暴政"，可能是一个比"如何实现民主"更加值得思考的问题。

---

① Lyma Nguyen and Christoph Sperfeldt, "A Boat without Anchors: A Report on the Legal Status of Ethnic Vietnamese Minority Populartions in Camboida under Domestic and International Laws Governing Nationality and Statelessness", Phnom Penh: Jesuit Refugee Service, 2012, pp. 73 – 74.

② David Hutt, "The Truth About Anti-Vietnam Sentiment in Cambodia", The Diplomat, https://thediplomat.com/2016/10/the-truth-about-anti-vietnam-sentiment-in-cambodia/.

◇ 小结

在本文中,我们从洞里萨湖的水上渔村出发,了解了"柬越人"的形成,以及这个少数民族曲折的历史经历。柬埔寨被越南殖民的历史,以及在近代失去的大片领土,都成为柬埔寨社会"反越"民族主义情绪的主要来源。这也从根本上决定了"柬越人"的命运,使他们成为长期被仇恨、被迫害的对象。选举政治的建立,并没能使"柬越人"的权利得到伸张,相反,选举制度下的政治动员反而进一步使他们成为被攻击的靶子,被剥夺选举权的他们依然生活在危险之中。

参考文献

中文文献

范丽萍:《导致1963年柬埔寨王国拒绝美援的诸因素分析》,《东南亚纵横》2010年第8期。

黄焕宗:《越南阮氏王朝侵略柬埔寨及其越南化政策的推行与失败》,《南洋问题研究》1990年第3期。

潘一宁:《越南战争时期美国对柬埔寨中立的干涉（1956—1971)》,《南洋问题研究》2010年第1期。

庞卫东:《冷战时期的印支形势与胡志明小道的兴起》,《史学月刊》2015年第8期。

塞兹西恩:《评柬埔寨关于越南侵略的〈黑皮书〉》,《南洋资料译丛》1981年第4期。

唐桓:《越南的下高棉民族分离主义问题》,《世界民族》2006年第2期。

徐焰:《波尔布特:"左祸"的一面镜子》,《百年潮》2001年第3期。

余富兆:《越南历史》,军事谊文出版社2001年版。

于臻:《论西哈努克在当代柬埔寨政治演变中的作用与影响》,《南洋问题研究》2007年第2期。

英文文献

Amer, Ramses, "Cambodia's Ethnic Vietnamese: Minority Rights and Domestic Politics", *Asian Journal of Social Science*, Vol. 34, No. 3, 2006.

Amer, Ramses, "Domestic Political Change and Ethnic Minorities: A Case Study of the Ethnic Vietnamese in Cambodia", *Asia-Pacific Social Science Review*, Vol. 13, No. 2, 2013.

Berman, Jennifer S., "No Place Like Home: Anti-Vietnamese Discrimination and Nationality in Cambodia", *California Law Review*, Vol. 84, No. 3, 1996.

Chandler, David, *A History of Cambodia*, Colorado: Westview Press, 2008.

Corfield, Justin, *The History of Cambodia*, Oxford: Greenwood Press, 2009.

Edwards, Penny, *Cambodge: The Cultivation of a Nation, 1860 – 1945*, Honolulu: University of Hawai'i Press, 2007.

Ehrentraut, Stefan, "Perpetually Temporary: Citizenship and Ethnic Vietnamese in Cambodia", *Ethnic and Racial Studies*, Vol. 34, No. 5, 2011.

Evans, Grant, and Kelvin Rowley, *Red Brotherhood at War: Vietnam, Cambodia and Laos Since 1975*, London and New York: Verso, 1990.

Hutt, David, "The Truth About Anti-Vietnam Sentiment in Cambodia", *The Diplomat*, https://thediplomat.com/2016/10/the-truth-about-anti-vietnam-sentiment-in-cambodia/.

Mekong River Commission, "Overview of the Hydrology of the Mekong Basin", Mekong River Commission, http://www.mekonginfo.org/document/0001968-inland-waters-overview-of-the-hydrology-of-the-mekong-basin.

Ngoun, Kimly, "From a Pile of Stones to a National Symbol: Preah Vihear Temple and Norodom Sihanouk's Politics of Postcolonial Nation-Building", *South East Asia Research*, Vol. 26, No. 2, 2018.

Nguyen, Lyma, and Christoph Sperfeldt, "A Boat without Anchors: A Report on the Legal Status of Ethnic Vietnamese Minority Populartions in Camboida under Domestic and International Laws Governing Nationality and Statelessness", Phnom Penh: Jesuit Refugee Service, 2012.

Sperfeldt, Christoph, "Report on Citizenship Law: Cambodia", Italy: European University Institute, 2017.